本书为中信改革发展研究基金会项目成果

Overtaking
Industrial Policy and the Road
to a Strong Country

周文 著

产业政策与强国之路

天津出版传媒集团

天津人民出版社

图书在版编目（CIP）数据

赶超：产业政策与强国之路 / 周文著. -- 天津：天津人民出版社，2023.8
ISBN 978-7-201-19624-4

Ⅰ.①赶… Ⅱ.①周… Ⅲ.①产业政策—研究—中国 Ⅳ.①F269.22

中国国家版本馆 CIP 数据核字(2023)第 131968 号

赶超：产业政策与强国之路
GANCHAO:CHANYEZHENGCE YU QIANGGUOZHILU

出　　版	天津人民出版社
出 版 人	刘　庆
地　　址	天津市和平区西康路35号康岳大厦
邮政编码	300051
邮购电话	（022）23332469
电子信箱	reader@tjrmcbs.com
责任编辑	武建臣
装帧设计	李　一
印　　刷	天津新华印务有限公司
经　　销	新华书店
开　　本	880毫米×1230毫米 1/32
印　　张	12.25
插　　页	4
字　　数	210千字
版次印次	2023年8月第1版　2023年8月第1次印刷
定　　价	88.00元

版权所有　侵权必究
图书如出现印装质量问题，请致电联系调换（022-23332469）

前　言

2016年,围绕我国产业政策,曾经展开了激烈争论,引起全国广泛关注。事实上,这场争论是一场关注中国经济现在和未来的大辩论。在未来中国经济学思想史上,这场争论或许会留下印记,但更希望这样的争论可以给中国经济发展带来一些启迪与反思。

围绕中国经济发展是否需要产业政策,争论的两派观点对立:一种观点认为产业政策就是穿着马甲的计划经济,产业政策只能阻碍创新,因此主张废除一切形式的产业政策;另一种观点认为,经济发展有产业政策才能成功。

在这场争论中,应该说否定产业政策的观点比较极端。回到现实,产业政策不是"神器",不可能百分之百成功,有成功有失败很正常,不能因为有产业政策失败,就不要产业政策。回溯历史,至今没有看到一个成功追赶的发展中国家是不用产业政策的。否定产业政策的学者甚至举出例子,20世纪80年代以来,中国产业政策失败的例子比比皆是,成功的例子凤毛麟角。否定产业政策的学者不是现在才有,也不是第一次批评产业政策,当然也不是只有零星的人在"战斗"。早在2011年,有学者就直斥,"信息在市场的各个角落,不在政府的办公室里"。

世界上真的从来没有过成功的产业政策吗?事实上,回顾历史,无论是先期的英国工业革命、美国的崛起,还是后来一些发展中国家的赶超成功,无不都是充分利用了产业政策的结果。产业政策既有成功的案例,也有失败的案例,但是绝不能因为有失败的案例就因噎废食。经济学家们需要研究和总结的是,什么时候产业政策会成功,什么时候会失败;如何才能更好更准确地运用产业政策,从而弄清楚产业政策成功和失败的条件和机理,以帮助政府在使用产业政策时,减少失败,提高成功的概率。

通过本书内容,可以清楚地认识到,当今所有的发达国家在赶超时期都积极采取了干涉主义的工业、贸易和技术政策,以促进幼稚产业的发展。当然,有产业政策未必成功,但没有产业政策,经济发展必然不成功。

近年以来,随着中国越来越走向世界舞台中央,中国发展的影响力和关注度越来越大,中西方贸易摩擦也持续升温。与此同时，西方国家也不断滋事，对中国的产业政策横加指责。通过本书，我们可以更好地看到西方是如何利用产业政策发展经济并壮大起来的。市场经济没有产业政策，不是历史的真相。西方指责中国的社会主义市场经济不是真正的市场经济，市场经济不应该有产业政策。事实上，没有所谓的标准"市场经济"的定义。从语义上讲，社会主义市场经济不是市场经济，犯了逻辑学的错误，就好像白马非马论，是典型的强盗逻辑。

市场经济不只有一种模式，正是社会主义市场经济体制让中国实现了蓬勃发展，这是中国不同于西方的体制优势。社会主义制度和市场经济的结合，是前无古人的伟大创新，许多问题还需要探索，还需要不断深化改革。但是并非什么"社会主义市场经济不是市场经济"，而是西方"不能容忍"中国的经济体制优势，因为社会主义市场经济体制优势让"西方优先"受到挑战。这才是问题的本来面目。

正是在这样的背景下，中信集团原董事长、中信改革发展研究基金会理事长孔丹在2018年一次会上为我设立国际比较视野下产业政策研究课题，从而使该研究得到推进。感谢孔丹理事长对我研究的支持，否则不会有这个研究成果的呈现。本项目研究得到基金会许多同人的支持和鼓励，张桐、季红多次给予鼓励。我的研究生杨正源从初稿的每一章完成到最后成稿，都做了大量扎实的研究工作，也感谢天津人民出版社和武建臣责编,没有他们,本书不能与读者见面。在此,一并致谢。

周　文

2023 年 5 月 1 日

目 录

第一章 经济增长需要一种新诠释 / 001

一、传统增长理论"日薄西山" / 004

二、相违的事实：揭开西方国家经济增长的真相 / 022

三、走向未来：我们需要一个好的产业政策 / 052

四、小结 / 063

第二章 拨开经济增长的迷雾 / 065

一、古典经济学 / 067

二、新古典增长理论 / 068

三、内生经济增长理论 / 070

四、游离于主流之外：21世纪经济增长理论 / 080

五、经济增长理论的新拓展 / 093

六、小结 / 106

第三章　见证历史：产业政策为什么重要 / 109

一、产业政策的概念及分类 / 111

二、打开经济学的黑箱：为什么需要产业政策 / 114

三、踢掉梯子：超越西方政府与市场二元对立假说 / 147

四、小结 / 152

第四章　高质量增长的制度基础：国家建构与国家竞争 / 155

一、国家建构的概念 / 158

二、国家治理的托尔斯泰定律 / 160

三、鉴往知来：国家建构与国家衰落 / 167

四、点亮一盏明灯：推进高水平国家建构 / 182

五、国家建构与综合竞争优势：高质量发展中的中国实践 / 189

六、小结 / 219

第五章　经济全球化治理与产业政策重塑 / 221

一、市场经济的偷猎者：西方无序自由贸易 / 223

二、经济全球治理的现实困境 / 234

三、人类命运共同体：推进新型经济全球化的中国方案 / 240

四、中国如何重塑产业政策 / 252

五、小结 / 267

第六章　世界戏剧：中国究竟需要什么样的产业政策 / 269

一、统筹发展与安全的动态性平衡 / 271

二、实体经济与新型工业化 / 281

三、高技术产业发展 / 284

四、维护和促进市场公平有序竞争 / 299

五、小结 / 316

附　录 / 319

主要参考文献 / 349

第一章 经济增长需要一种新诠释

如果说经济学中有哪一个属于经久不衰的话题，那只能是经济增长。但是在人类历史长河中，经济增长是近代以来发生的一个非常新近的现象。从旧石器时代算起，人类已有300万年的历史，即便从智人算起也有20万年历史，而经济增长只有250年历史，相对于250万年只有万分之一，相对于20万年也仅有1.25‰，确实很短。工业革命之前，不增长是常态，增长是非常态，那时的人们只顾眼前的生存，没有经济增长的概念，也从不谈论与增长相关的话题，更不会有谋划经济发展未来的意识。

在进入文明史的数千年里，普通人的生活水平，不要说从这一年到下一年之间没有什么变化，甚至数代人之间也没有太大差别。

在公元1800年前，全球人均收入在整体上没有呈上升趋势。更确切地说，经济增长一直被人口增长所抵消，一般民众的生活并不比远古的人好多少。到1800年，全球人口的多数甚至比他们远古的祖先贫穷。

真正的经济增长开始于英国工业革命。正是从这个时候开始，人均经济增长水平超过人口增长，从而也预示着现代经济的发端。与此同时，过去200多年的经济增长并不是一个均匀现象。伴随经济增长的出现，各国之间人均收入的差异也越来越大。1500年时，从全世界来看，人均国内生产总值（GDP）

东方和西方的差别也不是很大,但是从 1820 年开始,差距逐步扩大。到 2000 年时,最富有国家的人均 GDP 是最贫穷国家的上百倍。人均 GDP 最高的是西欧各国和文化制度同源国,包括美国、加拿大、澳大利亚等国。这种现象被称为"大分流"。

一、传统增长理论"日薄西山"

尽管今天世界演绎的各种版本经济增长故事纷纷扰扰,潮起潮落。但是经济学教科书中的理论明显滞后于经济发展,是一个不争的事实。

(一)比较优势理论的谬误

如果静态地看待两国之间的贸易,李嘉图模型显示:两国按照比较优势进行专业分工,然后相互交易采用专业化生产的产品,和贸易前相比,两国的净福利都增加了。因此,根据比较优势实行专业化分工并开展自由贸易,应为各国经济政策的不二选择。林毅夫(1999)提出的比较优势理论认为,一国经济的发展伴随着其产业结构与技术结构的不断升级,而产业结构与技术结构内生于该国的要素禀赋结构。为促进产业结构与技术结构的升级,进而促进经济增长,一国应制定遵循本国比较优势的产业发展战略。

然而这种理论并没有考虑到参与分工的国家因专业化分工而付出的机会成本，即不能生产其他产品的隐含成本，也没有考虑经济发展演化带来的结果，即部分国家会依附于这种分工被"锁定"在分工体系中，更没有顾及这种分工是由谁作出安排，谁来参与，谁被迫适应等。

按照比较优势理论，在全球化的生产和贸易体系中，对于发展中国家而言，应当大力发展农业而非工业，例如非洲国家就应该多多产出矿石原材料、热带水果以及提供廉价劳动力。然而类似国家将面临沦为世界生产体系中的原料产地和商品倾销市场的风险。2018年的"中兴事件"和美国此后出台的一系列相关新兴技术和关键零部件出口管制的规定，实际上是美国利用其全球价值链"链主"地位，动用国家力量对包括中国在内的后进工业化国家实施技术封锁的宣言。"中兴事件"暴露出的中国在信息通信技术（ICT）产业上核心技术受制于人的"硬伤"，恰恰是由于我国ICT产业长期遵循比较优势，大力发展组装等价值链中下游环节的结果。中下游产业的快速发展加剧了对上游核心零部件需求的外向化，产业发展的路径依赖效应阻断了本土上游企业的迂回创新路径，从而使得我国ICT产业陷入上下游价值链脱耦、自主芯片一直无法突破的负向反馈。

发达国家对发展中国家的示范作用导致发达国家对工业

化道路的"强制最终解释权",加上新自由主义与比较优势理论共同构造的后发优势与经济趋同的"幻觉",使得广大发展中国家纷纷基于比较优势开展国际贸易并融入世界经济,正好与先发国家的需求一拍即合。然而这种最初从几百年商业殖民主义实践基础上发展出来的贸易理论是一个循环往复的"贫穷的理论",后发国家一旦服从安排就只能专注于生产力增长缓慢的行业,从而被锁定在幼稚状态,专业化于贫困[①]。

如何确定一国产业的比较优势? 一般地,在两个国家或产业之间进行贸易竞争时,很容易找到各自的比较优势,且每一方几乎都存在比较优势。但是如果参与贸易竞争的国家或产业超过两个,要判断各自的比较优势将困难得多,有些国家或产业甚至找不到自身的比较优势。

真实世界是复杂的,比较优势理论没有正视如下三个事实:

第一,所有国家都是不断发展的经济体,没有任何一个国家从开始就具有不变的比较优势产业。考虑到不同阶段的特点,一种仅仅发展某种产业的战略对于国家而言是弊大于利的。在很大程度上,比较优势原理主要适用于两个国家或者少数国家间进行贸易的情形,而难以适用于众多国家和无数企业参与贸易竞争的情形,但这恰恰是现实世界的基本特征。

---

① [英]张夏准:《富国的伪善:自由贸易的迷思与资本主义秘史》,严荣译,社会科学文献出版社,2009年,第117页。

第二，基于比较优势的国际贸易理论过于强调贸易的重要性，陷入了"贸易原教旨主义"的泥潭，而忽视了生产对于一国经济发展的重要性①。

第三，没有任何一个国家能够只依靠一种产业实现民富国强，多产业共同协作构成的制造业体系才是立国之本。

一个显而易见的事实是，如果遵循比较优势原理，那么发展中国家由于在资本品的生产上不具有优势便只需进口最终产品就可以了，这些国家也不需要建立完整的制造业价值链。但是许多发展中国家之所以无法迈入发达国家的行列，恰恰是因为遵循了这种贸易原则，没有建立自己的制造业体系②。

与此相反，人们更容易看到的事实是，在发达国家历史中，逆"比较优势"而行的例子比比皆是。比如，在1776年之前，英国曾用尽一切办法使落后的美国殖民地成为资本品倾销的市场，它"一方面允许生铁和铁条从美洲无税输入（由他国输入，则不能免税），以奖励美洲这种制造业，另一方面却又绝对禁止在任何英领殖民地上建立制钢厂子及铁钢厂"③。这使得美国的

---

① 周文、包炜杰:《经济全球化辨析与中国道路的世界意义》，《复旦学报》（社会科学版），2019年第3期。

② 贾利军、陈恒烜:《资本品驱动制造业升级：自由贸易还是产业保护——新古典经济学与新李斯特主义经济学的比较分析》，《政治经济学评论》，2019年第2期。

③ [英]亚当·斯密:《国民财富的性质和原因的研究》，郭大力等译，商务印书馆，2001年，第377页。

经济结构严重失衡,成为独立战争爆发的原因之一。

正是这些悲痛的历史教训,美国在政治独立的基础上建立了本国较为均衡的资本品制造业,从而促成了战后的工业化崛起,使其在经济实力上迅速超越了英国。而在这之后的整个19世纪,美国的工业化之路同样与所谓的自由贸易原则背道而驰,就像赖纳特指出的:"只有在美国完全切断了与欧洲大陆的贸易——拿破仑欧洲大陆封锁政策和1812年与英国战争的结果后,美国的工业才蓬勃发展起来了。"[①]

(二)遗忘的历史教训:完全市场化是乌托邦

在16世纪至18世纪的早期资本主义发展中,重商主义思想家主张政府对商业流通领域和关税进行干预,发挥政府的经济职能,政府干预思想占主导地位。到了18世纪中叶,以亚当·斯密为代表的古典经济学提出"有限政府"学说,其理论体系的核心是市场观念,认为市场是资源配置最有效的形式,要求政府尽可能少地干预经济。继亚当·斯密之后,李嘉图、萨伊、约翰·穆勒等古典经济学家在政府和市场问题上秉承了斯密的自由放任主义基本内核。在20世纪30年代,面对资本主义前所未有的大萧条,古典经济学家束手无策,凯恩斯学派"粉墨登

[①] [挪威]埃克里·S.赖纳特:《富国为什么富,穷国为什么穷》,杨虎涛等译,中国人民大学出版社,2013年,第232页。

场",主张以政府干预为主,以弥补私人市场的有效需求不足。

但是好景不长,到了20世纪70年代,面对资本主义经济"滞胀"的困局,新自由主义的经济政策开始在资本主义国家风靡开来,在经济上推行绝对自由化、彻底私有化和完全市场化,认为私有制才是市场经济唯一能实现资源合理配置的经济制度,从而否定政府干预的有效性。尽管20世纪90年代初,资本主义出现的低通胀率和高失业率再次让完全市场化成为乌托邦,由此新凯恩斯主义融合了新古典经济学和凯恩斯学派的部分主张,承认市场与政府并非是非此即彼的关系,从而发展了国家干预经济理论,认为市场调节与政府调节在一定程度上可以实现平衡和融合,然而由于私有制的局限使得这种平衡很难达成。

从西方经济学关于政府和市场关系的理论演进史可以看出,对资源配置问题的研究主要有两种观点:第一种观点主张市场调节为核心,认为市场机制是在"资源有限"条件下配置资源的唯一有效的机制;第二种观点主张国家或政府干预经济,认为政府调节在资源配置中具有重要作用,要求国家对经济进行干预。

然而从几百年资本主义发展的历程来看,强调市场自由放任和强调国家干预经济处于一种交替上升的态势。当单纯强调市场自由放任政策时,经济出现周期性危机或萧条,国家干预经济便占据主导地位;当单纯强调国家干预经济政策时,经济出现"滞胀",市场自由放任政策便又占主导地位。由此可见,资本主义私有制所带来的资本主义制度的固有矛盾以及资本追逐剩余价值的本性注定了资本主义制度是不可能处理好政府和市场关系的。

表1 西方学界关于政府与市场作用的理论演变

主导理论	重商主义	古典自由主义	凯恩斯主义	新自由主义
时间	15至18世纪中期	18世纪60年代	20世纪30年代	20世纪70年代
背景	资产阶级初步萌芽,但经济力量较弱,市场机制不完善,难以自我调节,而政府拥有强大的能力培育市场	18世纪西欧大规模进行产业大革命。主要国家建立了资本主义制度,相应地确立了市场经济体制,政府干预成为市场的桎梏	1929年世界性经济危机充分暴露了市场自我调节机制的弊端,市场严重失灵	1974—1975年再次爆发世界性经济危机,政府难以承受过多的福利负担,主动削减经济职能,将经济支配权还给了市场
核心观点	国家全面干预:"强政府"与"弱市场"	国家不干预,政府应该对市场经济活动放任自由。守夜人(政府)与绝对主角(市场)	市场并非万能,国家应积极干预	限制政府的干预,倡导市场的自我调节作用,实行私有化、唯市场化和唯自由化
代表学者	海尔斯、威廉·斯塔福、蒙克列钦	亚当·斯密、李嘉图、萨伊	凯恩斯、罗宾逊、萨缪尔森	弗里德曼、布坎南、卢卡斯

资料来源:邓春玲:《经济学说史》(第二版),中国人民大学出版社,2017年,第289页。

(三)发达国家的烦恼:产业空心化

当前,非金融企业持有金融产品过多这一现象已经严重影响了实体经济发展,造成经济脱实向虚,也导致风险在实体经济和虚拟经济之间的跨业态交叉传递。因此,2018年出台的《关于加强非金融企业投资金融机构监管的指导意见》强调了规范非金融企业对金融业的渗透,防止企业过度向金融业扩张[①]。归根结底,实体经济作为商品生产、价值与财富创造的载体,是一国经济持续健康发展的基础。倘若经济脱实向虚发展,则会导致产业空心化,从而使一国丧失经济稳定发展以及物质财富创造的物质基础。

美国"去工业化"所导致的产业空心化最为典型。以通货膨胀、高失业率与经济停滞并存为主要特征的"滞胀"危机引发了学术界、政界的反思,并认为其成因主要在于凯恩斯主义指导下政府干预过多。为此,在"滞胀"危机影响下美国金融业与制造业之间利润率差持续拉大,资本追逐利润,即剩余价值的内在本性驱使产业资本开始流向金融业等非物质生产领域,导致产业空心化趋势开始出现。加之,当时兴起的新自由主义反对国家宏观政策调控与金融监管,进一步助推了金融

---

① 《人民银行 银保监会 证监会关于加强非金融企业投资金融机构监管的指导意见》,《中华人民共和国国务院公报》,2018年第26期。

化发展。

另外,美国等发达国家还积极推动产业资本向海外转移,即生产全球化进程,以此缓解生产过剩导致的经济停滞危机等。同时,信息技术有助于增加产业资本的流动性与灵活性,为产业资本的"离本土化"等提供重要的技术基础与物质支撑。发达国家产业空心化与"滞胀"危机大致同时出现,这不是历史的巧合,而是历史的必然。理查德·波斯纳(2009)指出,2008年的全球性经济危机正是由于自由市场放任资本逐利所产生的[1]。

伴随资本主义经济长期停滞,资本最大程度攫取剩余价值的内在本性决定了产业资本必然会寻求延缓、规避利润率下降的途径——或者驱动产业资本转移至金融等高盈利行业,或者驱使产业转移至其他高利润国家(地区)。也就是说,产业空心化是资本流动、产业转移的"衍生品",是先发资本主义国家转移过剩产业资本的必然结果,其本质是资本流动[2]。产业空心化最为直接的表现就是第二产业从业人员的比重在不断地下降。从图1中可以看出,主要发达国家的第二产业从业人数比重自1990年以来不断下降,且至今仍未见到回升趋势;但是金融业发展却呈现出过热趋势,国内信贷占国内生产总值比重居高不

---

[1] [美]理查德·波斯纳:《资本主义的失败——〇八危机与经济萧条的降临》,沈明译,北京大学出版社,2009年,第154页。

[2] 朱东波、常卉颉:《产业空心化的马克思主义经济学研究》,《当代经济研究》,2020年第11期。

下,大量资金流入金融等虚拟产业,实体经济发展受限,故而产业空心化仍然是上述国家发展的薄弱之处。

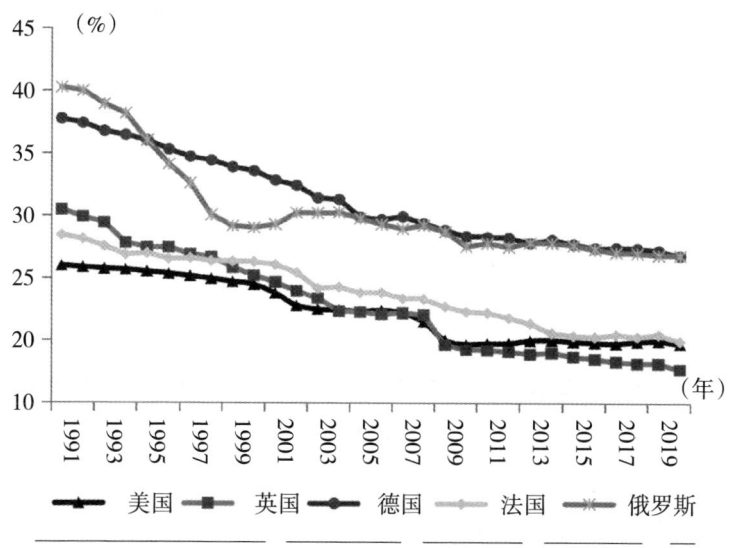

图 1　第二产业就业人数占比不断下降

资料来源:数据整理自世界银行数据库。

实际上,从微观视角来看,当风险和不确定性增加,且金融资产能提供更高的回报率时,在逐利动机的驱使下,制造业企业会将其资本转移到短期收益更高的资本市场。这一转变不仅不利于企业创新,并且中长期的金融类资产还会挤占企业研发投资,降低企业核心业务增长潜力从而抑制其盈利能力,引起产业结构"脱实向虚"综合征[①]。从宏观视角来看,制造业在产业

---

① 杨胜刚、阳旸:《资产短缺与实体经济发展——基于中国区域视角》,《中国社会科学》,2018 年第 7 期。

链中的地位下降则会打击市场主体的投资信心,企业可能更偏好投资于流动的、可逆的金融资产,而不是长期固定投资项目。经济波动与经济政策不确定性不仅会直接减缓实体企业固定资产投资的增长,而且会加剧金融风险向实体经济传递,从而影响企业固定资产配置[①]。

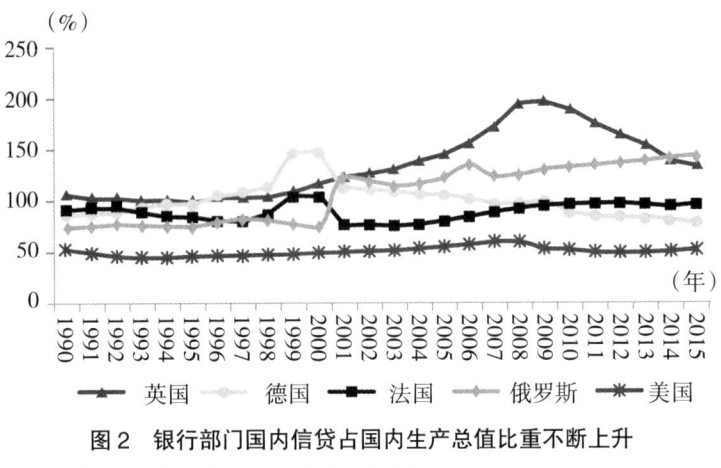

图2 银行部门国内信贷占国内生产总值比重不断上升

资料来源:数据整理自国际货币基金组织数据库。

(四)国家崛起与自由放任的终结

倡导自由贸易的新古典经济理论总是或多或少地幻想各个国家能在自由、公平的贸易活动中受益。的确,如果参与这种世界性贸易的各国在经济发展程度、政治地位上大致相当,

---

① 张成思、刘贯春:《中国实业部门投融资决策机制研究——基于经济政策不确定性和融资约束异质性视角》,《经济研究》,2018年第12期。

那么进行以自由交换为原则的经济贸易是更好的选择。经济自由主义相信市场机制会自动形成"自然秩序",极为崇尚市场对经济活动的自发调节。因而主张"自由放任",遵循"大市场小政府"的市场经济模式。新古典经济理论倡导的经济一体化没有让各国受益,也没有消除各个国家在经济、政治上的不对等地位。事实表明,资本主义经济危机已经终结了"自由放任"的神话。

约瑟夫·斯蒂格利茨(2017)在《重构美国经济规则》中指出:"美国创建的是让极少数人受益并扼杀经济长期增长的充满扭曲的市场经济,2008年金融危机及随之而来的全球大萧条就是无序的市场经济活动的教训。"[1]新自由主义思潮一步步造成当前美国的产业空心化、贫富悬殊、政治立场大分裂等。要发挥政府作用,减少对市场的过分依赖,加大政府的监管作用,政府在为市场提供规则和监管之外还深度参与技术进步等公共产品的提供,只有这样能够对修正市场失灵作出贡献[2]。

从马克思主义政治经济学视角来看,结果同样如此。一方面,马克思是认可市场机制的效率的,承认资本主义凭借市场机制创造了前所未有的财富。马克思在《共产党宣言》中对资本

---

[1] [美]约瑟夫·E.斯蒂格利茨:《重构美国经济规则》,张昕海译,机械工业出版社,2017年,第44页。

[2] [美]约瑟夫·E.斯蒂格利茨:《美国真相:民众、政府和市场势力的失衡与再平衡》,刘斌夫等译,机械工业出版社,2020年,第22页。

主义借助自由竞争市场创造的奇迹给予了高度评价。而且马克思还进一步分析到,当资本主义生产关系还处于不发达时期,也即处于资本主义孕育、生成的特殊历史时期,从人类历史进程来看是具有进步性的。另一方面,"资本逻辑"下的市场机制又会产生一系列自身难以克服的弊端,如社会生产内部的无政府状态、恶性竞争膨胀、周期性的经济危机、不平等、两极分化严重、贫富差距扩大以及商品拜物教等,而这又是社会化大生产条件下资本主义生产方式自身无法克服的。从这个角度来讲,马克思对资本主义制度下的市场机制又是根本否定和批判的,是历史地看待的。

事实上,历史早已无数次证明,开放而无管制的市场化并不能带来国家的经济增长。中国经济发展的成功经验充分证明了区别于英美新自由主义的中国道路的强大生命力,是对新自由主义极有说服力的颠覆。迪梅尼尔和莱维(2015)在《新自由主义的危机》一书中指出:"新自由主义所带来的脆弱而臃肿的金融结构在美国和世界其他地区形成并成为产生虚拟盈余的幻景。"[①]具体分析来看:

第一,从微观角度来看。企业追求利润的最大化,这与国家追求工业化的经济增长之间,形成"合成谬误"。发达的制造业

---

① [法]热拉尔·迪梅尼尔、多米尼克·莱维:《新自由主义的危机》,陈杰译,商务印书馆,2015年,第89页。

是一个国家繁荣的基础,但制造业并不全是高利润的。周文在《国家何以兴衰:历史与世界视野中的中国道路》一书中指出:"过度的市场化与自由化,势必会导致逐利的企业转向产业价值'微笑曲线'两端的高利润区域,从而放弃大部分低利润的基础制造业,造成国家整体的去工业化与空心化。"[1]

第二,从宏观角度来看。20世纪90年代初,俄罗斯和一些东欧国家,将以市场化、私有化、自由化和放松管制为核心的"华盛顿共识"奉为圭臬,主张采用萨克斯的"休克疗法",进行经济改革。然而这种似乎与西方经济理论完美契合、一步到位的市场化改革,并未取得预期的效果。这些国家在经历急速的市场化、私有化浪潮以后,国内市场变得需求低迷、垄断盛行,经济发展陷入资源陷阱,甚至一些原本具有较好工业基础的国家(如乌克兰),由于订单不足,工厂纷纷倒闭,技术人员外流,反而出现了逆工业化和去工业化的现象。

第三,从中国经济发展的历史角度来看。开放而无管制的自由市场,并不一定会带来国家崛起。彭慕兰在《大分流:欧洲、中国及现代世界经济的发展》一书中,将19世纪中期以前的西欧和中国进行对比,发现西欧并没有显示出积累了更多的资产或具有某些决定性的技术优势。清代的中国,在商品市场、土

---

[1] 周文:《国家何以兴衰:历史与世界视野中的中国道路》,中国人民大学出版社,2021年,第148页。

地、劳动力和资本市场的发育程度方面并不低于欧洲,而体制建构甚至距离自由的市场理论更近①。

但就是在这样的市场条件下,即使是兴盛的亚欧茶叶与白银交易,也未能把工业文明从欧洲带到中国,更遑论催生工业革命。然而一直到清王朝被推翻,中国也未能撬开经济增长与工业化发展的大门。在同一片土地上,清王朝统治下的中国拥有管制更少的自由市场,但其并未实现经济的腾飞,这从另一个侧面证明了开放而无管制的市场化并不是国家崛起的关键②。

(五)追求卓越:中国式现代化的成功故事

党的二十大报告指出:"中国共产党的中心任务就是团结带领全国各族人民全面建成社会主义现代化强国、实现第二个百年奋斗目标,以中国式现代化全面推进中华民族伟大复兴。"③正如习近平总书记在庆祝中国共产党成立100周年大会的讲话中指出:"中国共产党团结带领中国人民,解放思想、锐意进取,创造了改革开放和社会主义现代化建设的伟大成就。……

---

① [美]彭慕兰:《大分流:欧洲、中国及现代世界经济的发展》,史建云译,江苏人民出版社,2003年,第100页。

② 周文:《国家何以兴衰:历史与世界视野中的中国道路》,中国人民大学出版社,2021年,第150页。

③ 习近平:《高举中国特色社会主义伟大旗帜 为全面建设社会主义现代化国家而团结奋斗——在中国共产党第二十次全国代表大会上的报告》,《人民日报》,2022年10月26日。

实现了从高度集中的计划经济体制到充满活力的社会主义市场经济体制、从封闭半封闭到全方位开放的历史性转变,实现了从生产力相对落后的状况到经济总量跃居世界第二的历史性突破,实现了人民生活从温饱不足到总体小康、奔向全面小康的历史性跨越,为实现中华民族伟大复兴提供了充满新的活力的体制保证和快速发展的物质条件。"①

改革开放以来,中国经济保持了40多年的高速增长,从世界第十大经济体跃升为世界第二大经济体,从世界第29位货物进出口国成为世界第一大贸易体,人均国民收入从238美元(1978年)上升至10307.36美元(2020年),创造了世界经济发展史上的奇迹②。在发展中国家工业化进程普遍难以为继的背景下,中国用40年完成了西方国家250年才完成的工业化进程,快速实现工业化。自1978年以来,实现年均增长超9.6%的快速经济增长,跃居为世界第二大经济体,经济规模是排名第三位的日本的2.5倍。这一经济发展成就震撼了世界,也深刻改变了中国。

特别是在新型冠状病毒肺炎疫情的严重冲击下,2020—2021年全球各大经济体都出现了严重衰退,而我国是全球唯

---

① 习近平:《在庆祝中国共产党成立100周年大会上的讲话》,人民出版社,2021年,第6页。
② 数据整理自世界银行数据库。

一实现正增长的主要经济体。中国经济的发展对于西方经济学理论是一个谜,这是因为现有的古典经济学、新古典经济学与新制度经济学均无法完整解释这一现象,故而中国经济的快速发展被西方话语称之为"奇迹"。

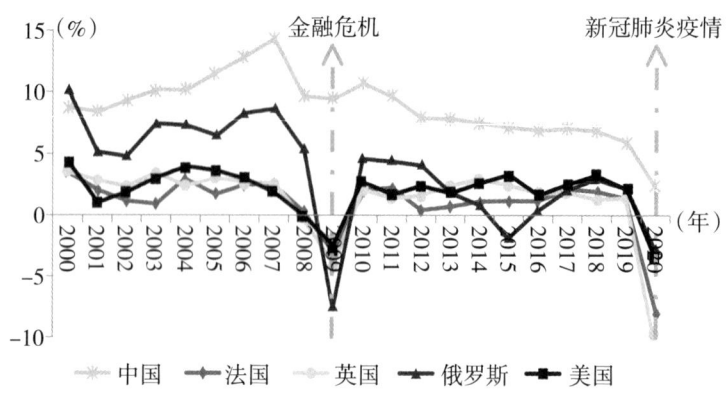

图 3　世界主要国家经济增长现状(2000—2020)

资料来源:数据整理自世界银行数据库。

中国经济的快速发展带来了世界历史的大翻转,使地理大发现以来西移的世界重心开始逐渐回归东方。这一过程为人类文明的健康发展贡献了中国力量,也向世界工业文明的发展史展示了中国经验[①]。中国奇迹的成就主要表现在:

第一,中国的发展奇迹为世界经济增长作出了重要贡献。改革开放 40 多年来,中国经济保持中高速增长,对世界经济增

---

① 周文、冯文韬:《中国奇迹与国家建构——中国改革开放 40 年经验总结》,《社会科学战线》,2018 年第 5 期。

长的年均贡献率超过30%，是世界经济增长的第一引擎。据世界银行测算，1981—2012年，中国城乡贫困人口减少了7.9亿人，占全球减贫人数的72%，是世界减贫的主要贡献者，通过精准扶贫，中国在2020年全面消除国内的贫困人口，实现全面脱贫。换句话说，中国的发展不仅推动了世界经济的增长，还让世界变得更为公平。

第二，从工业化社会发展的视角来看，中国的成就令人瞩目。目前，全球人口总数突破80亿人，中国人口总数为14.26亿人，占世界人口的17.83%。这意味着中国工业化对世界工业化的贡献接近20%，让世界工业化国家人口的总数增加了一倍以上，使世界上近1/3的人口得以分享进入工业化社会所带来的物质文明。

第三，中国发达的制造业为世界提供了优质廉价的工业品。在全球500多种主要工业品中，中国有220多种产品产量位居世界第一，成为名副其实的世界工厂、制造业中心。如此巨大的工业品生产能力，不仅推动了中国基础设施建设的发展，也将中国强大的建设能力向外输出，为世界市场的发展和建设作出重要贡献。

中国的发展给其他发展中国家提供了不同于西方的中国道路。中国有近20%的世界人口，但只占有6%的世界淡水资源和9%的耕地，人均耕地不到美国的1/10。没有任何国家和地区曾在这样的挑战下,单单通过互惠的国际贸易实现工业化和粮食自给,而不是重复西方工业强国当年的殖民主义、帝国主义、奴隶贩卖以及对弱国发动血腥侵略战争的老路①。

中国用 70 多年的时间,通过和平发展的方式,从"世界低收入国家"到"世界中高收入国家",实现历史大翻转。中国式现代化的成功经验足以作为其他仍在贫穷、落后中挣扎的发展中国家学习的范例,并为其他后发国家启动工业化提供可借鉴的中国经验。党的二十大报告指出:"科学社会主义在二十一世纪的中国焕发出新的蓬勃生机,中国式现代化为人类实现现代化提供了新的选择,中国共产党和中国人民为解决人类面临的共同问题提供更多更好的中国智慧、中国方案、中国力量,为人类和平与发展崇高事业作出新的更大的贡献。"②

二、相违的事实:揭开西方国家经济增长的真相

经济学理论界一直有一种自由市场的神话:欧美发达国家走向发达完全是自由市场作用的结果,而政府在这一过程中仅

---

① 文一:《伟大的中国工业革命:"发展政治经济学"一般原理批判纲要》,清华大学出版社,2016 年,第 13 页。
② 习近平:《高举中国特色社会主义伟大旗帜 为全面建设社会主义现代化国家而团结奋斗——在中国共产党第二十次全国代表大会上的报告》,《人民日报》,2022 年 10 月 26 日。

仅起到"守夜人"的作用。因此，欧美国家是不存在产业政策的，其产业结构调整与转型升级都完全依靠自由市场机制。事实果真如此吗？针对这个问题，马克思早在《资本论》中指出："18世纪的进步表现为：法律本身现在成了掠夺人民土地的工具，虽然大租地农场主同时也使用自己独立的私人小手段。这种掠夺的议会形式就是'公有地围圈法'，换句话说，这是地主借以把人民的土地当作私有财产赠送给自己的法令，是剥夺人民的法令。"[①]这从根本上揭示了资本主义制度的诞生就离不开政府力量这一本质。

(一)西方经济腾飞没有产业政策是神话

历史不断地证明并将继续证明，产业政策在国家治理过程中占据重要地位并构成政府开展经济治理的重要篇章。自由贸易并不能为一个国家持久的经济发展提供根本性动力，西方发达国家一直在利用国家政权力量为产业发展营造有利的外部环境。例如，在英、德、美三国工业化进程中，各国政府在对外层面均采取了积极进取的政策。

具体来看，17世纪英国为了鼓励本国航海事业和海外贸易的发展，制定了《航海条例》，规定凡运往英国及其殖民地的

---

① 《马克思恩格斯全集》(第44卷)，人民出版社，2001年，第832页。

商品,只能使用英国船和英国船员。19世纪,为解决农业危机,颁布了《谷物法》。19世纪,英国第一个真正有效的工厂法令《工厂法》颁布,规定工厂不能雇用9岁以下的儿童,缩短了其他年龄段童工的工作时间。这在一定程度上缓解了当时日趋尖锐的社会矛盾。

德国的情况颇为类似。黑格尔认为"国家高于市民社会"。国家相较于市民社会来说地位更重要。德意志帝国成立后,尽管周边各国盛行自由贸易主义,但俾斯麦坚决推行贸易保护政策。1880年实施的关税税则对粮食和工业品征收高额进口税,而对原料则给予免税待遇,这明显是为了扶持本国工业的发展。同时大力推进铁路国有化运动,到1909年基本收回铁路建设权。在俾斯麦强有力的产业政策的推动下,在1830年,德意志的工业人口占比不足3%,仍是一个典型农业国;至1870年,德国煤产量达3400万吨,生铁产量达139万吨,钢产量达17万吨,铁路线长度18876千米,总产值占世界工业总产值的13.2%,创造了欧洲经济发展的一个奇迹[①]。

尽管美国向世界标榜市场自由化,实际上从美国实施的各项经济发展战略以及相关经济立法来看,美国在不同时期均实施过程度不同的产业政策。赖纳特指出,在这一点上美国是以

---

① 周文:《"市场经济没有产业政策"是谎言》,《北京日报》,2018年8月13日。

英国为榜样的,自由贸易、比较优势等理论似乎仅仅是为了出口到其他国家,一旦回到国内的现实问题,美国便举起了保护主义大旗,"遵循英国的实践,而不是英国的理论,美国对自己的制造业保护了150年"①。例如,在关税方面,美国自独立后便一直实行保护主义政策,1890年,美国通过《麦金利关税法》,把平均进口关税从38%提高至50%,税率之高是美国历史上罕见的②。

在产业组织政策方面,为了限制垄断、保护竞争,美国于19世纪末20世纪初期制定了《谢尔曼反托拉斯法》《克莱顿法》,建立了联邦贸易委员会,构建了反垄断政策的基本框架,并通过法院判决而日臻完善③。到了20世纪80年代前后,为了有效利用规模经济效益,卡特政府和里根政府又大幅度放宽了对于垄断的管制。

20世纪90年代以来,美国更加重视对基础研究与基础设施的投入。克林顿政府制定了"信息高速公路计划",通过成立总统科学技术委员会、削减国防开支、加大联邦政府对研究开发的投入等一系列措施,为美国奠定了信息技术革命时代的

---

① [挪威]埃克里·S.赖纳特:《富国为什么富,穷国为什么穷》,杨虎涛等译,中国人民大学出版社,2013年,第19页。
② 张建新:《美国贸易政治》,上海人民出版社,2014年,第131页。
③ 吴玉岭:《扼制市场之恶:美国反垄断政策解读》,南京大学出版社,2007年,第58页。

支配地位。奥巴马政府则推出了"再工业化战略"。美国的鼓励自由竞争的政策更为一批创新企业的发端和成长为国际知名大企业(如微软、苹果、谷歌等)提供了理想的政策环境。

事实证明,美国的产业政策旨在鼓励研发创新与公平竞争,而这为持续提升美国企业的研发创新能力、确保全球创新领导者地位提供了基础性支撑。由此,说明美国产业发展并非完全由市场决定。与此同时,美国政府还通过持续加强对研发经费的投入保证研发的持久进行,采取财政补贴的方式保障大型企业的研发活动顺利进行,为自由市场公平竞争的环境提供法律保障等是联邦政府的常见做法[1]。

值得再次强调的是,英、美两国的做法并非特例。1911年后的日本和19世纪末20世纪初的德国都实行了"有针对性"的贸易保护政策,尤其是保护本国的关键的资本品制造业。北欧的瑞典、芬兰和丹麦等国通过历史上的制造业保护策略,如今它们不仅成为资本品出口国,还拥有国际知名的高科技企业。

正如新李斯特主义经济学家张夏准所说:"几乎每个成功的国家在'赶超'其他国家时都采用过幼稚产业保护政策和其他积极的产业、贸易和技术政策。"[2]正是在国家各种政策的扶

---

[1] 蔡敏、李长胜:《美国重振制造业完全依靠自由市场吗?——论重振过程中的美国产业政策》,《政治经济学评论》,2020年第5期。
[2] [英]张夏准:《富国陷阱:发达国家为何踢开梯子》,蔡佳译,社会科学文献出版社,2020年,第57页。

持下,西方跨国公司在当今全球化生产的过程中具有对外投资的产权优势、内部化优势和区位优势,控制着全球生产链,可以在"产品周期"的更替下,持续保持核心产品的生产。

(二)揭开胜利者的谎言:产业政策是推动西方工业化的关键因素

创新是经济发展的不竭动力,创新集中体现于工业或制造业中,因为制造业是创新的载体。毋庸置疑,制造业是现代化社会技术创新的第一来源和基本动力。瓦克拉夫·斯米尔是这样评价制造业的:"如果一个发达的现代经济体要想真正地实现繁荣富强,那么就必须有一个强大、多样和富于创造性的制造行业,它的目标是不仅能在资源约束下提供高质量产品的制造业,而且是能提供更多就业机会的制造业。"①

工业化是西方国家在近代崛起的关键因素。在此过程中,政府发挥着特定作用。综观世界发展历史,英、德、美等西方大国在近代崛起的核心步骤乃是工业化的顺利完成。在此过程中,国家根据不同的国情对产业发展实施了各种干预措施。如利用国家政权力量为产业发展营造有利的外部环境、通过立法手段促进公平有序的市场竞争、以科学技术变革推动产业振兴

---

① [美]瓦克拉夫·斯米尔:《美国制造:国家繁荣为什么离不开制造业》,李凤梅等译,机械工业出版社,2014年,第4页。

和发展、通过多种途径保持充沛的人力资源、建立和完善金融机制以为产业发展提供融资渠道等。

率先在经济发展中使用产业政策的应该是英国。以英国工业革命的龙头——纺织业来说，当年英国的纺织业面临的竞争对手既有欧洲的荷兰、西班牙、法国；也有来自中国、伊朗和印度的竞争。更关键的是，英国的本土纺织品没有任何的竞争优势。但是英国并没有放弃发展纺织业，反而以政策和国家力量扶持本国纺织业的发展——先是在光荣革命后完全停止进口法国和荷兰的毛纺织品，并在1699年通过《羊毛法案》，保护本土纺织业。在1700年，英国议会又立法禁止从印度进口棉织品，英国政府宁可使用质量较差、代价高昂的本国产品，也不使用物美价廉的印度产品，充分保护了国内脆弱的纺织工业。

20世纪初，美国基本完成工业化，从以农业为主的国家转变成以工业为主的国家，并一举成为世界第一工业大国，世界科技中心也逐渐从欧洲转移到了美国。制造业对于美国经济的发展一直举足轻重[1]。美国政府一直都是精心设计规划产业发展路径，并通过各种法案支持和引导产业创新沿着政府规划道路发展。独立战争后，煤炭工业的发展为美国制造业发展奠定了基础。一战后，美国汽车、电气、建筑、钢铁、化工等行业位

---

[1] 贾根良、楚珊珊：《制造业对创新的重要性：美国再工业化的新解读》，《江西社会科学》，2019年第6期。

居世界第一。

第二次世界大战后,"罗斯福新政"进一步巩固了美国工业的世界领先地位。经过两次世界大战的洗礼,美国稳居世界第一制造业大国,同时也奠定了其世界霸权的基础。2008年国际金融危机爆发后,世界经济复苏步履艰难,同时也为世人敲响警钟:制造业是国家经济发展的基石,是国家竞争力的命脉之所在。制造业的大量外迁会造成本土产业的空心化,"制造业回流"战略的制定与实施成了发达国家公认的典型事实。从宏观层面上来讲,制造业能够加强技术进步、推动就业增长、保障国家安全和促进国家经济繁荣已然成为学界和政界的共识。

从后进工业国的立场来看,要发展先进的技术,正确的产业政策仍然是最基本的重要因素。换句话说,在工业化的不同阶段,随着产业成长,产业生态系统会不断演化,必然要求产业政策进行不断调整,使之与经济发展形成匹配效应,方能实现从数量型增长到质量型增长的关键转型。而适宜政策的制定和调整是以制度能力为基础的。通过考察东亚国家成功实现追赶的经济政策史可以发现,这种制度能力主要体现为产业政策的动态调整能力。比如,在工业化的早期,韩国采取关税保护、进口限制和财政支持等产业政策促进特定的本土产业发展,而到了工业化后期更多地使用支持研发和创新的政策。

(三)不同国家产业政策的历史演进与成效对比

1.美国的产业政策

在历史上作为英国殖民地的时期内,美国不被允许使用关税保护新兴工业,并禁止出口与英国相同的产品,而且不允许美国进行高技术研发。在这一背景下,美国首任财政部部长汉密尔顿于1791年向美国国会提交了涵盖钢铁、铜、煤、谷物、棉花、玻璃、火药等众多产业的制造业发展计划,开启了美国政府通过产业政策推动工业化的正式篇章。从对特定产业的政府补贴、保护性关税和进出口配额,到鼓励外国先进技术的进口、禁止创新的工具和机器的出口以及制造业投入的税收减免,再到改善国家的道路和隧道网络,汉密尔顿的产业政策都有涉及。

为了建设一个世界领先的国家,汉密尔顿和杰斐逊等美国开国元勋可谓是不遗余力。汉密尔顿将建设一个强大的中央政府作为他的施政理想,并希望一个强大的政府能为国家的工业化提供支撑。1806年,时任总统的杰斐逊建议用国会财政盈余来改善美国的道路、隧道、河流、教育及其他有助于美国繁荣和统一的重要根基。

正是一系列金融信贷、基础设施、关税保护、公民教育到工业制造的产业政策,为19世纪美国产业的快速发展创造了前提和条件。以美国的幼稚产业保护为例，正是由于美国政府实施的关税保护——1820至1931年的美国平均关税税率达到了35%~50%——才使得美国的幼稚工业产业得以生存，战略产业得以不断发展起来①。而基于对幼稚产业的保护性关税、国家银行、国家基础设施投资的国家经济发展模式，被后世的经济史学家们称为"美国体制"②。关于美国经济起飞阶段关税保护的重要性，美国前总统威廉·麦金利（1897年至1901年任职）指出："我们成了世界第一大农业国、矿产国与工业生产国，这一切都源于我们坚持了几十年的关税保护制度。"③

在林肯当政的19世纪中叶，美国也一直以促进经济增长的"美国体系"推动经济增长。在这种经济制度下，美国政府用高关税保护战略产业，用联邦土地划拨、政府采购来安定市场，用补贴来推动基础设施发展。基于美国政治精英们的认识，美国的高关税制度一直实施了近百年的时间，直到美国的本土产业逐渐变得具备全球竞争力，美国政府才逐渐降低关税税率。受益于美国的关税政策，美国的贸易逆差在19世纪下半叶开

---

① ［英］张夏准：《富国陷阱：发达国家为何踢开梯子》，蔡佳译，社会科学文献出版社，2020年，第17页。

② 贾根良：《国内大循环：经济发展新战略与政策选择》，中国人民大学出版社，2020年，第70页。

③ ［美］托马斯·K.麦克劳：《现代资本主义：三次工业革命中的成功者》，赵文书等译，江苏人民出版社，1999年，第345页。

始逐渐减少。19世纪80年代到20世纪20年代,美国基本上保持了贸易顺差[①]。

与此同时,受益于美国的产业政策,19世纪的美国工业实现了史无前例的大发展。到1890年美国政府成立100年时,美国已经成为世界上最大的工农业生产国。到1914年第一次世界大战之前,美国的工业生产已经超过了英国、法国和德国的总和。1914年第一次世界大战爆发之后,凭借自身在工业生产等领域的优势,美国抵消了战争的短暂影响,完成了债务国到债权国的转变。美国经济的繁荣,一直保持到1929年经济大萧条之前。

从大萧条的应对到第二次世界大战后美国经济的全面复苏,美国产业政策同样发挥了重要的作用。

第一次世界大战爆发时,于1917年成立了战时工业委员会;罗斯福的《国家工业复兴法案》促成了1933年国家复兴局的成立;1942年成立了第二次世界大战生产委员会。这些机构寻求促进产业界、劳工和政府在美国制造业、商品和服务的定价和分配方面的协调,满足了美国当时迫切的现实需求,并为未来和平时期的战略合作奠定了基础。

在第二次世界大战期间,美国政府建立了价值数百亿美元

[①] [英]道格拉斯·欧文:《贸易的冲突:美国贸易政策200年》,余江等译,中信出版集团,2019年,第269页。

的新军事工厂,建立了包括覆盖全国的石油天然气管道、炼油厂、电厂和军事基地等大量的基础设施。除了两次世界大战,在20世纪的多数时间,美国政府通过直接财政补贴、税收减免、政府的建设合同和采购、研究开发的推动、标准设置、价格控制、准入许可和生产限制等产业政策来推动经济发展。在20世纪,美国政府直接或间接主导了互联网、半导体、高温超导、核能、高清晰度电视(HDTV)等一系列重要科技产品的研发,推动了"硅谷"的创新与繁荣[①]。

美国的产业政策一直伴随美国经济发展历程。21世纪美国的产业政策一方面聚焦于提升企业的研发能力、确保美国的全球创新领导者地位,由国防部、国立卫生研究院、能源部、国家航空航天局、国家科学基金、农业部、商务部等实施。另一方面还注重优化市场结构、改善美国企业的竞争力。这由联邦贸易委员会、司法部、各级司法机构等来实施。就美国当下的产业技术政策而言,美国联邦政府的研发支出就是产业政策积极介入经济活动的最好例证。

21世纪以来,美国不断增加研发经费投入,涵盖了从国防、卫生、空间飞行、资源环境、农业、交通等多个领域,包括了计算机、数学、工程、生命科学、物理学、心理学、社会科学等多

[①] 周建军:《美国产业政策的政治经济学:从产业技术政策到产业组织政策》,《经济社会体制比较》,2017年第1期。

个学科方向,涉及了基础研究、应用研究、开发、研发设备等多个环节,动员了州政府、地方政府、企业、大学等参与其中,为美国的经济社会发展起到了重要的技术引领和产业振兴作用。经济合作与发展组织(OECD)最新数据表明,美国仍然是研发领域的全球领导者,2020年的研发投资总额为6600亿美元,位居世界第一[①]。

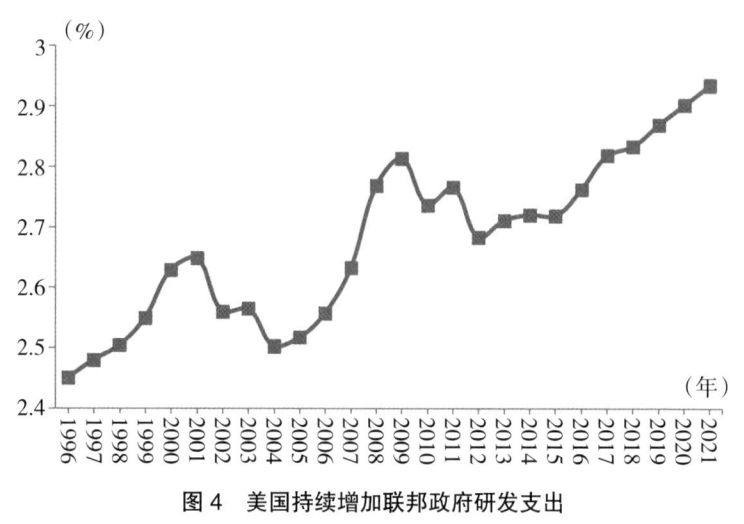

图4　美国持续增加联邦政府研发支出

资料来源:数据整理自世界银行数据库。

除了直接的研发投入,美国企业还可以通过信贷、风险投资等方式获得美国政府的支持。例如,全球瞩目的特斯拉电动汽车项目,就得到了美国政府的重要支持。在2010年特斯拉项目的启动阶段,特斯拉从美国能源部获得了4.65亿美元贷

---

① 数据整理自经济合作与发展组织数据库。

款支持①。当下著名的苹果、英特尔、联邦快递也都曾经是美国政府风险投资的受益者。美国产业政策并不是单一的,而是呈现各种政策组合,比如,加大研发投入、培养引进创新人才、建设重大科技基础设施、构建全美制造业创新网络、加强基础研究、强化前沿技术布局、推动科技成果转化与创业服务等政策组合,进一步地,美国产业政策重点聚焦不断丰富创新资源投入,强化技术供给,着力解决科技创新存在的创新资源投入不足、研究开发动力不足以及科技成果转化难等问题。美国政府重视利用法律的形式来确立科技政策的连续性和有效性,法律法规是美国政府激励创新发展的重要手段。

美国政府先后颁布《小企业就业法案》《创业企业扶助法》《2021美国创新与竞争法》《振兴美国制造业和创新法案》等多项法律法规,不断完善促进科技创新的法律法规。《美国小企业法》规定,联邦政府采购经费中的23%应该用于购买小企业的产品或服务。10万美元以下的政府采购应优先考虑小企业,10万美元以上的则应优先考虑给予小企业分包采购合同,50万以上的政府采购必须包含小企业作为分包采购单位。

另外,美国政府还注重建立科技政策法规评估机制,签署《政府绩效与结果现代化法案》,密切跟踪政策的实施情况,加

---

① [英]彼得·蒂尔、布莱克·马斯特斯:《从0到1:开启商业与未来的秘密》,高玉芳译,中信出版集团,2015年,第225页。

强科技政策实施效果评价,对科技政策进行修订和完善,《美国创新战略》就历经数次修订。这一系列举措充分说明了美国政府在高水平研发方面的重要作用和影响,使得美国科学技术,行政和支助服务活动的增加值占总增加值比重始终处于稳中有进的状态。

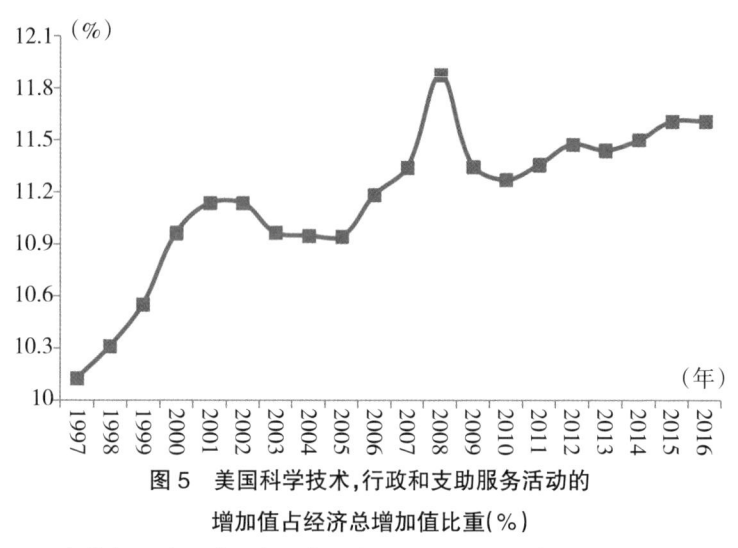

图 5 　美国科学技术,行政和支助服务活动的增加值占经济总增加值比重(%)

资料来源:数据整理自经济合作与发展组织数据库。

但是美国产业政策也受到西方主流经济学的干扰和侵蚀。随着时间推移,导致美国陷入了新自由主义的泥潭无法自拔。今天的美国,工业持续失血、实体经济不断被抽空,经济疲软和蓝领阶层大量失业,引发大量的贫富矛盾、种族矛盾等一系列严重社会问题。因此,可以认为,产业政策成就了美国的崛起;而又因崇尚自由放任,让美国自食其果,呈现衰败迹象。

2.英国的产业政策

早在公元14世纪，爱德华三世被认为是有意致力于发展英国羊毛纺织业的功臣君主。为树立榜样，他本人只穿英国的纺织品，秘密引进佛兰德斯纺织工人，建立羊毛贸易中心，禁止进口羊毛纺织品。而后来的都铎王朝更进一步地采取了一系列促进毛纺织业发展的政策[①]。

在英国资本主义启动阶段，政府主要是依据重商主义指导，采用关税保护制度来促进国内工商业的发展。这项制度的核心内容，就是通过进出口禁令或保护性关税来扶持本国制造业的发展，帮助本国商人取得更大的国际贸易份额。1721年，英国立法改革的基本原则是必须保证厂商在国内免受国外制成品的竞争；必须保证制成品的自由出口，并尽可能给予奖励和补贴。

在伊丽莎白时代，英国主张政府对那些处于幼年期的工业给予关照和扶持。爱德华六世时期，英国工业保护政策已然成形，其主要内容是禁止原材料和其他生产手段的出口。到威廉和安妮统治时期，英国的关税壁垒上涨，进口商品税率至少是15%，多数商品都达到20%~25%[②]。与此同时，为了鼓励本国航

[①] 周文：《没有哪一个国家在赶超时期不依靠产业政策实现崛起》，《解放日报》，2017年1月3日。

[②] 李新宽：《国家与市场：英国重商主义时代的历史解读》，中央编译出版社，2013年，第159~161页。

海事业和海外贸易的发展，英国议会还就航海贸易制定了一系列立法，后来被总称为《航海条例》。这些条例主要是规定凡运往英国及其殖民地的商品，只能使用英国船和英国船员。

因此，亚当·斯密在《国富论》中所鼓吹的建立在资本逻辑下的自由贸易，仅仅是在英国取得工业领先地位之后，希望英国通过自由贸易从全球获利从而变得更为强大，而不是真心帮助后发国家搭建所谓的发展"梯子"，恰恰相反，英国所需要的是剪后发工业国或农业国的羊毛而已。

第二次世界大战结束后至20世纪70年代末，受凯恩斯主义、苏联计划经济以及欧美国家政府干预盛行的影响，英国政府实行了大规模的国有化，并采取诸多措施对产业进行直接干预。随着英国在长期经济发展中对于实体工业的忽视，我们可以看到，从各国政府研发支出规模来看，英国已经落后于世界主要科技创新国家。

不难发现，尽管英国政府已经认识到创新的重要性，但是对研发活动的支持力度明显不足。2008年国际金融危机爆发后，英国政府于2009年通过机构合并成立了商业、创新与技能部（BIS）。2010年，由卡梅伦出任首相的联合政府上台，新任商业、创新与技能部部长的文斯·卡布尔于2011年正式宣布英国启动产业战略，并推动政府发布了一系列部门发展战略。卡梅伦政府的产业战略尤为注重促进创新，特别强调以创新驱动实体经济的发展。卡梅伦政府选择了11个关键部门作为产业战略的重点支持领域,分别是航空航天、农业技术、汽车、建筑、信息经济、国际教育、生命科学、核工业、海上风电、石油与天然气行业、专业化和商业服务。

英国政府认为,这些部门对于英国经济具有战略重要性,同时又是"致力于创新"和"可贸易"的部门,对提高生产率和出口能力尤为关键。与此同时,卡梅伦政府的产业战略还确定了优先发展的八项关键技术,分别是大数据、卫星技术、机器人与自动系统、合成生物学、再生医学、农业科学、先进材料和能源存储。英国政府认为,这些要么是极具增长潜力的前沿技术,要么是能够有力带动经济转型升级的"通用技术",越早参与其开发与应用就越有可能获得先行优势[①]。

[①] 孙彦红:《探寻政府经济角色的新定位——试析国际金融危机爆发以来英国的产业战略》,《欧洲研究》,2019年第1期。

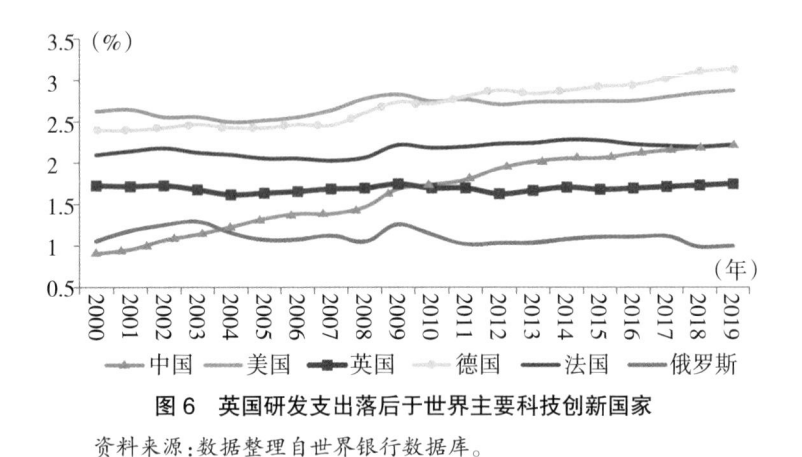

图 6 英国研发支出落后于世界主要科技创新国家

资料来源：数据整理自世界银行数据库。

2016 年 7 月，卡梅伦因脱欧公投结果辞去首相职务，由特雷莎·梅继任。梅上任后，英国政府继续将产业战略视为重振本国经济的重要依托，很快将之前的商业、创新与技能部和能源与气候变化部合并为商业、能源与产业战略部（BEIS）。梅政府的新产业战略提出，要促进英国经济转型升级，政府的首要任务是构建和夯实创意、人才、基础设施、营商环境与地区这五大基础，并为此提出了相应的愿景，制定了目标和具体推进措施。通过进一步增加研发经费投入与教育支出，从根本上为英国成为世界上最具创新力的经济体，以创新推动英国经济的进一步繁荣提供根本保证。

2021 年 7 月 22 日，英国政府发布"英国创新战略：创造引领未来"，制定了促进私营部门投资的新计划，以巩固英国在全球创新竞赛中的领先地位。英国政府还制定 7 项战略技术，以优先考虑并利用英国现有的研发优势、全球竞争优势和产业实力,包括先进材料与制造;人工智能、数字和先进计算;生物信息学和基因组学;工程生物学;电子学、光子学和量子学;能源和环境技术以及机器人和智能机器。在报告中,英国政府宣布将每年公共研发投资增加到创纪录的 220 亿英镑,同时引入新的"高潜力个人"和"扩大规模"的签证路线,以吸引和留住高技能、全球流动的创新人才。

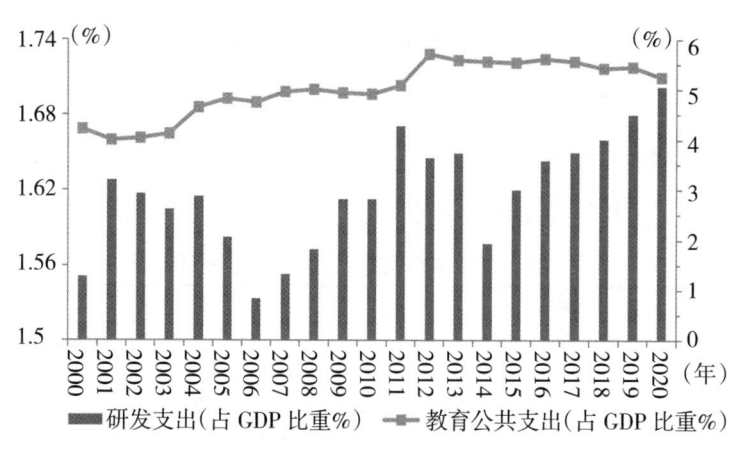

图 7 英国加快研发与教育公共支出(2000—2020)

资料来源:数据整理自世界银行数据库。

3.德国的产业政策

德国工业革命是产业政策的直接结果——德意志各邦政府充分发挥了产业政策的作用,大力推进德国工业革命。比如,建立德意志关税同盟,实行高关税政策将英国和法国的工业品挡在国门之外,再比如以兴办国营企业、资助私营企业的方式帮扶产业发展。从德国政府来看,它对科技发展始终持一种积极赞助的立场。在政府扶持下,德国涌现出不少高规格的科研机构。除了以前就有的柏林科学院以外,在19世纪后期还建立了国立物理研究所、国立化工研究所、机械研究所等。

第二次世界大战之后,联邦德国在推进欧洲一体化的过程中,以《反垄断竞争法》为经济框架维持规范性竞争秩序。21世纪以来,德国政府积极制定相关的高技术产业发展规划,帮助国家在世界科技竞争赛场上奋勇争先。从《德国高技术战略(2006—2009年)》到《高技术战略2030》的针对性产业促进建议力度逐步增强可以看出,这一阶段呈现出由"小政府"向"大政府"渐进转变的特征,德国对于产业发展的宏观调控力度在不断加强。

表2　21世纪以来德国重要高技术产业发展政策

时间	名称	核心内容
2006	《德国高技术战略（2006—2009年）》	德国第一个国家层面的中长期高科技促进政策,战略理念是创新驱动发展
2010	《德国高技术战略2020》	将气候和能源、健康、食品、交通工具、安全和通信五大领域作为"未来项目"并提供重点支持
2011	《"工业4.0"战略》	锚定安全和通信技术领域,旨在推进"信息—物理"融合系统,大力发展物联网
2014	《新高科技战略——为德国而创新》	聚焦于数字经济、可持续经济和能源、创新工作环境、健康生活、智能交通、公共安全等领域
2018	《高技术战略2025》	旨在加快科技研发和技术创新,增强高科技核心竞争力,促进国家可持续繁荣发展,以科技创新和社会创新加快生活质量的提升
2019	《高技术战略2030》	加强巩固德国原有强势产业,培育扶持德国新兴现代化产业,以维护德国工业强国和全球制造领先地位

资料来源:作者根据德国经济与能源部发布资料整理。

德国是老牌煤炭国家，也是欧洲重要的能源转型国。近年来，德国愈发加快"脱碳"步伐，大力发展光伏、风力等可再生能源，温室气体年排放量有所下降。当今德国是在可再生能源开发和利用领域取得最大成功的国家。为保护环境、遏制全球变暖并保证能源供应安全，德国政府制定了到 2010 年使可再生能源在能源供应总量中比当时的 5% 翻一番的目标。2014 年 8 月 1 日起颁布实施德国《可再生能源法》，严格控制可再生能源发电补贴，首次提出针对光伏电站的招标制度试点，分阶段、有重点推动光伏发电市场化。该部法律在 2000—2014 年期间历经了 6 次修订，并在 2017 年进行了最新修订。20 世纪 90 年代之前，德国可再生能源的开发和利用还未得到充分重视，90 年代之后，政府层面开始采取鼓励的态度。

2000 年后，德国开始围绕可再生能源进行专门立法，制定了以固定电价为核心的制度体系，为发展可再生能源提供了法制保障。2020 年，德国超过 40% 的电力来自风能、太阳能、水能、沼气等可再生能源。2022 年 4 月，德国政府表示，将进一步扩大可再生能源项目，帮助电力脱碳，并将通过降低风能和太阳能运营商的市场价格来减轻消费者的负担。在 2030 年实现可再生能源在德国能源消费结构中占比达到 80%。

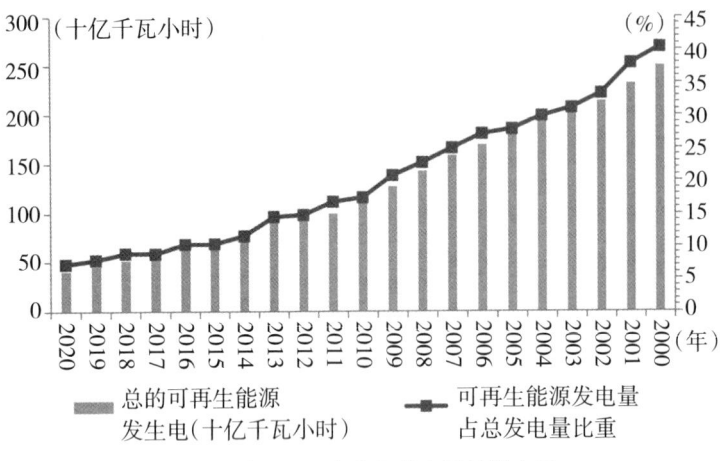

图8 德国可再生能源发电量持续上涨

资料来源:数据整理自世界能源组织、英国BP数据库。

2020年6月初,在新型冠状病毒肺炎疫情带来的一系列经济冲击背景下,德国政府出台了一系列促进该国能源转型的产业政策,其中包括氢能发展战略,政府计划投资90亿欧元促进氢的生产和使用,其中20亿元用于在摩洛哥等合作伙伴国家建立制氢厂,以满足德国的进口需求。6月10日,德国内阁通过了《国家氢能战略》,以可再生氢为重点,对德国的"绿氢"制造进行了路线布局,在经济复苏背景下启动国家氢能战略。《国家氢能战略》强调:到2030年,温室气体年排放量目标下降到5.4亿吨,这为德国的能源转型提出了更高的要求。氢气作为清洁能源,有望从根本上进行"脱碳",将成为德国未来能源转型的重点发展方向之一。

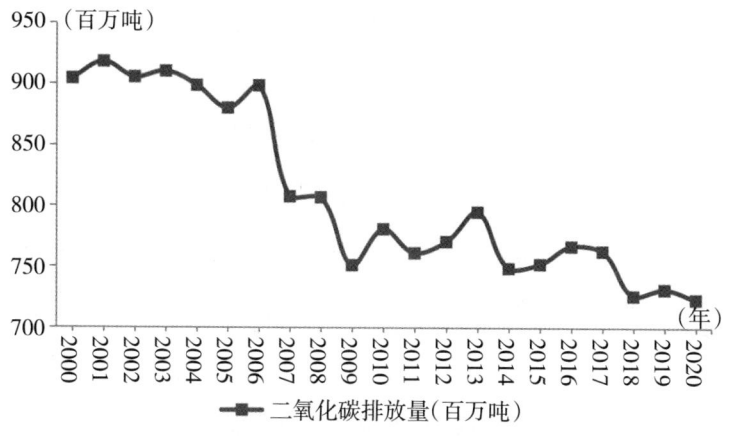

图 9　德国二氧化碳排放量不断下降

资料来源:数据整理自世界能源组织、英国 BP 数据库。

4.苏联时期的产业政策

苏联经济发展最大的特征就是计划经济体制。计划经济体制,即经济行为是以统一计划为条件的制度化经济体系。十月革命胜利后,苏联开启了社会主义取代资本主义的实践进程。在此期间,如何组织社会化大生产成为当时苏联面临的最重要的问题。列宁说过:"没有一个使千百万人在产品的生产和分配中严格遵守统一标准的有计划的国家组织,社会主义就无从设想。"[1]斯大林认为:"建立社会主义的经济基础,就是把农业和社会主义工业结合为一个整体经济,使农业服从社会主义工业的领导,在农产品和工业品交换的基础上调整城

---

[1]《列宁选集》(第三卷),人民出版社,2012 年,第 525 页。

乡关系,堵死和消灭阶级借以产生首先是资本借以产生的一切孔道,最后造成直接导致阶级消灭的生产条件和分配条件。"①在苏联时期,计划经济代行工业革命的职能,使苏联实现工业化,并为发展社会主义奠定了重要的物质基础②。

正是得益于实行社会主义经济制度(以新经济政策为代表的一系列产业政策),从而使苏联从一个落后的农业国迅速转变为一个强大的工业国。到了斯大林时期,更是通过将政府主导的产业政策优势发挥到"极致"竭尽全力推进重工业优先发展模式,由此才奠定了苏联强大的工业和国民经济基础。1925年,联共(布)十四大确定了国家工业化方针。1927年,联共(布)十五大对国民经济五年计划作出具体规定,随后在全国开始实施第一个五年计划。1937年,苏联工业生产水平由1913年的世界第五位、欧洲第四位跃居到世界第二位、欧洲第一位,从而基本完成了社会主义工业化任务。

与此同时,苏联在农村开始农业集体化运动,推动农业生产从个体经营向大机器生产的转变,基本保证了工业化建设的需要。当第二个五年计划宣告提前完成时,农业集体化也基本完成。1928—1941年,苏联在冶金、机械制造、机器加工、燃料

---

① 《斯大林选集》(上),人民出版社,1979年,第511页。
② [法]弗朗索瓦·巴富尔:《从"休克"到重建:东欧的社会转型与全球一体化—欧洲化》,陆象淦等译,社会科学文献出版社,2010年,第3页。

动力、石油化工、仪器仪表等工业部门中新建了近9000个现代化的大中型企业。在计划经济体制下,战时的苏联机械制造业产值增长近40倍①。

到20世纪30年代末,苏联工业总产值已经由1913年的世界第五位跃居欧洲第一位、世界第二位。第三个五年计划结束时,苏联已经建立起包括陆海空、航空、航海、飞机制造、化工、轮船等部门的军工企业。苏联在短短十几年里完成了工业化和农业集体化,探索出一条社会主义经济建设的新路,苏联人民的物质文化生活有了很大改善②。

从以余粮征集制为标志的战时共产主义政策到新经济政策,农民开始从经济收益角度关心农业生产,进而保证了城市与工业的后勤供应。苏联在十几年间靠内部积累,通过国家有计划地开展经济建设,集中全国人力物力进行重点项目建设,走出了一条社会主义国家的工业化之路,把一个相对落后的农业国改造为一个强大的工业国,成就举世公认。但是这一体制长期将重工业置于优先地位,以致影响了轻工业和农业的发展。在新经济政策后期,苏联出现了严重的工业品短缺和粮食收购危机。此后,以斯大林为首的苏联领导集体,终止了新经

---

① 金挥等:《苏联经济概论》,中国财政经济出版社,1985年,第10~12页。
② 李燕:《苏联解体不能归因于社会主义经济制度》,《历史评论》,2021年第6期。

济政策。同时,苏联把工业化时期形成的高度集中的政治、经济体制固定化,致使企业管理机制僵化、缺乏经营主动权。忽视经济杠杆、市场调节作用,难以发挥生产经营者的作用,存在明显弊端[①]。

自20世纪50年代中期起,苏联针对自身存在的弊端,也开始改革探索,主要目的是改变高度集中的经济管理体制,激发企业活力,调动劳动者的生产积极性。这些改革探索包括扩大地方自主权、增加对农业的投入等,也产生了一定的效果。但由于苏共中央缺乏总体战略规划,指导思想上忽左忽右,政令无常,反而产生了很多新的矛盾和问题。

1985年4月,被寄予改革厚望的戈尔巴乔夫接任苏共中央总书记。戈尔巴乔夫放弃共产党的领导使改革走向歧途,酿成"颠覆性错误"。他视国家计划如同洪水猛兽,根本不进行国家调控,连建议性的国家指导也没有,以经济和生产单位划分的基层单位被取消,这导致苏联经济迅速崩溃。曾经不可一世的苏联解体成独联体,俄罗斯至今衰退势头持续,看不到恢复的征兆。由此可见,任何经济体制的良好运行,都无法离开政府的合理调控。

---

① 李燕:《苏联社会主义经济制度选择与西方批判辨析——驳"社会主义不可行"论》,《马克思主义研究》,2019年第3期。

(四)错误产业政策导致资源错配与效率损失

20世纪60年代以来,日本、韩国创造的经济奇迹表明,一国政府如果能对产业进行恰当干预,促成产业梯度升级,就能加速经济增长。然而产业政策也有失败的案例,比如同时代的拉美国家,深陷"中等收入陷阱",产业政策等政府干预手段并没有促成经济转型,反而由于政府干预产生的寻租和腐败导致经济增长停滞,并由此引发产能过剩现象,造成了效率的损失。

1.挤出效应

瓦尔德纳指出,如大规模的补贴等,以再分配为导向、强调消费而非发展的资源重新配置追赶型经济制度,会促进食利阶层的形成与既得利益集团的强大[1]。在中央政府以税收优惠政策为主的高新技术企业认定制度及以政府财政资金补贴为主的创新政策和专利政策的引导下,在很大程度上会诱使和激励微观企业及中介机构,通过与掌控高新技术企业认定权和审批权的政府官员勾结和合谋,来骗取国家的税收优惠政策、套取政府创新补贴财政资金和专利补贴资金,从而滋生大量的寻租行为。这种现象导致了政府有限财政资金重复投

---

[1] [美]戴维·瓦尔德纳:《国家建构与后发展》,刘娟凤等译,吉林出版集团,2011年,第127页。

入和浪费挥霍、财政资金错配及财政资金运行效率低下等突出问题[①]。另外，在政府监管机制缺位及执行不力的情形下，不少企业凭借信息不对称的"优势"，通过虚假创新、操作创新研发或者炮制大量低质量或者没有价值的专利等行为来骗取政府优惠政策和创新补贴资金。

产业政策的立足点应该是鼓励企业创新。当企业并不是通过实施真正的创新研发活动以及有价值的创新成果来获取企业收益，必然会造成了"劣币驱逐良币"式的恶性示范效应，从而导致政府政策刺激下的微观企业创新活动的逆向选择和道德风险行为的盛行，必然从根本上抑制和扭曲了微观企业培育和提升自主创新能力的内在动力机制[②]。例如，中国对于新能源产业发展的政策扶持力度十分大。然而一个潜在的问题是，这种政策在实施过程中过于注重生产环节的补贴，导致部分产业出现过度的产能投资，有的甚至违规骗取补贴，并频繁遭遇国外反补贴调查和引发贸易摩擦，如太阳能光伏、风电设备领域的过度投资问题。

2.产能过剩

产能过剩是指在一段时期内，企业参与生产的所有固定资

[①] 孙刚、孙红、朱凯：《高科技资质认定与上市企业创新治理》，《财经研究》，2016年第1期。

[②] 杨国超等：《减税激励、研发操纵与研发绩效》，《经济研究》，2017年第8期。

产,现有的资本和劳动等生产能力没有得到充分利用,所能生产的产品数量超出市场消费能力,即企业实际生产能力相对于市场需求的过剩。西方的产能过剩通常是市场竞争的结果。市场失灵引致产业重复建设、企业盲目扩张,造成产能过剩[①]。

中国产能过剩的产生在需求和供给两方面均有着内在根源[②]。从需求端来看,经济周期波动会导致产能过剩:当经济上行时,面对旺盛的市场需求,企业扩大投资的动机较强。当经济下行时,尽管市场需求已经下降,但企业进行的大量固定资产投资由于资产专用性问题无法变现,企业一般不愿意停止生产,这就形成了持续性的过剩产能。从供给端分析,过度投资是导致产能过剩的直接原因:在地方政府间 GDP 锦标赛背景下,对于中央鼓励的产业,地方会坚决执行,甚至不惜扭曲资源配置;同时地方政府间过度竞争,其对经济的干预导致全国范围的大量重复投资,从而形成过剩产能。

产能过剩可能会对经济造成多方面的负面影响。在宏观方面,2020 年,在全球疫情叠加冲击下,我国众多行业的供需关系因为库存的激增而呈现出恶化趋势,产能过剩的长期存在增

---

① 林毅夫、巫和懋、邢亦青:《"潮涌现象"与产能过剩的形成机制》,《经济研究》,2010 年第 10 期。

② 杨其静、吴海军:《产能过剩、中央管制与地方政府反应》,《世界经济》,2016 年第 11 期。

加了经济的不确定性。与此同时,企业的盈利减少甚至亏损,将造成银行不良资产增加,增加了系统性金融风险的隐患。在微观方面,产能过剩的行业一般会出现产品价格大幅下跌、企业效益滑坡的现象,同时大量产品库存给企业带来了额外成本负担,造成了过多的资源闲置。

按照经济学的理论逻辑来说,行业产生产能过剩现象,那么应该通过种种举措减少产能。但是目前中国的一个特征性事实在于以水泥、钢铁、煤炭等为代表的绝大部分产能过剩行业由于工业增加值稳定,仍继续被作为地方重点税源甚至税收支柱性产业而培育和保护,形成了"产能过剩悖论"。

三、走向未来:我们需要一个好的产业政策

为了解决中国供给侧方面的生产部门所面临的产品质量相对低下、生产效率提升动力难以持续、高端生产装备制造能力严重不足、关键零配件和原材料生产能力缺失,以及背后所隐含的多层次自主创新能力体系整体不足等一系列重大发展问题,因此我们需要一个好的产业政策。

(一)好的产业政策是相互协调的政策组合

从2006年开始,中央政府逐步制定和推出了以创新驱动

发展战略和供给侧结构性改革为主线的诸多国家层面战略规划体系以及一系列的具体政策举措。在具体实施的效果上，政府补贴和税收优惠在实施上各具特点。从本质上看，二者都能够缓解企业融资约束的问题①。政府补贴以直接支付的方式向被扶持行业内的企业提供资金援助，可以直接增加企业的现金持有量，具有典型的"事前扶持"特征；而税收优惠则是政府基于经营绩效或其他条件给予被鼓励企业税负减轻或免除税收负担的行为，包括减税、免税、延期纳税、退税、加计扣除、加速折旧、减计收入、投资抵免、起征点和免征额等14种形式，多以"事后扶持"为主。相较于政府补贴，具备"事后扶持"特征的税收优惠具有天然的优越性，可以通过市场机制避免资源错配、降低交易成本，对产业和企业的影响偏中性，对市场的扭曲程度比较小，从而能够充分调动企业的主观能动性。

但是好的产业政策不仅仅是政府补贴或者税收优惠政策，而应当是协调财政、金融、外贸、外汇、技术、人才等政策的制定和实施，通过多措施并举的方式达到更佳的组合激励效果②。例如，当前地方政府为了成功招商引资，可能会在工业区、开发区的建设中提供基础设施等公共品并将所涉及的不同职

---

① 王桂军、张辉：《促进企业创新的产业政策选择：政策工具组合视角》，《经济学动态》，2020年第10期。

② 陈钊：《大国治理中的产业政策》，《学术月刊》，2022年第1期。

能部门集中到一起为入驻企业服务,这就大大提高了政府的服务效率,降低了企业的成本,那么这样的做法就会对企业有较大的吸引力,也可以有效地提高企业的潜在经济绩效。

充沛的人才资源是形成创新能力的核心基础。针对创新能力基础薄弱这一现实问题,由于知识和技术密集为重要特征的高技术创新及其产业发展离不开科技人才这一核心要素,国家通过对国家科技人才的流向、布局和结构进行宏观调控,加大资金投入力度、支持人才研发、制定人才战略、培养高层次全面型人才、打造科技创新环境、促进科技人才高效流动[①]。

(二)弱政府只能带来市场无序

市场经济的形成实际上是有赖于一套特定的政治与法律制度。历史经验早已证明,成功的国家中政府都能够很好地发挥作用[②]。传统自由放任的市场经济产生了个体利益与国家整体利益的矛盾。

托马斯·皮凯蒂在《21世纪资本论》中指出,资本主义市场

[①] 裴玲玲:《科技人才集聚与高技术产业发展的互动关系》,《科学学研究》,2018年第5期。

[②] 周文:《国家何以兴衰:历史与世界视野中的中国道路》,中国人民大学出版社,2021年,第3页。

经济体制下的社会各阶层财富鸿沟不可能被消除[1]。缺少政府的有效调控,忽视了市场经济的社会效益,必然会导致两极分化,难以实现共同富裕,当社会矛盾积累到一定程度,将会引发经济危机和社会危机。因此,实现公平与效率的统一、经济效益与社会效益的统一,离不开政府的作用。在发挥"社会主义基本制度"和"市场经济"的优势下,好的产业政策可以有利于促进完善社会主义市场经济体制[2]。

在现代市场经济中,弱政府只能带来市场的无序性与分配的不公平性。而中国特色社会主义市场经济是对西方市场经济和传统社会主义经济的超越,是高水平现代化市场经济体制,治理和校正了原始市场经济的乱象,同时又超越西方现代化市场经济模式。中国特色社会主义市场经济建设需要有效市场和有为政府更好结合。

从计划经济时期,政府在经济发展中占据绝对主导地位,市场机制几乎不能发挥作用;到党的十四大提出,要建立社会主义市场化经济体制,即在社会主义国家宏观调控下发挥市场的基础作用,首次将市场在经济活动中的作用提升到基础

---

[1] [法]托马斯·皮凯蒂:《21世纪资本论》,巴曙松等译,中信出版集团,2014年,第263页。

[2] 周文、司婧雯:《全面认识和正确理解社会主义市场经济》,《上海经济研究》,2022年第1期。

地位;再到党的十八届三中全会首次提出要使"市场在资源配置中起决定性作用和更好发挥政府作用",强调正确处理政府与市场的关系,在尊重市场决定资源配置规律的同时,发挥政府科学调控和有效治理的积极作用①。

党的十九大则进一步强调"使市场在资源配置中起决定性作用"和"更好发挥政府作用"的并重,进一步明确要把握和处理好政府和市场关系,这也是中国经济当前进行改革开放的迫切需要②。党的二十大更加明确提出:"充分发挥市场在资源配置中的决定性作用,更好发挥政府作用。"

不难发现,产业政策贯穿了中国经济改革的整个过程,中国的经济体制改革反映的就是中国特色背景下政府与市场关系的演变。《中共中央 国务院关于加快建设全国统一大市场的意见》明确提出要加快建立全国统一的市场制度规则,打破地方保护和市场分割,打通制约经济循环的关键堵点,加快建设高效规范、公平竞争、充分开放的全国统一大市场③。

由此可以看到,一方面,在中国经济发展实践中,针对不

---

① 《中共中央关于全面深化改革若干重大问题的决定》,人民出版社,2013年,第5页。
② 习近平:《决胜全面建成小康社会 夺取新时代中国特色社会主义伟大胜利——在中国共产党第十九次全国代表大会上的报告》,人民出版社,2017年,第21页。
③ 《中共中央 国务院关于加快建设全国统一大市场的意见》,人民出版社,2022年,第2页。

同行业的产业政策是规范政府和作为市场主体的企业之间关系的主要政策工具;另一方面,在财政、金融政策之外,直接指向具体行业的产业政策从来都是各级政府推动经济发展的主要政策手段。换言之,在相当程度上,中国特色宏观经济治理体系中的政府—市场关系就是在产业政策的实施和调整过程中逐步形成的。

(三)推动经济发展的绿色化和低碳化

随着经济的迅速发展,世界范围内的资源耗竭与环境污染问题愈发突出。虽然生产技术的革新在一定程度上提高了资源使用效率,但这种不可持续的生产方式对人类赖以生存的生态系统造成了严重威胁。在工业革命初期,马克思恩格斯就强调人与自然的协调性与适应性。恩格斯指出:"人本身是自然界的产物,是在自己所处的环境中并且和这个环境一起发展起来的。"[1]资本主义生产方式对资源的掠夺性过量使用不仅加大了人与自然的矛盾,促使环境恶化,还危害了工人的健康。

在"双碳"目标背景下,仍然以传统经济增长为核心的政策措施显然已经不能满足社会发展要求[2]。所以,产业政策应当根

---

[1] 《马克思恩格斯文集》(第九卷),人民出版社,2009年,第38页。
[2] 李晓萍、张亿军、江飞涛:《绿色产业政策:理论演进与中国实践》,《财经研究》,2019年第8期。

据社会发展需求涵盖更广泛的社会目标,包括增加就业、缩小区域差距和控制环境污染等。绿色产业政策是政府出于推动环境与产业协同发展的目标而实施的政策组合。绿色产业政策鼓励企业技术研发,强调以创新驱动的方式,促进当地产业转型升级,实现行业的高质量发展。从发达国家的经验来看,绿色产业政策在世界各国推动产业发展中都扮演重要角色,在产业宏观结构的绿色变革中起到了关键引导与推动作用。

当前,美国、欧盟和日本等相继制定了绿色经济发展战略[1],中国政府也制定了一系列环境政策,如节能减排标准、排污收费制度和强制性关停污染企业等。党的十八大以来,中国共产党提出了一系列生态文明建设战略部署,我国的生态文明建设进入快速发展阶段。2018年,十三届全国人大一次会议审议通过《中华人民共和国宪法修正案》,将"生态文明"写入宪法,生态文明建设上升为国家意志。习近平总书记指出:"走向生态文明新时代,建设美丽中国,是实现中华民族伟大复兴的中国梦的重要内容。"[2]党的十九大报告把"坚持人与自然和谐共生"作为新时代坚持和发展中国特色社会主义的基本方略

---

[1] Rodrik, D., "Green Industrial Policy", *Oxford Review of Economic Policy*, 30(3), 2014.

[2] 中共中央文献研究室:《习近平关于社会主义生态文明建设论述摘编》,中央文献出版社,2017年,第20页。

之一[①]。党的十九届五中全会提出要"推动绿色发展,促进人与自然和谐共生"[②]。人与自然和谐共生是将人与自然视为相互依存、共生共荣的统一体和生命共同体,以此实现人与自然的共同发展。

2020年9月,习近平总书记在第75届联合国大会上向全世界庄严承诺,中国将采取更加有力的政策和措施,二氧化碳排放力争于2030年前达到峰值,努力争取2060年前实现碳中和[③]。面对减排目标约束时,部分地方政府在政府工作报告中明确公开了减排目标,将减排任务作为地区的工作重点。在面临环境目标约束时,地方政府会加强对地方污染企业的管制,同时加大对新能源、高科技等节能环保产业的政策支持,以期完成减排目标的考核,并推动产业结构的转型升级。也就是说,未来在中国更好的产业政策指导下,中国经济将会踏上一条兼顾经济发展速度和能源消耗、污染排放的可持续发展之路。

---

① 习近平:《决胜全面建成小康社会 夺取新时代中国特色社会主义伟大胜利——在中国共产党第十九次全国代表大会上的报告》,人民出版社,2017年,第23页。

② 《中共十九届五中全会在京举行》,《人民日报》,2020年10月30日。

③ 习近平:《在第七十五届联合国大会一般性辩论上的讲话》,《人民日报》,2020年10月28日。

(四)更好推进战略新兴产业

在经济发展初期,一方面,政府主导的补贴、税收优惠等政策一定程度上将缓解目标行业要素投入不足的状况;另一方面,产业政策传递的信号效应也会进一步增强社会资本对目标行业投资的信心,引导社会中生产要素向目标行业聚集,提高产业间的资源配置效率[1]。由于一个国家的政府所能使用的资源总是有限的,政府只能策略性地使用资源来扶持那些可以对经济发展作出最大贡献的产业。

由于资源是有限的,政府在扶持某些领域的同时一定会影响到其他领域的发展环境。在产业政策扶持背景下,相对于非扶持企业,扶持企业面临的投资机会显著更多、投资规模增长越快、政府补贴和税收优惠亦更多[2]。除直接扶持外,产业政策还能通过背后政府的"信任背书"作用于微观企业。在当前经济形势不确定的情况下,面临更多信息不对称的高科技企业,政府作为独立的第三方往往对企业投融资行为具有明显的"认证效应"。由此可知,受产业政策扶持的企业,因资源导向与信息认证往往能获得更多的资源要素。而那些非扶持企业除遭遇

---

[1] 余泳泽、孙鹏博、宣烨:《地方政府环境目标约束是否影响了产业转型升级?》,《经济研究》,2020年第8期。

[2] 周亚虹等:《政府扶持与新型产业发展——以新能源为例》,《经济研究》,2015年第6期。

政府扶持层面的资源受限外,在信息不对称广泛存在的现实背景下,还往往给外界传递出其未来发展前景不容乐观的不利信号。

(五)推动国家治理体系和治理能力现代化

国家制度是国家最根本的"基础设施"。国家制度和治理体系的作用能否充分发挥、国家制度优势能否转化成治理效能,主要取决于国家治理能力。国家治理体系与治理能力是一个有机整体,二者相辅相成。缺乏有效的治理能力和制度执行力,再好的制度和治理体系也难以发挥作用[1]。

党的十八届三中全会首次提出"推进国家治理体系和治理能力现代化"这个重大命题,并把"完善和发展中国特色社会主义制度、推进国家治理体系和治理能力现代化"确定为全面深化改革的总目标[2]。党的十九届四中全会系统阐述了国家制度和国家治理体系具有的显著优势,指出要努力把国家制度和国家治理体系的优势转化为现实的治理效能[3]。党的十九

---

[1] 周文:《国穷国富的秘密在于国家治理能力》,《上海经济研究》,2021 年第 10 期。

[2] 《中共中央关于全面深化改革若干重大问题的决定》,人民出版社,2013 年,第 3 页。

[3] 《中共中央关于坚持和完善中国特色社会主义制度 推进国家治理体系和治理能力现代化若干重大问题的决定》,人民出版社,2019 年,第 5 页。

届五中全会进一步明确了"到二〇三五年基本实现国家治理体系和治理能力现代化"的发展目标,继续强调推进国家治理体系和治理能力现代化,实现经济行稳致远、社会安定和谐,为全面建设社会主义现代化国家开好局、起好步[1]。习近平总书记指出:"国家治理能力是运用国家制度管理社会各方面事务的能力,包括改革发展稳定、内政外交国防、治党治国治军等各个方面。"[2]党的二十大报告则进一步强调:"不断增强社会主义现代化建设的动力和活力,把我国制度优势更好转化为国家治理效能。"[3]

显而易见,制度优势是国家治理能力的最集中体现,无论是在实施全国性的战略计划(全面建成小康社会、"一带一路"倡议、西部大开发等)、建设重大国家工程(三峡大坝、中国高铁、大飞机等)、举办重大的国际活动(奥运会、世博会、博鳌亚洲论坛等)方面,我国社会主义基本制度都凸显了治理优势。增强国家经济治理能力,是实现高质量发展的重要保障。在福山看来:"治理质量是能力和自治相互作用的函数。"或者应该

---

[1] 《中共中央关于制定国民经济和社会发展第十四个五年规划和二〇三五年远景目标的建议》,人民出版社,2020年,第6页。

[2] 《习近平谈治国理政》(第一卷),外文出版社,2018年,第91页。

[3] 习近平:《高举中国特色社会主义伟大旗帜 为全面建设社会主义现代化国家而团结奋斗——在中国共产党第二十次全国代表大会上的报告》,《人民日报》,2022年10月26日。

说:"国家的结构、其参与公民和企业生活的性质和程度以及社会的组织共同构成决定一个国家发展成败的关键因素。"①

四、小结

2008年国际金融危机叠加世纪疫情以来,百年未有之大变局对世界经济政治发展产生了深远影响。恐怖主义、难民危机和人权问题日益严重,英国脱欧公投、各国不确定性大选和近期贸易保护主义抬头,全球经济迅速变化陷入不确定性之中。而新型冠状病毒肺炎疫情暴发又给全球产业链的深度发展带来更加严峻的挑战。以美、英为代表的西方发达国家掀起的贸易保护主义和"逆全球化"浪潮,使得以比较优势和规模报酬递增为基础的经济全球化动力被减弱,世界经济增长面临的不确定性风险越来越大。贸易不确定性以及全球制造业活动的大幅放缓只是停留于现象表面的解释,更深层次的原因是旧增长模式受到世界市场潜在可拓展规模的限制,显然不可持续,迫切需要转变增长模式。自由放任的市场经济产生了个体利益与国家整体利益的矛盾。

---

① Fukuyama, F., "What is Governance?", *Governance-an International Journal of Policy Administration and Institutions*, 26(3), 2013.

在市场自发调节下,经济活动以个体利益为中心,只强调个人理性和个人利益,资本和劳动力自然而然流向高收益的产业,在个人财富高速积累的同时,产业结构从制造业占主体向服务业占主体转化,产业空心化现象突出。

在"旧力已尽"而"新力不足"的困境下,如何利用国家力量为新兴高技术产业发展营造有利的外部环境;如何通过立法手段促进公平有序的市场竞争,是一个需要引起重视的长期的重大战略课题。简而言之,只有制定科学合理的产业政策,才能更好地应对日渐复杂的国际经济形势,进而在后疫情时代推动世界经济转向更可持续、更加包容、更有活力的发展方式,带领世界经济跳出"低通胀、低利率、低增长"的长期停滞状态。

第二章 拨开经济增长的迷雾

古典学派源自亚当·斯密,经李嘉图、萨伊等发展而成。该学派认为,社会中每个人都有追求自己利益的动机,经济运行要保护每个人的利益,在"看不见的手"即价格机制的调节下,市场参与者生产具有优势(绝对或相对优势)的产品,在交易中实现自身利益的最大化,进而促进国民财富增长。根据古典学派的观点,人均产出水平及产出增长率由两个不同条件所决定:一是被雇佣劳动整体的技能、技艺和判断力;二是被充分雇佣、能干的劳动力与非充分利用的劳动力之间的比例。而形成这两个条件的主要前提是:①劳动力和资本存量的增加;②在劳动分工和技术进步基础上资本使用效率的提高;③对外贸易。其中,对外贸易可以扩大市场并强化前两个前提。对市场参与者而言,经济增长进程一旦开始,就会自我强化、持续下去。

一、古典经济学

古典学派认为这一良性进程实现的首要前提在于资本供给,丰富的资本供给是改善人们物质生活最迫切急需的要素,资本要素并不会凭空产生,而须通过节俭进行累积。因此,一个社会具有较高的储蓄率,可以在生产中利用的资本也就较多。实际上,劳动分工及广义技术进步(出色的管理、生产技的提升等)使得积累大量资本成为可能。由于劳动分工合作,劳动力使用效率得以改善;以机器为代表的技术快速进步,提高了生产者的利润,也提高了人均收入水平。

伴随着市场竞争,劳动分工持续深化,生产效率不断改善,单位产出所需的要素投入得以削减,使得产品价格下降,量大而价廉的产品开始进入市场,产品需求市场迅速扩大。市场的扩大,使劳动者愿意全身心从事一个岗位,这增加了生产者之间交换的能力,也超出其自身的消费能力或产品需求。历史上,斯密所处的工业革命时期,使其清楚地观察到,机器的大规模使用前所未有地提升了生产效率,量大而价廉的产品供应促进了财富的较快增长,促使居民收入提高,储蓄较快累积。同时,市场机制的运行与竞争行为受人性的影响,市场参与者需受交易法规约束,从而抑制破坏市场机制和不公平竞争的行为,使市场交易良性运行。由于政府角色的特殊性,政府的管理更多是制定并保护市场法规施行。

二、新古典增长理论

随着产业革命的完成,资本主义生产方式最终确立,自由市场经济制度日趋完善,社会各阶层收入差距问题日益凸显,社会财富分配矛盾日益尖锐。由此,效用理论和分配理论取代经济增长理论成为主流经济学的新主题，经济学家将更多注意力集中到资源配置和产品交换等微观领域的问题上，他们借鉴经典力学的研究思想，应用边际分析方法和均衡分析方法，构建了一个由产量和价格决定的产品和要素处于均衡状态的一般均衡体系，经济学研究逐步从古典经济理论过渡到新古典经济理论。

凯恩斯的有效需求管理理论于20世纪30年代推出后，迅速传播至各国，但凯恩斯理论主要考虑短期经济均衡，在长期容易导致通货膨胀和边际收益递减规律所引起的停滞增长。哈罗德-多马模型是对凯恩斯短期宏观经济分析长期化的初步尝试，是对"凯恩斯革命"所创立的宏观经济理论的进一步扩展。该模型将经济增长的相关研究从静态分析发展为动态分析，开启了主流经济学重新研究经济增长问题的新篇章，成为现代经济增长理论研究的新起点。

在哈罗德-多马模型基础上，索罗和斯旺构建了一个资本和劳动能够完全相互替代的经济增长模型。该模型引入了具有新古典性质的总量生产函数——柯布道格拉斯生产函数，并且实现了经济增长的自动收敛和动态均衡。他们认为，由于资本积累会出现收益递减问题，最终人均产出将停止增长[①]。

[①] Solow, R. M., "A Contribution to the Theory of Economic-Growth", *Quarterly Journal of Economics*, 70(1), 1956.

他们发现,仅依靠要素投入并不能解释全部经济增长,为此,他们引入外生技术进步因素,并认为技术进步是比物质资本和劳动投入更重要的经济增长决定因素,虽然这一增长理论将技术进步对经济增长的作用推向了一个新高度,但对技术的产生过程仍然知之甚少。

三、内生经济增长理论

(一)技术进步对增长收敛的突破

如果外生技术进步的来源被切断,同时投入的要素面临边际收益递减,经济终究难逃"零"增长的稳定均衡状态,那么经济的长期增长仍成为无法解释的现象。为突破新古典经济增长理论的假设前提和最终结论,以罗默为代表的学者逐步构筑形成了一个新的增长理论——内生增长理论[①]。该理论认为,长期的经济增长率并不会像新古典理论所认为的最终趋向于零,因为新投入的要素积累并不会出现边际收益递减现象。虽然个别企业的资本边际收益率会发生递减,不过整体经济的资本边际收益率可能并不递减,而是不发生变化,甚至在一定条

---

① Romer, P. M., "Increasing Returns and Long-Run Growth", *Journal of Political Economy*, 94(5), 1986.

件下递增。促进资本边际收益保持不变或递增的源泉在于人力资本投资、知识积累与技术进步。其中,储蓄率是内生的,由资本的积累速度和资本供给内生决定,从而决定着经济增长的一个投入要素(资本),而人力资本积累、技术进步与投资过程均与储蓄相联系。

阿罗(Arrow,1962)假设知识创造是投资的一个副产品,从而消除边际收益递减。其认为人们通过学习而获得知识,技术进步是知识的产物、学习的结果,而学习又是经验的不断总结,经验的积累体现于技术进步之上。一方面,物质资本增加了的公司同时也学会了如何更有效率地生产,生产或投资的经验也有助于生产率提高,这一正向影响的过程被称为"干中学"。另一方面,一个生产者的学习会通过知识的外溢传至另一个生产者,从而提高其他企业的生产率。一个经济范围更大的资本存量将提高每一生产者的技术水平。这样,递减的资本收益在总量上并不适用,递增的收益成为可能。

(二)探索增长奥秘:创新驱动

1.人力资本

卢卡斯将资本区分为物质资本与人力资本,并认为人力资本促成各国经济增长差异[1]。人力资本理论支持者认为，由于人力资本具体表现为知识和技术，而经济发展依赖于技术和科学知识的进步，所以经济发展主要依赖于人力资本的积累。人力资本是国家的重要财富，也是经济增长的重要因素之一。人力资本是由不同受教育程度的人群构成的，是劳动力能力、知识和技术的综合体现。一般而言，人力资本存量较高的国家引入新产品与发展新技术的速度领先于人力资本存量较低的国家，因而经济增长速度也较快。因此人力资本的深化与人力资本结构的升级被看作是国家之间、地区之间实现经济赶超的关键路径[2]。

高级人力资本不仅蕴含着较高的劳动生产率，其本身还具有更大的知识外溢性，通过高级人力资本的集聚，畅通信息与知识的交流，推动技术创新、成果转化，可以进一步支撑起以创新驱动为重要表征的经济增长。高质量人力资本不仅作为生产要素参与生产，吸引更多高科技公司和生产性服务业公司集聚，更是通过产业集聚推动技术创新来促进地区实现高质量经

---

[1] Lucas, R. E., "On the Mechanics of Economic-Development", *Journal of Monetary Economics*, 22(1), 1988.

[2] 刘智勇等：《人力资本结构高级化与经济增长——兼论东中西部地区差距的形成和缩小》，《经济研究》，2018年第3期。

济增长①。

  人力资本按照受教育程度细分为初等教育水平、中等教育水平和高等教育水平。可以发现,相比于前两个阶段,劳动者在接受高等教育后具有较为扎实的认知基础、学习能力和市场竞争力,能够满足技能型人才市场的需求,更有利于技术创新。若从人力资本的部门配置来看,生产性部门的人力资本可以改善生产效率并推动技术创新,而公共部门的人力资本仅可以改善公共服务的正外部性,却无法通过推动技术创新来提高人均产出增长率②。

  从人力资本所属的行业类别来看,与实体经济紧密联系的技术密集型行业存在人力资本不足的现象,而与虚拟经济相关联的行政管制行业则存在人力资本过剩的现象,即人才的"脱实向虚",使得人力资本与技术创新的匹配不足以推动技术进步③。因此,当人力资本若与技术创新有效匹配,则会促进经济长期增长,若无法适配或者无效匹配,则不仅会阻碍人力资本红利的释放,导致大量的研发投入无法合理使用,从而

---

① 周茂等:《人力资本扩张与中国城市制造业出口升级:来自高校扩招的证据》,《管理世界》,2019年第5期。

② 潘士远、朱丹丹、徐恺:《人才配置、科学研究与中国经济增长》,《经济学》(季刊),2021年第2期。

③ 李静、楠玉:《人力资本错配下的决策:优先创新驱动还是优先产业升级?》,《经济研究》,2019年第8期。

不能起到推动技术进步的作用,甚至还有可能造成经济停滞,不利于经济稳增长。

人口结构对于经济增长也有较大影响。从 20 世纪中期开始,随着多数发达国家完成人口向现代人口再生产转型导致的人口老龄化问题的出现,关于人口老龄化对经济增长影响的研究也由此展开。相关研究主要体现在消费和生产两个环节中,影响方向以负向为主。在消费领域,主要是通过消费和储蓄途径影响区域经济资本的形成来展开研究,在生产领域,主要是通过劳动力和人力资本投资途径展开研究。随着人口老龄化趋势日益明显,对人口结构与经济发展关系的研究逐渐由讨论人口红利的多寡与趋势,转向更为细致地分析人口老龄化对经济增长影响的方向、程度和作用机理。

从消费和储蓄途径来看,一般而言,老年人口比重上升会增加劳动年龄人口的老年抚养负担,导致消费的增加,进而降低储蓄水平。根据生命周期假说中劳动年龄人口创造正储蓄、青少年和老年人口创造负储蓄的观点,老年人口比重的提高会直接降低个人和社会中的储蓄水平,储蓄的降低将通过资本积累放缓而减缓经济增长[1]。少数学者认为由寿命延长带来的"未雨绸缪"的储蓄动机使得中国老年抚养比对国民储蓄的负

---

[1] Goh.,S. K.,R. Mcnown and K. N. Wong,"Macroeconomic Implications of Population Aging:Evidence From Japan", *Journal of Asian Economics*,68,2020.

效应并不显著。何凌霄等(2015)从健康支出这一新视角认为随着人口老龄化的加剧,老年人口对健康投资需求增加,而健康支出又会通过延长劳动供给、提升人力资本等渠道促进经济增长[1]。

从劳动力途径来看,主要通过劳动力供给和劳动生产率来考察人口老龄化对经济增长的影响,且通过该途径的影响方向多以负向为主。在劳动力供给方面,老龄化的加重会引发总人口中劳动年龄人口比重和劳动参与率的下降,而劳动力的稳定供应是经济增长的保障[2]。在劳动生产率方面,不同学者对人口老龄化与劳动生产率之间的关系持有不同观点。其中,一部分学者认为因体能和学习能力下降导致老年人生产效率的降低,从而对企业和国家生产力产生负面影响会阻碍劳动生产率的提高[3]。另一部分学者则认为老年人口因工作经验的积累与管理技巧的提高使得老龄化对劳动生产率的影响未必是负面的[4]。

---

[1] 何凌霄、南永清、张忠根:《老龄化、健康支出与经济增长——基于中国省级面板数据的证据》,《人口研究》,2015年第4期。

[2] Lee, H. H. and K. Shin, "Nonlinear Effects of Population Aging On Economic Growth", *Japan and the World Economy*, 51, 2019.

[3] 李竞博、高瑗:《人口老龄化视角下的技术创新与经济高质量发展》,《人口研究》,2022年第2期。

[4] Prskawetz, A., T. Fent and R. Guest, "Workforce Aging and Labor Productivity: The Role of Supply and Demand for Labor in the G7 Countries", *Population and Development Review*, 34, 2008.

从人力资本途径来看,一些学者认为人口老龄化的加剧会增加政府对养老项目的投资与建设,削弱对公共教育的投资,不利于人力资本的积累。汪伟(2017)认为人口老龄化会确定性地降低家庭的教育投资率,进而不利于人力资本积累与经济增长[1]。另一些学者则认为人口老龄化会增加人力资本积累,进而推动经济增长。人口老龄化可以为子孙后代投资人力资本创造更多机会,这将刺激经济增长,显著减少老龄化对人均产出的负面影响。但是在人口老龄化的背景下,政府应对当前的市场教育融资模式进行改革,并选择适当的时机转向以公共教育为主的教育融资模式,能够有效地促进人力资本积累[2]。

从中国具体的人口转变过程来看,人口老龄化的进程也表现出与其他国家不同的特征,突出体现在两个方面:"未富先老"和"富而快老"。中国改革开放40多年的经济增长奇迹得益于快速人口转变所带来的"人口红利"。近年来频繁出现的"民工荒"现象意味着劳动力无限供给的时代已经过去,人口红利的迅速消退意味着中国已经越过刘易斯转折点[3]。人口老龄化的快速发展与"人口红利"的消失,意味着依靠人口数

---

[1] 汪伟:《人口老龄化、生育政策调整与中国经济增长》,《经济学》(季刊),2017年第1期。

[2] 汪伟、咸金坤:《人口老龄化、教育融资模式与中国经济增长》,《经济研究》,2020年第12期。

[3] 蔡昉:《人口转变、人口红利与刘易斯转折点》,《经济研究》,2010年第4期。

量与结构优势推动经济增长的传统模式已难以为继。人口老龄化速度只有在达到一定阈值时,才会对经济增长产生显著的影响。

各种迹象和数据显示,中国未来的老龄化进程将呈现加速演进的趋势。张勇(2020)测算发现1978—2017年人力资本对经济增长贡献率为10.8%[①]。由此,可以看到随着知识经济时代的到来,在所有生产要素中,技术和人才成为推动经济持续增长的关键,人口或劳动力的质量变得尤为重要,人力资本红利将替代人口红利成为推动经济进一步增长的源泉,尤其是创新型人力资本的作用将更加重要。

2.企业家精神

为什么有些地区增长快于其他区域?对经济增长的新古典解释经常被陷于宏观经济领域而缺乏解释力。熊彼特(1934)的企业家理论与内生经济增长模型的融合才使得增长理论具有了微观基石[②]。"企业家"这个词,是在16世纪出现的一个法语词汇,即指挥军事远征的人。18世纪法国人用这个词专门表述那些从事种种冒险活动的人。1755年,法国经济学家理查德·

[①] 张勇:《人力资本贡献与中国经济增长的可持续性》,《世界经济》,2020年第4期。

[②] [奥]约瑟夫·熊彼特:《经济发展理论》,何畏等译,商务印书馆,2020年,第3页。

坎梯龙将企业家定义为"承担不确定性";1815年,萨伊在《政治经济学概论》中第一次将企业家列入经济发展的要素。从中可以看出,企业家的职责就是创新、担当和使命。

阿吉翁和豪伊特(Aghion & Howitt,1992)把熊彼特的"创新性破坏"引入内生经济增长模型,分析了企业家创新行为的最优选择和创新行为对经济增长的正面影响[1]。在熊彼特的创新主体中,早期创新主体(Ⅰ型)是大型企业,而后期创新主体(Ⅱ型)则是中小企业。一些学者沿着熊彼特创新主体的思路对企业规模与创新进行了研究,发现大企业在传统行业具有创新优势,而中小企业在另一些新兴高科技行业更具有创新性[2]。

在宏观层面,学者们认识到"即使在中国具有典型的政府投资主导经济增长特征下,忽视企业家也根本无法准确解释中国经济增长"。企业家是在原有体制机制缝隙下中国经济的推动者和"中国最适宜的种种市场制度"的创造者。庄子银(2005)指出长期经济增长的源泉是企业家精神(包括模仿行为)而不

---

[1] Aghion,P. and P. Howitt,"A Model of Growth through Creative Destruction", *Econometrica*,60(2),1992.

[2] Feldman,M. P.,J. Francis and J. Bercovitz,"Creating a Cluster while Building a Firm:Entrepreneurs and the Formation of Industrial Clusters", *Regional Studies*,39(1),2005.

是资本主义精神[①]。部分国家拥有丰富的人力资源但并没有实现高收入稳定状态的原因，正是缺少企业家引发的市场竞争。企业家通过创造当地就业机会、与全球经济接轨等增加市场竞争方式来促进经济增长。产业升级的过程就是企业家涌现和才能不断提升和发挥的过程，产业升级最终要靠企业家才能。

因此，政府产业政策制定其根本着眼点还是应该在于激励企业家精神，要为企业集群升级提供空间和产权保护，只有两者结合起来才能真正促进产业发展和升级政策。从中国的具体经济发展情况来看，企业家在区域上呈现"东高西低""南北倒U型"的趋势，其分布趋势与我国经济"T"型空间发展模式相吻合[②]。从制度层面来看，胡永刚和石崇（2016）认为中国转型成败在于企业家，但企业家促进经济转型的机制仍以基于要素重置产生的结构红利为主导[③]。伴随企业家精神带来的技术进步和资源配置效率提升，又将使全要素生产率得到提升。

[①] 庄子银：《企业家精神、持续技术创新和长期经济增长的微观机制》，《世界经济》，2005年第12期。

[②] 朱盼、孙斌栋：《中国城市的企业家精神——时空分布与影响因素》，《人文地理》，2017年第5期。

[③] 胡永刚、石崇：《扭曲、企业家精神与中国经济增长》，《经济研究》，2016年第7期。

四、游离于主流之外:21世纪经济增长理论

(一)制度决定理论

探索长期经济增长的历史形成机制,不同于特定时段内的经济增长问题研究。一个无法回避的事实在于:经济增长的历史过程,蕴含在动态变化的制度环境中。现有的增长理论在解释国家间的差异方面存在缺陷,再加上无法引导国家走上平衡增长的道路。因此,自20世纪90年代以来,制度经济学的流行以及对非正式和正式行为规则对经济增长的影响的深入研究得到了加强。在具体的影响机制上,制度可以通过干预资本形成或者作用于技术进步,进而最终影响经济增长;制度安排的横向差异与时序变化,是造成国家间贫富差距,乃至一国兴衰表现的根本原因。

1.有效制度及制度变迁视角

既然制度对于经济增长来说是重要的,那么什么样的制度才是有效制度?新制度经济学认为制度在塑造经济行为和经济绩效中起着重要作用。诺斯(1990)认为制度是决定经济长期表现的基本因素。而制度包括正式的规则(宪法、法律、财

产权)和非正式的约束(制裁、禁忌、习俗、传统)①。

有效制度是指能够在资源相对稀缺的条件下激励经济主体,使之更加高效地利用资源并推动经济增长的一系列制度安排②。有效制度的另一个名字就是"高质量的制度",大量文献探讨了制度质量对于经济增长的影响。制度质量是影响劳动、资本、土地和信息等要素空间流动的重要原因③。劳动、资本、人力与技术等要素需要以有效制度环境为前提条件才能对经济增长产生正向促进作用④。例如,由于制度质量的高低存在差异,因此创新驱动在中国东部能够快速促进经济增长,在中部保证经济能够平稳增长,而在西部地区,由于制度质量较低,创新驱动反而会阻碍经济增长⑤。在技术变革的初期,经济发展需要刚性的法律制度,以此保证契约的执行;而在技术变革中期,灵活

---

① [英]道格拉斯·C.诺斯:《制度、制度变迁与经济绩效》,杭行译,格致出版社、上海人民出版社,2016年,第209页。

② Urbano, D., S. Aparicio and D. Audretsch, "Twenty-Five Years of Research On Institutions, Entrepreneurship, and Economic Growth: What Has Been Learned?", *Small Business Economics*, 53(1), 2019.

③ 笪凤媛、郑长德、涂裕春:《制度质量、资本积累与长期经济增长》,《经济经纬》,2014年第6期。

④ Li, Z., Y. J. Chu and T. R. Gao, "Economic Growth with Endogenous Economic Institutions", *Macroeconomic Dynamics*, 24(4), 2020.

⑤ 陶长琪、彭永樟:《从要素驱动到创新驱动:制度质量视角下的经济增长动力转换与路径选择》,《数量经济技术经济研究》,2018年第7期。

的法律能够有利于创新并且提高产量①。在"一带一路"沿线国家中,只有受援国有着良好的制度质量,中国对外援助才能有效促进受援国的经济增长②。

制度质量的高低也对人力资本产生影响。制度对人力资本影响的关键在于,它决定了教育的回报③。高质量制度能够激励个人的生产效率,保证个人通过努力达到的收益接近于社会的平均收益率,从而提高个体劳动力的生产积极性,最终提高整个社会的经济绩效。另外,更好的制度条件增加了投资需求,也能够增加资本,促进经济增长④。例如,在传统的跨国公司直接投资(FDI)理论里,母国较高的制度质量往往与较好的创新能力、较先进的企业管理水平等密切相关,从而形成跨国公司的所有权优势;东道国较好的制度环境被视为区位优势,能够为跨国公司投资提供更稳定的发展环境、更公平的竞争机会、较好的产权保护等,而较低的东道国制度质量则意味着较高的交易成本和经营风险。

---

① Anderlini,L.,et al.,"Legal Institutions,Innovation,and Growth",*International Economic Review*,54(3),2013.

② 王孝松、田思远:《制度质量、对外援助和受援国经济增长》,《世界经济研究》,2019年第12期。

③ Dellaposta,D.,V. Nee and S. Opper,"Endogenous Dynamics of Institutional Change",*Rationality and Society*,29(1),2017.

④ 胡必亮、张坤领:《"一带一路"倡议下的制度质量与中国对外直接投资关系》,《厦门大学学报》(哲学社会科学版),2021年第6期。

制度变迁与经济增长具有相关性。制度变迁是新制度或新制度结构代替旧制度或旧制度结构的动态过程,将在"均衡→不均衡→均衡"中不断循环,是对社会制度框架、行为准则的边际调整。然而在实证研究中对制度因素进行定量测量存在很大的困难。国外学者多以产权制度、市场化程度、贸易自由度等来代替或者部分代替制度变迁。托马斯与诺斯在《西方世界的兴起》一书中认为产权制度与法律制度等组织结构变革,在西方世界长期经济演进中起到了关键性作用[1]。不少阐释中国经济增长形成机制的文献,都对特殊利益集团构成及其经济制度选择偏好所带来的增长效应进行了深入分析。有学者认为,中国官僚制度是造成明清时期中国经济增长停滞的重要原因,官僚制度中固有的产权保护因素,以及官僚体制在政府与民众之间造成的分配不均是造成中国自15世纪起出现经济增长停滞的根本原因[2]。因此,中国的改革开放是一个典型的制度变迁过程,渐进式改革使得我国制度不断在体制内产生创新,不断打破传统约束、释放生产力,进而推进经济增长。

---

[1] [美]道格拉斯·诺斯、罗伯特·托马斯:《西方世界的兴起》,厉以平等译,华夏出版社,2009年,第4页。

[2] 韦森:《斯密动力与布罗代尔钟罩——研究西方世界近代兴起和晚清帝国相对停滞之历史原因的一个可能的新视角》,《社会科学战线》,2006年第1期。

2.政治—经济制度互动视角

政治制度与经济制度的互动,会对经济增长产生影响。克里斯托夫·克拉格(2006)将具体的影响机制归结为:政治体制可以通过影响产权保护制度作用于经济增长过程[①]。阿西莫格鲁等(2008)证实了稳定的政治民主能够降低进入壁垒的扭曲程度,创造民主资本的数量优势,进而驱动经济增长[②]。

长期以来,关于经济制度的研究大多集中在产权上。产权并非是对人与物之间关系的界定,而是对人们在使用物时所出现的人与人之间的一种能被认可的彼此关系的界定。一方面,产权有助于人们在交易时形成合理的预期;另一方面,产权激励人们的经济活动,可以提高资源配置效率,从而有助于经济增长。一般认为产权制度是制度变迁的代理变量,于是大量探寻制度质量与经济增长关系的有关研究都从腐败、寻租和产权制度等角度入手。一国对产权的保护程度越高,越有利于该国的经济增长。制度质量较低时,不完全的产权制度容易导致寻租和腐败[③]。然而大部分发展中国家的制度体系不完善,容易产

[①] [美]克里斯托夫·克拉格:《制度与经济发展:欠发达和后社会主义国家的增长与治理》,余劲松等译,法律出版社,2006年,第81~107页。

[②] Acemoglu, D. and V. Guerrieri, "Capital Deepening and Nonbalanced Economic Growth", *Journal of Political Economy*, 116(3), 2008.

[③] 方颖、赵扬:《寻找制度的工具变量:估计产权保护对中国经济增长的贡献》,《经济研究》,2011年第5期。

生行贿和公共政策扭曲等现象，降低生产效率，阻碍经济增长，最终形成恶性循环。例如，丰富的自然资源导致的寻租行为降低了制度质量，进一步阻碍了经济增长①。

此外，好的制度不一定会被选择。不同政治利益集团采取的特定经济制度，也会对经济增长产生影响。奥尔森指出制度僵化会造成既有利益集团的固化，国家的盛衰表现，取决于能否打破既有利益集团、形成产权保护制度、激励商人阶层合作，并通过立法规制统治者行为②。如果制度缺乏公平性（即政治权力高度集中在单个或少数人手中，而这些权力持有者受到的约束很弱），就容易滋生寻租机会③。从理论上来看，寻租将会在以下几个方面阻碍经济增长：①寻租是社会财富的再分配，而不是生产性的，它将导致社会资源的浪费；②既得利益集团努力通过寻租获利来维持其现状，反对实施新的、更有利的社会政策；③寻租行为将导致投资和创新不足，阻碍经济增长。

---

① 董利红、严太华、邹庆：《制度质量、技术创新的挤出效应与资源诅咒——基于我国省际面板数据的实证分析》，《科研管理》，2015年第2期。
② ［美］曼库尔·奥尔森：《国家兴衰探源：经济增长、滞胀与社会僵化》，吕应中等译，商务印书馆，1993年，第171~182页。
③ Cermakova, K., et al., "Do Institutions Influence Economic Growth?", *Prague Economic Papers*, 29(6), 2020.

3.文化视角

劳动、资本和技术等只是经济增长的直接因素。正因如此，经济增长的相关因素被长期忽视。考察社会经济发展的历史过程，任何社会经济发展都是在一定的文化背景下发生的，文化与资源和技术一样，都是能够促进生产力提高和经济发展的重要力量。美国著名管理学家德鲁克指出："21世纪，真正占主导地位的资源以及具有决定意义的生产要素，既不是资本，也不是土地和劳动，而是文化。"[1]也就是说，在资源和技术没有发生变化的情形下，文化经济发展的作用是明显的，甚至能够通过推进制度的变迁、技术的进步和劳动力素质的提高等，更深层次地影响经济发展。

青木昌彦、奥野正宽(1999)认为："文化是属于该经济社会的人们所共有的价值观。"[2]事实上，文化是一个具有丰富内涵的概念，不仅包括思想道德、风俗习惯和意识形态，还包括物质形式的艺术和财富等。古典经济学家如斯密等均在其经典著作中提及文化对经济增长的作用。他们认为人的道德情操、宗教理想、观念信念等是市场规则正常运行的必要前提，因而

---

[1] Drucker, P. F., "The Discipline of Innovation", *Harvard Business Review*, 76(6), 1998.

[2] [日]青木昌彦、奥野正宽:《经济体制的比较制度分析》，魏加宁等译，中国发展出版社，2005年，第22页。

与这些内在精神相匹配的文化特点就决定了经济的成功与否。

马克斯·韦伯(1904)明确指出西方国家经济快速的发展很大程度上是"资本主义精神"产生的结果[①]。而以科斯为代表的新制度经济学派,把文化作为构成非正式制度的重要组成部分,认为文化通过影响正式制度型构进而对一个国家的经济发展产生影响。托马斯·弗里德曼在谈到经济与文化之间的关系时所说:"把一个国家经济发展的绩效完全归结于文化是荒谬可笑的,但是在分析一个国家的经济成就时,不考虑文化因素同样不合理。"[②]福山认为:"在制度趋同的今天,决定经济竞争力的主要因素是由文化构建的社会信任和合作制度,文化差异成为导致经济和社会差异的关键性因素。"[③]

文化的发展以及文化因素对经济增长的影响通常是长期的、缓慢的,而且体现在深层次影响上。制度降低交易成本,而文化传承和积淀文明,激发创新和进取精神[④]。Guiso(2006)指出文化主要通过作用于人的信仰与价值观来影响经济主体的

[①] [德]马克斯·韦伯:《新教伦理与资本主义精神》,阎克文译,上海人民出版社,2018年,第12页。

[②] [英]托马斯·弗里德曼:《世界是平的:21世纪简史》,何帆等译,湖南科技出版社,2006年,第331页。

[③] [美]弗朗西斯·福山:《信任:社会美德与创造经济繁荣》,郭华译,广西师范大学出版社,2016年,第56页。

[④] 贾俊雪、郭庆旺、宁静:《传统文化信念、社会保障与经济增长》,《世界经济》,2011年第8期。

行为,进而影响经济运行模式与金融发展成果①。因此,追求卓越的文化传统,理应是社会进步和经济发展的源泉。中国作为唯一延续至今的四大文明古国,传统文化对宏观政策和微观行为都产生了根深蒂固的影响,由此催生了一系列民族文化对经济和商业领域的探索研究。Greif 和 Tabellini(2017)指出中国宗族内部的道德伦理规范对社会形式具有很强的约束力,社会的运转更依赖文化传统等非正式制度②。

传统儒家文化中的"勤俭节约""重积累,轻消费"等理念在微观家庭层面发挥着巨大作用。受中国传统儒家文化影响,中国人民这种轻消费、重积累的理念为中国的储蓄率长期处在40%以上提供了条件,巨额的储蓄恰好是投资增长的前提,随着投资规模的增加,资本规模报酬递增的效应才能逐渐发挥出来,从而推动经济快速增长③。而在中国市场经济体制改革的背景下,商业精神、创新精神等西方市场经济理念在市场经济体制建立和完善过程中迅速传播并发展起来。在发达国家中,以商业精神和创新精神为特征的文化资本,对于减少交易

---

① Guiso, L., P. Sapienza and L. Zingales, "Does Culture Affect Economic Outcomes?", *Journal of Economic Perspectives*, 20(2), 2006.

② Greif, A. and G. Tabellini, "The Clan and the Corporation: Sustaining Cooperation in China and Europe", *Journal of Comparative Economics*, 45(1), 2017.

③ 杨友才、王希、陈耀文:《文化资本与创新影响经济增长的时空差异性研究》,《山东大学学报》(哲学社会科学版),2018 年第 6 期。

流程、降低交易成本发挥着重要作用。熊彼特认为,创新是经济发展的源泉,而创新的能力则取决于企业家精神这一文化心理因素[1]。企业管理者与决策者更加注重对新技术、新产品的研发投入,或者通过新技术节约成本,为企业生产效率的提高创造条件。

此外,观念因素具有直接影响政策制定和社会制度变化的能力,尤其是在特定政治价值的指引下国家职能的有效发挥。例如,新时代弘扬劳模精神和工匠精神正成为推动供给侧结构性改革的破题之举。自中华人民共和国成立以来,党和国家始终把选举劳动模范、弘扬劳模精神作为精神文明建设的重中之重,在中央层面设立"全国劳动模范""全国先进生产者""全国先进工作者"等国家级荣誉称号,以表彰各行各业成绩显著的劳动者。

2017年,"工匠精神"与"企业家精神"双双被写入政府工作报告。2017年,党的十九大报告再次强调"弘扬劳模精神和工匠精神,营造劳动光荣的社会风尚和精益求精的敬业风气"。供给侧结构性改革最终要落实到每一个工业领域的具体建设上,落实到最基层的工人和技能上。具备爱岗敬业、崇尚

---

[1] [奥]约瑟夫·熊彼特:《经济发展理论》,何畏等译,商务印书馆,2020年,第6页。

劳动的劳模精神和质量第一、精益求精的工匠精神的一线工人,才是支撑供给侧结构性改革的最重要基石。

(二)结构转变理论

从描述经济平衡式增长的卡尔多事实,到突出产业结构、就业结构的库兹涅茨事实,再到整合总量平衡增长路径与部门结构变迁过程的统一增长框架,主流经济增长理论逐渐将结构变迁纳入经济总量增长的研究范畴,从单一刻画经济增长结构性伴生现象,转向识别结构变迁对长期经济增长的影响机理。

罗斯托(1960)根据各个国家经济增长的历史轨迹与阶段特征,建立了理解经济发展路径的一般化序列,由传统社会、起飞准备、起飞、走向成熟、大众高消费时代五个阶段组成。从部门层级结构动态演进过程,来探索结构性因素在经济增长阶段性转换过程中起到的实质作用[1]。国外关于经济结构与经济增长影响的研究比较早,指出经济结构对经济增长的影响分为正、负两种效应,即"结构红利效应"和"鲍莫尔效应"。

其中,"结构红利"指经济结构变化引起经济增长速度提高,强调工业化进程中生产要素由生产效率低的产业转移向高

---

[1] [美]W.W.罗斯托:《这一切是怎么开始的:现代经济的起源》,黄其详等译,商务印书馆,2014年,第23页。

生产效率产业转移、再分配所带来总量的生产率提高;"鲍莫尔效应"也称为"结构负担效应",指经济结构变化也可能降低经济增长速度。美国经济学家鲍莫尔将产业部门分为滞后部门和进步部门,强调要素自由流动,进步部门生产率快速提升,而停滞部门相对成本不断上升,最终限制经济发展[1]。此后,结构主义开始兴起。

库兹涅茨(Kuznets,1966)认为现代经济增长并非单纯的总量扩张,而应该伴随着技术变迁和产业升级,并通过发达国家与不发达国家的大量数据证实了结构变化对经济增长的重要性。同时,他提出了著名的库兹涅茨事实,即劳动力等生产要素由农业向工业和服务业部门转移,导致各部门产值比重发生变化,进而促进经济增长的过程。此后,产业结构作为经济结构的重要表征,得到了学者们的广泛关注,尤其是强调产业结构与经济增长之间的关系。随着新古典经济学的发展,学者们将结构变动纳入新古典分析框架中,在多部门动态一般均衡框架下从供给和需求角度阐述了结构变化对经济增长的影响[2]。

---

[1] 邓正来:《国家与社会:中国市民社会研究》,北京大学出版社,2008年,第228页。

[2] Timmer, M. P. and G. J. D. Vries, "Structural Change and Growth Accelerations in Asia and Latin America: A New Sectoral Data Set", *Cliometrica*, 3(2), 2009.

在产业结构与经济增长的关系实证研究方面,学者主要围绕"结构红利"假说进行了大量的研究。干春晖等(2011)将产业结构变迁分解为合理化和高级化,结果发现现阶段我国产业结构合理化对经济发展的贡献要大于高级化;产业结构合理化则有助于抑制经济波动[1]。钞小静和任保平(2011)发现当经济增长的结构趋向于均衡时,经济增长质量将会得到提高[2]。徐徕(2020)认为产业结构、投资消费结构、金融结构的失衡程度对经济增长质量影响为负,区域经济结构与国际收支结构影响为正[3]。

从供需结构视角来看,徐宏潇(2016)认为新常态下的供给结构失衡表现在生产力与生产关系两个维度,即物质产品供给结构与制度供给结构的双重失衡[4]。另外,从要素供给、公共品供给视角切入,研究供给因素驱动结构转变,进而影响长期经济增长的研究,普遍认为有效提高消费率、抑制过度投资以及优化社会资源在消费、储蓄方面的分配,是破除改革开放以来

---

[1] 干春晖、郑若谷、余典范:《中国产业结构变迁对经济增长和波动的影响》,《经济研究》,2011年第5期。

[2] 钞小静、任保平:《中国经济增长结构与经济增长质量的实证分析》,《当代经济科学》,2011年第6期。

[3] 徐徕:《金融结构与中国经济增长潜力的实证研究》,《中国经济问题》,2020年第1期。

[4] 徐宏潇:《双重结构失衡困境与破解路径探索:供给侧结构性改革的政治经济学分析》,《经济问题探索》,2016年第6期。

"低消费、高投资、双顺差"表象下,需求失衡式增长惯性约束的重中之重。

五、经济增长理论的新拓展

地理,即塑造每个地区的自然地理条件,决定了自然资源禀赋、运输成本、知识和技术传播的存在,从而影响一个地区的发展潜力。从这个角度来看,生产力和人力资本的积累受到地方地理的强烈影响,这意味着地理制约着任何地区的增长潜力。地理要素在亚当·斯密1776年的著作中已经有所体现。但近年来,对位置、水陆交通和其他地理特征等因素如何影响经济增长的分析又有了新的进展。在研究国家间巨大收入差异的原因时,地理常常被认为是影响一个地区增长潜力的基本的、根深蒂固的因素。位置和当地自然条件对运输成本和发展新经济活动的能力的影响是重要的。

(一)地理区位

地壳运动使原本连续均质空间离散化,使一些区域获得先天禀赋条件,并发展成为交通地理经济优势区域。比如,相对于高海拔的山地区域,低海拔的平原区域因利于耕作而优势明显,而人口则在比较和衡量地理成本与获得多样化体验情况下,向先天禀赋条件较好的优势区域集聚,并形成人口集聚点,即所谓的聚落①。一般来看,早期的聚落多在容易得到水、少灾害、风势不强、日照较多等条件的地点;随着生产力水平发展和人类活动范围扩大,社会经济条件对聚落形成发展作用明显,比如生产、交通、防卫等,为了利用河水获得动力推动水车,选择河岸的位置等。比如,中世纪西欧城市多出现在一些十字路口、河流交汇处、教堂或寺院附近的广场,其先成为地方性小市场,进而逐渐成为集市所在地,并进一步发展成为具有管理政治中心和经济中心(或商业中心)职能的城市②。

中国古代城市形成也基本遵循了这一路径,隋唐时期,黄河、淮河、长江和大运河即成为全国黄河流域和长江流域两大经济中心区物资交流、汇集的主要通道,沿岸相应形成一批交通贸易型河港城市,商埠开放也相应推进了近代贸易口岸城市的形成与发展③。从历史来看,这些城市之所以成为商贸经济活动与人口高度集聚地,与其拥有的得天独厚的交通区位条件密不可分,从而一定程度上表现为城镇对交通区位的被动适应特征。

---

① Bloom,D. E.,D. Canning and J. Sevilla,"Geography and Poverty Traps", *Journal of Economic Growth*,8(4),2003.
② 厉以宁:《厉以宁讲欧洲经济史》,中国人民大学出版社,2016年,第101页。
③ 顾朝林:《中国城市地理》,商务印书馆,1999年,第40~43页。

(二)资源禀赋

根据比较优势理论,一个国家或地区发展具有资源禀赋优势的产业能够促进经济的增长。然而在现实中,一些国家和地区虽然依靠资源禀赋发展了"优势"产业,但经济没有增长,甚至出现了不同程度破坏自然环境的现象,如20世纪70年代石油输出国组织(OPEC)等能源型国家普遍出现了经济增长放缓的现象。与之相反,同期日本、韩国、新加坡等资源匮乏型国家的经济却迅速崛起。这些事实对自然资源的经济促进论提出了挑战,也引起了专家学者的关注。奥蒂(Auty,1993)对该问题进行了系统的分析,开创性地提出了"资源诅咒"假说。所谓"资源诅咒",意指一国或地区依照资源禀赋优势发展资源依赖型产业,并不能促进经济增长,反而导致了经济增速放缓和生态环境破坏。

"寻租模型"也指出人们对资源形成的私欲和贪欲,甚至会促使"资源诅咒"机制引发战争,给国家经济带来巨大的灾难。科利尔和霍弗勒(Collier & Hoeffler,2005)也关注到资源丰裕的国家可能会因为其丰裕的自然资源产生暴力冲突,从而影响经济增长[1]。帕皮拉克斯和格拉夫(Papyrakis & Gerlagh,2007)

---

[1] Collier,P. and A. Hoeffler, "Resource Rents, Governance, and Conflict", *Journal of Conflict Resolution*, 49(4), 2005.

又在国家内部区域之间对假说进行检验,通过美国州际面板数据亦证实了"资源诅咒"的存在[①]。邵帅和杨莉莉(2010)证实了地级市层面煤炭资源开发存在"资源诅咒"效应[②]。闫磊(2017)认为丝绸之路经济带共建以来,西部地区的"资源诅咒"现象减缓,"资源福音"效应增强[③]。丁从明等(2018)则从家庭微观视角证实了"资源诅咒"的存在[④]。从具体的传导机制来看,一方面是由于资源丰裕而导致制造业萎靡,产业结构无法转型升级,经济增长也就无法获得新动能。另一方面则是由于经济分工以及伴随而来的锁定效应和路径依赖,加上提高资源环境效率的激励不足,资源丰裕城市在实现绿色经济增长方面会逐步处于劣势,证实了"资源诅咒"的存在[⑤]。

也有学者指出二者之间并不是单一的线性关系,自然资源在临界值前后的区间对经济增长的作用是不同的。梅哈拉(Mehrara,2009)指出当石油收益的增长率低于 0.18 时,丰富

[①] Papyrakis, E. and R. Gerlagh, "Resource Abundance and Economic Growth in the United States", *European Economic Review*, 51(4), 2007.

[②] 邵帅、杨莉莉:《自然资源丰裕、资源产业依赖与中国区域经济增长》,《管理世界》,2010 年第 9 期。

[③] 闫磊:《伺服于丝绸之路经济带的西部:资源诅咒之惑与空间价值一解》,《兰州大学学报》(社会科学版),2017 年第 2 期。

[④] 丁从明、马鹏飞、廖舒娅:《资源诅咒及其微观机理的计量检验——基于 CFPS 数据的证据》,《中国人口·资源与环境》,2018 年第 8 期。

[⑤] 李江龙、徐斌:《"诅咒"还是"福音":资源丰裕程度如何影响中国绿色经济增长?》,《经济研究》,2018 年第 9 期。

的石油资源对经济增长产生正向的作用,反之,有可能会引起社会的动荡,阻碍经济的增长[1]。万建香和汪寿阳(2016)首次将社会资本引入"资源诅咒"的相关问题研究,发现社会资本加速积累以及技术创新能够切断"资源诅咒"的传导途径,且两者存在门槛效应,一旦跨过门槛,"资源诅咒"将转化为"资源福音"[2]。马宇和程道金(2017)发现了能源型企业在发展初期享有"资源福音",当企业规模扩张到一定门槛值后,"资源诅咒"现象随即出现[3]。岳华和张海军(2019)指出只有金融发展水平趋于合理,"资源诅咒"才能转为"资源福音"[4]。最近的研究转向了研究制度因素在资源与经济增长过程中的作用。因此,资源是"陷阱"还是上天的"恩赐",完全取决于该国的制度安排,在那些"制度优良"的国家,资源成了"恩赐";反之资源则成了"诅咒"。

(三)气候变化

气候变化影响经济增长的途径方面,主要为对农业、工业、

---

[1] Mehrara, M., "Reconsidering the Resource Curse in Oil-Exporting Countries", *Energy Policy*, 37(3), 2009.

[2] 万建香、汪寿阳:《社会资本与技术创新能否打破"资源诅咒"?——基于面板门槛效应的研究》,《经济研究》,2016年第12期。

[3] 马宇、程道金:《"资源福音"还是"资源诅咒"——基于门槛面板模型的实证研究》,《财贸研究》,2017年第1期。

[4] 岳华、张海军:《金融发展、资源诅咒与经济增长》,《华东师范大学学报》(哲学社会科学版),2019年第6期。

能源（电力）消费与极端气候事件等方面的影响。

在农业方面，需要指出的是，历史上和未来气候变化对农业产量和农业产值的影响，相关研究存在大量的不确定性和争议。不同的研究针对不同的温升情景、是否考虑 CO_2 碳肥效应、针对不同的农作物和不同地区，得出的结论都不一样，有些甚至完全相反。

第一种（主流）观点认为气候变化会对农业生产造成负面影响[1]。从具体农作物生产方面来看，由于气候变暖影响了作物的生长周期，对水稻生产的负面影响十分显著[2]。据估计，在作物品种和生产水平不变的前提下，到 2050 年，气候变暖将可能使目前中国大部分两熟制地区变成三熟制地区；两熟制地区的北界将北移至目前一熟制地区的中部，一熟制地区的南界将大大北移[3]。综合而言，土地及劳动生产率的下降最终可能会导致农业产出的下降。

第二种观点认为气候变化会对农业产生积极的影响。从自然条件来看，气温升高可增加作物生长期内的有效积温，有利

---

[1] Dasgupta, S., et al., "Climate Change, Salinization and High-Yield Rice Production in Coastal Bangladesh", *Agricultural and Resource Economics Review*, 47, 2018.

[2] Rahman, A., M. A. Mojid and S. Banu, "Climate Change Impact Assessment On Three Major Crops in the North-Central Region of Bangladesh Using Dssat", *International Journal of Agricultural and Biological Engineering*, 11(4), 2018.

[3] Chen, S. and B. Gong, "Response and Adaptation of Agriculture to Climate Change: Evidence From China", *Journal of Development Economics*, 148, 2021.

于扩大农作物的适种面积和复种指数,使喜温作物种植及多熟制的北界向北、向西移动①。同时,也有少部分研究表明气候变暖对小麦生产是有利的②。

第三种观点认为气候变化对农业生产存在不确定影响。在具体农作物生产方面,气候变暖使中国单季稻增产了约11%,但双季稻却在同样增温条件下减产了1.9%③。除了气温和降雨之外,其他天气因素,如相对湿度、风速、日照时间和蒸发率等也可能会影响农业产出④。

在工业方面,气候变化给工业带来的影响一般都是以间接的方式产生。Jones 和 Olken(2010)从发达国家的两位数行业的工业进口数据发现,对穷国来说,气温每升高 1℃向发达国家的出口下降 2.0%,66 个行业中的 20 个行业(包括农业、原材料行业和工业制成品行业)出口受到高温的不利影

---

① Xiong,W.,et al.,"Impacts of Observed Growing-Season Warming Trends Since 1980 On Crop Yields in China",*Regional Environmental Change*,14(1),2014.

② Belyaeva,M. and R. Bokusheva,"Will Climate Change Benefit Or Hurt Russian Grain Production? A Statistical Evidence From a Panel Approach",*Climatic Change*,149(2),2018.

③ Chen,S.,X. Chen and J. Xu,"Impacts of Climate Change On Agriculture: Evidence From China",*Journal of Environmental Economics and Management*,76,2016.

④ Zhang,P.,et al.,"Temperature Effects On Productivity and Factor Reallocation:Evidence From a Half Million Chinese Manufacturing Plants",*Journal of Environmental Economics and Management*,88,2018.

响显著[1]。

在能源方面,由于化石燃料仍然占全球能源使用的绝大部分,能源消耗与温室气体排放密切相关,因此与气候变化密切相关[2]。气候变化对温度调节能源消费影响的差异。一方面,许多研究人员强调了低碳能源的巨大潜力,如风能、太阳能或生物质能,可以以较低的经济成本加以利用[3]。另一方面,一部分文献指出天气和气候往往通过小概率、大影响的极端事件对经济造成重大的影响[4],例如极端降水(洪涝)、干旱、台风、高温热浪等。

(四)环境质量

长期以来,理论研究者和政策制定者主要关注于传统的生产因素(如物质资本、劳动、人力资本、技术水平等)和比较新兴的生产要素(如制度、社会资本等)来解释不同国家和地

---

[1] Jones, B. F. and B. A. Olken, "Climate Shocks and Exports", *American Economic Review*, 100(2), 2010.

[2] Jakob, M., et al., "Understanding Different Perspectives On Economic Growth and Climate Policy", *Wiley Interdisciplinary Reviews–Climate Change*, 11(6), 2020.

[3] Edenhofer, O. and M. Kowarsch, "Cartography of Pathways: A New Model for Environmental Policy Assessments", *Environmental Science & Policy*, 51, 2015.

[4] Frame, D. J., et al., "Climate Change Attribution and the Economic Costs of Extreme Weather Events: A Study On Damages From Extreme Rainfall and Drought", *Climatic Change*, 162(2), 2020;宁思雨等:《基于投入产出法的洪涝灾害间接经济损失评估——以湖北省为例》,《地理科学进展》,2020年第3期。

区经济增长程度及差异。但是伴随着污染形势日趋严峻,无论是在中国还是在世界其他国家(地区),环境保护也逐渐成为各个国家(地区)以及全球发展战略中竞争力的重要组成部分。靠通过一定的环境污染代价来实现经济快速增长并不具有持久性,过度污染会拖累和阻碍经济增长。

有关经济增长与环境质量的文献主要集中于经典的环境库兹涅茨曲线(EKC)框架中。Grossman 和 Krueger(1992)将人均收入和分配之间倒 U 型曲线关系假说用于研究经济增长和环境质量的关系。在经济发展或增长的早期阶段,环境质量先恶化。随着经济水平的增长,环境质量开始改善[1]。其主要研究结论分为三类:一是经济增长与环境污染呈现出倒 U 型关系,即存在 EKC 曲线关系[2]。二是经济增长与环境污染呈现正 U 型关系、N 型关系、倒 N 性关系、单调递增以及单调递减[3]。三

---

[1] Grossman,G.M.,and A.B. Krueger. Environmental Impacts of a North American Free Trade Agreement,*CEPR Discussion Papers*,8(2),1992.

[2] 夏勇、钟茂初:《经济发展与环境污染脱钩理论及 EKC 假说的关系——兼论中国地级城市的脱钩划分》,《中国人口·资源与环境》,2016 年第 10 期。

[3] Ben Nasr,A.,R. Gupta and J. R. Sato,"Is there an Environmental Kuznets Curve for South Africa? A Co-Summability Approach Using a Century of Data",*Energy Economics*,52,2015;Dogan,E. and B. Turkekul, "CO_2 Emissions,Real Output,Energy Consumption,Trade,Urbanization and Financial Development:Testing the Ekc Hypothesis for the Usa",*Environmental Science and Pollution Research*,23(2),2016;Shahbaz,M.,M. Bhattacharya and K. Ahmed, "CO_2 Emissions in Australia:Economic and Non-Economic Drivers in the Long-Run",*Applied Economics*,49(13),2017.

是无 EKC 关系[1]。

与这一主题相关的另一篇文献讨论了环境规制对经济增长的作用。环境规制是指政府为达到经济与环境相协调的目标所实施的一系列环保政策与措施[2]。关于环境规制对经济增长的影响,两种不同的观点即"遵循成本假说"与"波特假说"并存。从"遵循成本假说"来看,环境规制不但会改变原有生产工艺与流程,也会使管理流程与形式发生变化,增加企业管理成本,而这种成本最终会转嫁到产品价格上,造成产品在价格上缺乏竞争优势。总而言之,从短期来看,环境规制通常会增加企业的生产成本并压缩利润空间,对企业绩效产生不利影响。

但是从长期来看,波特认为在传统理论中,环境规制削弱企业竞争力是基于静态标准,即技术、需求与资源配置固定不变。企业的竞争优势并非静态效率与固定约束下的最优行为,而是依托动态条件下的创新,因此对企业竞争力的界定应脱离静态模型。当环境规制被恰当实施时,可激励企业进行创新,提高生产效率,有利于经济增长。虽然环境规制会增加企

---

[1] Pal, D. and S. K. Mitra, "The Environmental Kuznets Curve for Carbon Dioxide in India and China: Growth and Pollution at Crossroad", *Journal of Policy Modeling*, 39(2), 2017.

[2] 范丹、孙晓婷:《环境规制、绿色技术创新与绿色经济增长》,《中国人口·资源与环境》,2020 年第 6 期。

业成本，但这种规制所带来的压力以及技术改进的明确方向，会使企业提升技术创新能力，产生能够超过规制成本的"创新补偿"收益，这就是著名的波特假说。其核心概念是指环境规制可以激励企业研发清洁技术，用环境友好型产品去替代非清洁产品，实现环境和经济的相容发展[1]。

（五）金融发展

区域金融理论在考察金融发展与经济增长关系时多采用传统的哈罗德-多马模型，强调提高储蓄和资本效率是区域经济增长的根本任务，但在金融发展与经济增长关系问题上仍然存在着诸多争议。金融发展研究领域一个普遍共识是，金融发展在"很大"范围内会促进经济增长。毫无疑问，金融发展是经济增长不可或缺的支柱。一些学者从内生经济增长理论出发，将金融发展纳入经济增长模型中探索二者之间的关系。Levine率先采用金融发展深度研究金融与经济增长的关系[2]，并发表了多篇论文支持了金融发展能够促进经济增长的结论。

金融通过汇集和调动储蓄来积累资本，减轻对资本流向最具生产力的项目的信贷限制来促进创新活动，并优化资本配

---

[1] Acemoglu,D.,et al.,"The Environment and Directed Technical Change", *American Economic Review*,102(1),2012.

[2] Levine,R.,"Financial Development and Economic Growth:Views and Agenda", *Journal of Economic Literature*,35(2),1997.

置,从而在为企业分散风险的同时缓解企业创新的融资困境,促进研发和经济增长[1]。金融部门的缓慢发展会阻碍国家充分利用自身优势完成技术转移,导致一部分国家脱离世界生产前沿的增长速度。金融体系薄弱的贫穷国家会陷入恶性循环,金融发展水平低,经济效益就会低,疲软的金融体系可能会引发经济危机,具有潜在的破坏性影响。金融发展显示了生产活动的真正可用资金以及银行和股票市场为项目提供的资金渠道。金融发展指标,例如,信贷市场、银行和股票市场对经济增长都有积极影响[2]。随着全球金融一体化的不断深入与发展,经济学家和决策者对金融开放所带来的实际宏观经济效应的关注度不断提高。不可否认,金融开放具有许多积极作用,例如吸引更多资本流入东道国,提高国内资本流动性,降低风险与成本,提高新兴经济体金融效率,优化金融配置,从而给经济增长带来积极效应。

然而由于"最发达"的美国金融体系在 2007 年爆发危机并

---

[1] 庄毓敏、储青青、马勇:《金融发展、企业创新与经济增长》,《金融研究》,2020 年第 4 期。

[2] 具体见贾俊生、伦晓波、林树:《金融发展、微观企业创新产出与经济增长——基于上市公司专利视角的实证分析》,《金融研究》,2017 年第 1 期;Masoud, N. and G. Hardaker, "The Impact of Financial Development On Economic Growth: Empirical Analysis of Emerging Market Countries", *Studies in Economics and Finance*, 29(3),2012;林珏、曹强:《也论银行、股票市场与经济增长——基于 1992—2012 年中国数据的实证分析》,《世界经济研究》,2014 年第 3 期。

引起了全球经济衰退,学术界开始对金融发展促进经济增长的范围进行重新界定。反思金融发展真的对经济增长只有好处没有坏处吗?金融体系的规模和发展速度都是无须考虑的好事吗?

金融发展可能会对创新产生递减效应,这种效应会传导到生产力,并减缓总增长。然而随着信贷市场的扩大,银行也可能阻止企业参与研发活动等风险项目,导致生产力较低但可抵押的项目容易获得资金。生产性资本的投资相对较少,可能会延长实施和重组的滞后期,降低创新对生产力和经济增长的贡献[1]。事实上,学者们进行了一系列后续研究,均稳健地说明金融发展与经济增长间存在倒 U 型关系。"过多的金融"可能会损害经济增长,只有当金融发展水平与实体经济发展水平相匹配时,对整体经济具有推动作用。如诺贝尔经济学奖获得者卢卡斯认为金融仅是产业发展的跟随者,金融在经济增长中的作用被过度强调了[2]。

特别是随着 2008 年世界金融危机的爆发,金融与经济增长之间的关系再次引起了激烈的争论。金融在整个社会中吸

---

[1] Zhu, X., S. Asimakopoulos and J. Kim,"Financial Development and Innovation-Led Growth: Is Too Much Finance Better?", *Journal of International Money and Finance*, 100, 2020.

[2] Lucas, R. E.,"On the Mechanics of Economic-Development", *Journal of Monetary Economics*, 22(1), 1988.

纳了大量的财富,金融创新以及金融的过度发展不利于经济增长。金融过度发展吸收了社会过多的资源,制约了其他产业的发展,导致经济不稳定,容易诱发金融危机。黄宪和黄彤彤(2017)发现中国同样存在金融"超发展"现象,指出较之于实体部门,金融部门的发展若超过一定的"厚度"和"宽度",反而会不利于经济的持续增长[①]。金融发展模式中各核心要素,如果不是紧紧围绕实体经济的持续增长,那么这样的金融发展就会陷入"自我利益追逐和循环"的膨胀怪圈,并最终出现抑制经济增长的负面效应。

六、小结

在回顾并评述国内外解读经济增长的一般形成机制,以及中国案例特殊表现的研究文献之后,本章对现有通过要素推动经济增长的相关文献进行梳理,具体如图 10 所示。我们发现,单纯靠要素投入的数量积累拉动经济增长的时代一去不复返,世界各国经济的变化已经深刻证明了这一点。无论是传统的资本、劳动与技术还是内生增长理论的人力资本、企业家精神、制度、文化或者地理、环境、金融等因素,这些要素发挥作用的

[①] 黄宪、黄彤彤:《论中国的"金融超发展"》,《金融研究》,2017 年第 2 期。

本质前提是需要作用于经济增长的产业政策支撑，而脱离产业政策引导，所有这些因素将无法正常发挥作用。

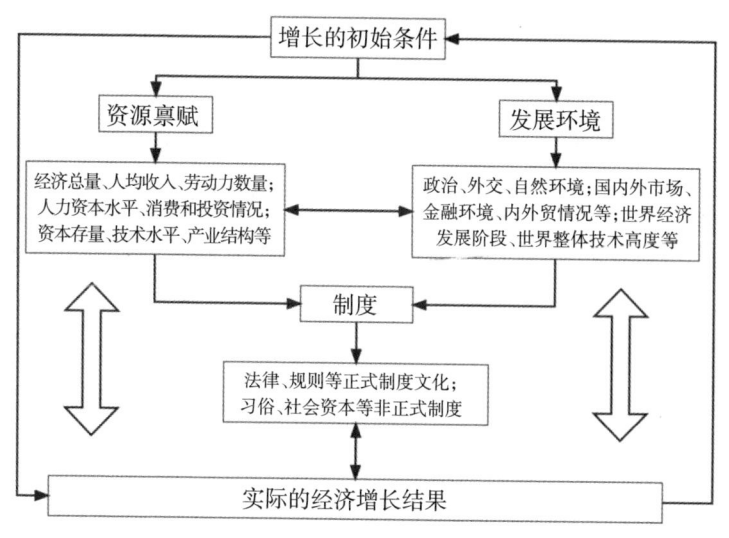

```
                    ┌──→ 增长的初始条件 ←──┐
                    │                      │
            ┌─── 资源禀赋 ───┐   ┌─── 发展环境 ───┐
            │                │   │                │
   ┌─────────────────────┐       ┌─────────────────────┐
   │ 经济总量、人均收入、 │       │ 政治、外交、自然环境；│
   │ 劳动力数量；人力资本 │◄─►  │ 国内外市场、金融环境、│
   │ 水平、消费和投资情况；│       │ 内外贸情况等；世界经济│
   │ 资本存量、技术水平、 │       │ 发展阶段、世界整体技术│
   │ 产业结构等           │       │ 高度等               │
   └─────────────────────┘       └─────────────────────┘
              ↕                             ↕
                        制度
              ┌─────────────────────┐
              │ 法律、规则等正式制度文化；│
              │ 习俗、社会资本等非正式制度│
              └─────────────────────┘
              
              实际的经济增长结果
```

图 10　经济增长过程逻辑图

资料来源：作者自主绘制。

在经济全球化和技术发展影响下，新旧技术替代引发的产业链结构和全球范围的重新组合促使大国之间围绕产业链的控制权与聚集能力的竞争日趋激烈。大国需要具有"超级产业"和"大博弈"方略才能在激烈的产业竞争中成为真正意义上的"大国"和"强国"，进而推动新时代的经济增长。一个国家的经济想要长久健康的发展单纯地靠市场或者政府是完全不行的，只有真正地实行"有为政府+有效市场"才能实现经济的高质量发展。

中国改革开放的实践经验告诉我们,中国特色社会主义市场经济是将有效市场与有为政府逐步进行有机结合。世界范围内,没有一个国家像我国各级政府一样,具备如此强烈的经济发展动力,拥有如此广度和深度的发展资源调度空间,以及通过各项政策性工具对经济活动进行调节的能力。也正是通过产业政策,才更好地实现其在培育市场环境、实施产业政策、促进微观市场主体发展、推动科技创新以及完善宏观治理等层面的职能。

第三章

见证历史：产业政策为什么重要

产业政策是指推动经济发展和经济结构调整的一系列政策。产业政策的本质在于补充了市场力量,从而增强或抵消现存市场局限将会产生的资源配置效应。一句话,就是既要充分发挥市场在资源配置中的决定性作用,又要更好发挥政府作用,从而避免市场失灵。

一、产业政策的概念及分类

产业政策的概念被正式使用是在1970年日本通产省代表在经济合作与发展组织大会上所作的题为"日本的产业政策"的演讲中。产业政策在战后日本实施经济赶超战略过程中发挥了巨大作用,使日本成为产业政策制定和实施较为成功的国家。《现代日本经济事典》中指出产业政策是对供给方面的政策,政府通过对全产业的保护、扶持和调整,参与产业或企业的生产经营以及交易活动,直接或间接干预要素、商品、服务和金融等市场运行机制的政策之和,从而实现某种经济和社会目的。

日本学者小宫隆太郎认为,产业政策是政府为改变产业间的资源配置和产业内企业的某种经营活动而采取的政策[①];

---

① [日]小宫隆太郎等编:《日本的产业政策》,黄晓勇等译,国际文化出版公司,1988年,第8页。

威廉姆斯认为产业政策是为了克服市场缺陷而采取的一系列政策措施的总称,政府实施产业政策的目的是协调经济发展。美国学者查默斯·约翰逊在其著作《通产省与日本奇迹——产业政策的成长(1925—1975)》中指出,产业政策是指政府为提高本国产业的国际竞争力而鼓励和限制某些产业生产经营活动的政策举措,是财政政策和货币政策的有效补充[①]。

世界银行在《东亚奇迹》中把产业政策定义为各国政府为了实现其全局和长远利益而主动干预产业活动的各种政策的总和,是发展中国家实现经济高速增长的重要干预手段,包含引导、调整、保护、扶持、限制等诸多政策举措。可以看出,国外学者对产业政策的界定不尽相同,但政策目标是一致的,都是为了提高国内产业的竞争力,强调产业政策是在市场机制的基础上发挥作用。

对产业政策的定义可分为狭义和广义两类。在狭义上,如张维迎(2017)将产业政策定义为:刺激特定经济活动和促进结构变化的政策,具有特定的产业导向[②]。公共物品投资、普适性政策、专利保护、区域政策均不属于产业政策范畴。林毅夫(2017)秉持的是广义视角下的产业政策范畴,内容除了选择性产业政

---

① [美]查默斯·约翰逊:《通产省与日本奇迹——产业政策的成长(1925—1975)》,唐吉洪等译,吉林出版集团,2010年,第14页。
② 张维迎:《产业政策争论背后的经济学问题》,《学术界》,2017年第2期。

策外,还包括提供基础科研、专利保护、制度保障等具有公共物品属性的功能性产业政策①。

可见,相比于狭义产业政策的特定产业导向,广义产业政策则聚焦于政府与市场间关系的变化。从现有研究产业政策的文献来看,中国学者更倾向于使用广义的产业政策定义,也就是一国政府为了实现一定经济和社会目标而对产业的形成和发展进行干预的各种政策的总和。产业政策其实就是政府为克服市场配置资源的结构局限,根据市场环境变迁利用各种制度工具来规制市场主体的行为选择,最终实现资源要素配置优化与宏观经济增长的目标。

从现有的文献上看,按照政府与市场的关系可将产业政策分为两大类:选择性产业政策与功能性产业政策②。选择性产业政策是政府为改变产业间资源的配置等而采取的政策,包括积极主动扶持战略性产业和新兴产业,以缩短产业结构的演进过程等;而功能性产业政策是政府为促进市场高效运转而实施的政策,主要通过发挥政府在经济活动中的基础性作用以弥补市场失灵,完善市场制度来实现。两者区别在于选择性产业

---

① 林毅夫:《产业政策与我国经济的发展:新结构经济学的视角》,《复旦学报》(社会科学版),2017年第2期。

② 彭伟辉、宋光辉:《实施功能性产业政策还是选择性产业政策?——基于产业升级视角》,《经济体制改革》,2019年第5期。

政策更加强调政府在资源配置中的作用,而功能性产业政策更加注重公平竞争的市场机制。

二、打开经济学的黑箱:为什么需要产业政策

从前,经济学家们普遍认为发展中国家充斥着市场失灵,这些国家要避免落入贫困陷阱的唯一办法就是实施强力的政府干预。后来又走向另一个极端,认为政府失灵才是更大的魔鬼,只有自由放任才是走出发展陷阱的唯一道路。因此产业政策在现代经济学中似乎被扔进了历史的垃圾箱。结果,那些市场化改革越迅速的国家,往往对市场化成果的失望越大——尤其是拉美地区。事实上,在过去 20 多年,产业政策从未如此流行,没有一个国家不是在稳步推行产业政策变革的各项议程。只要承认市场在资源配置中的决定性作用,产业政策就不可能消失。对于绝大多数国家而言,真正的挑战不在于需不需要产业政策,而在于如何更好地部署和调整产业政策以便发挥更好的作用,需要的不是更多的产业政策,而是更好的产业政策。

(一)擦亮产业政策荣光

由于多数经济领域特别是创新领域面临广泛的市场摩擦

和信息不对称困局,资源配置效率低下、产能过剩或不足等问题普遍存在,导致市场机制发育不充分不平衡,要完全依靠市场公平竞争机制推动经济发展以及全面建设创新型国家,显然不符合当前中国基本国情。为了弥补和抵消市场机制发育不完全的缺陷,适当地依靠政府主导和政府对特定要素市场的干预和控制,可以在一定程度上缓解市场竞争的不确定性。

由于市场具有逐利性特征,资本易涌向利润率高的成熟期企业,而对利润率较低的成长期企业却较少问津。因此需要一个较之企业和金融机构对于国内外需求更具有信息优势的主体来引导资源流向,这个在中国最主要的表现就是政府通过制定产业政策修正市场信号的方式来引导资源在成长期和成熟期企业之间的合理配置,减少市场信息摩擦,避免资源大量涌入成熟期企业而带来产能过剩[1]。此外,通过采用信贷、税收、补贴、降低准入门槛等一系列手段减少由外部性和不完善的市场机制等因素造成的市场失灵,提高资源配置效率,从而提高市场经济效率,实现产业结构升级和优化,进而促进经济增长[2]。

---

[1] 林毅夫:《潮涌现象与发展中国家宏观经济理论的重新构建》,《经济研究》,2007年第1期。

[2] Aghion, P., et al., "Industrial Policy and Competition", *American Economic Journal: Macroeconomics*, 7(4), 2015.

产业政策支持能够帮助企业获得更多的银行贷款与更充足的信贷资源。一方面,相对于不受产业政策支持的企业,受产业政策支持的企业无论在资本市场还是信贷市场都更容易受到青睐。产业政策向外界释放该行业发展利好的信号,减轻了企业与投资者之间的信息不对称问题,将企业原本延伸向影子银行的融资渠道引导至正规的投资者与银行的信贷活动,提升在资本市场融资的便利程度。政府向外界传递出该企业未来具有较大发展前景的利好信号,吸引社会资金的进入。与此同时,外部潜在的投资者会追随政府进行投资,从而节省自身对企业发展的评价成本。这不仅可以在短期内解决企业进行技术创新所面临的资金不足问题,而且在长期内会提高企业的创新积极性。另一方面,政府直接补贴与税收优惠政策可以降低企业的财务负担。入选产业政策支持的企业得到了更多的税收优惠,产业政策显著降低了相应行业的实际税率水平,企业实体经营环境不确定性和融资约束问题均可以得到有效缓解[1]。

此外,地区经济增速成为俱乐部锦标竞赛,是影响官员晋升的重要指标。扶持"产业政策导向型"的公司可以激发地区经济活力,使得地方官员在"晋升锦标赛"中脱颖而出,并加速

---

[1] 郭杰、王宇澄、曾博涵:《国家产业政策、地方政府行为与实际税率——理论分析和经验证据》,《金融研究》,2019年第4期。

促进地方产业转型,拉动地区经济增长①。例如,像新能源汽车与芯片等行业有着很强的产业关联效应。汽车能够对上游的钢铁、有色金属、橡胶、石油等原材料行业,仪器仪表、各类配件、车身车饰等零部件行业以及下游的销售、交通运输等行业均产生重要的带动效应。而当前芯片在中高端的制造业以及服务业中越来越普及,已经成为重要核心技术。

也正因如此,当我们自己无法掌握的高端芯片的提供者受美国控制时,芯片就成了"卡脖子"行业。由此,受产业政策鼓励或重点支持的公司,其更可能成为地方政府的"宠儿",将更多的政府补助或银行贷款收入囊中②。因此,相对于未受产业政策支持的企业,受产业政策支持的企业获得了更多的政策便利,使其能够拥有更多的资源进行发展。在产业政策扶持的作用下,扶持企业更可能借助"资源优势"来增强市场势力与减少交易成本。

(二)企业研发的政府"信任背书"

产业政策可以为企业的研发创新提供资金保障。技术创

---

① 周黎安:《中国地方官员的晋升锦标赛模式研究》,《经济研究》,2007年第7期。
② 王克敏、刘静、李晓溪:《产业政策、政府支持与公司投资效率研究》,《管理世界》,2017年第3期。

新活动势必要求企业投入大量的人力、物力和财力,而研发成果的不确定性会促使企业减少投入,甚至不进行技术创新活动。此时政府采取政府补贴等产业政策,可以为企业提供一定的风险保障和风险补偿[①]。在现实中,在一些前沿的技术领域往往需要企业花费较多的研发投入,而企业自有资金可能并不足以支撑自身进行这一活动。

另外,外部潜在的投资者为了规避风险也不愿对企业技术创新活动进行投资。因此,政府采取政府补贴等产业政策,在一定程度上减轻了企业融资难的问题。例如,在新能源汽车产业发展中,存在着纯电池动力、油电混合动力、燃料电池动力等不同的潜在技术路径,但究竟哪种技术路径更为可行呢?这需要企业在持续的研发投入之后才能逐渐获悉。但第一个吃螃蟹的人,需要面对极大的风险。

此外,如果企业的研发获得成功,那么新的知识也会通过模仿学习等各种途径或多或少地让同行企业受益,而创新的外溢性会使模仿性企业生产的边际成本下降,原来创新企业面临技术被模仿、专利被侵权的风险,企业进行创新投入的意愿下

[①] 韩永辉、黄亮雄、王贤彬:《产业政策推动地方产业结构升级了吗?——基于发展型地方政府的理论解释与实证检验》,《经济研究》,2017年第8期。

降,社会总的创新投入将低于社会最优创新投入①。此外,经济政策不确定性上升会增加企业面临的外部环境的不确定性风险,产业政策的出台无疑为企业的发展指明了方向,响应产业政策号召投资于受政策支持的行业可以降低不确定性对自身经营决策的影响。

产业政策能够通过信贷、税收、政府补贴和市场竞争机制促进重点支持行业中企业的技术创新②。事实上,为了实现产业创新激励,国家当前对企业创新的补助范围不断扩大,包括创新激励补贴、订单采购补贴、研发投入补助等。政府补贴不仅可以缓解企业融资压力,降低企业生产成本,而且有助于调整产业结构。政府补贴形式,无论是科研补助还是订单采购补助和创新激励补助,都会间接增加企业总收入,使得企业有更多收入用于研发投入,从而增加企业创新。同时对于知识产权保护制度较弱的地区而言,贷款贴息类型、专利资助等政府创新补贴政策可以缓解知识产权保护不足的负效应,提升企业研发投入。

---

① Ning,L.,W. Fa N and L. Jian,"Urban Innovation,Regional Externalities of Foreign Direct Investment and Industrial Agglomeration:Evidence From Chinese Cities", *Research Policy*,45(4),2016.

② 余明桂、范蕊、钟慧洁:《中国产业政策与企业技术创新》,《中国工业经济》,2016年第12期。

(三)不要闭门造车：产业政策是实现国家赶超的制胜法宝

世界经济总是处于不平衡发展格局，任何后发国家都不会心甘落后，都有赶超的强烈愿望，这既是国内居民追求富裕以及美好的物质文化生活诉求使然，也是国际经济融合与竞争的自然结果。由于市场发育程度不高、市场机制不健全、市场体系不完善、产业幼稚、企业力量弱小等因素，面对国际竞争，自然需要政府发挥计划与政策的调节功能，执行带有普遍形式的产业干预政策，即以选择性产业政策为主导的产业政策体系，以扶助相关产业、企业发展壮大，促进市场力量积累。

幼稚产业保护理论指政府对影响国家安全和就业的具有潜在比较优势的但尚不足与外国平等竞争的产业进行保护和扶持，待发展壮大后再逐渐退出。根据幼稚产业保护论，国家对于新兴产业应当给予保护和扶持，以应对其他国家因成熟体系产生的规模效应。该理论雏形最早由 18 世纪重商主义后期的美国第一任财政部部长亚历山大·汉密尔顿提出。他在《关于制造业的报告》中认为，美国当时的工业属于幼稚工业，新建立制造业的国家与制造业成熟的国家不可能在平等的条件下进行竞争，而在落后农业国的生产条件下发展制造业就必须依靠政府或国家的保护扶持。

因此,为了维护美国工业的发展就必须采取政府干预和贸易保护主义政策。由于汉密尔顿关税保护政策的实施,美国的关税水平也从1798年的5%~15%提高到1931年的53.2%,到1890年,美国的工业产值超过农业产值,并超过了英国,美国工业跃居世界首位。1900年,美国在世界对外贸易总额中仅次于英国,居世界第二位①。美国的工业在高度保护的条件下迅速发展,直到20世纪30年代的经济大萧条之后,美国才放弃了关税保护政策,转向自由贸易,美国在20世纪初取代英国成为世界头号工业强国。

在《政治经济学的国民体系》一书中,李斯特对以斯密为代表的古典学派将物质财富视为核心的理论进行了系统的批判,并提出了以生产力为核心的幼稚产业保护理论。李斯特认为:"落后国家都应该通过设置进口关税甚至颁布进口禁令来扶植本国的民族工业,唯有如此,德国、俄国和美国等当时落后于英国的国家才会有赶超的希望。"②李斯特认为后进国家的"幼稚工业"在面临激烈的竞争后易处于衰退阶段,而实施产业政策的目标在于利用政府有形之手将资源集中到技术、资本匮乏的后进产业,通过扭曲市场价格来培育幼稚工业的竞争力。

---

① 张海浓等:《国际贸易理论与政策》,清华大学出版社,2017年,第109页。
② [德]弗里德里希·李斯特:《政治经济学的国民体系》,邱伟立译,华夏出版社,2013年,第297页。

而关于幼稚产业保护的标准，李斯特认为应该选择那些"当前发展尚不成熟、受到国外强有力竞争、但通过一段时间的保护（一般为 30 年）便能成长壮大并有广阔发展前景的产业"。

上述思想一经提出，立刻动摇了其所处时代"对自由主义坚如磐石的信念"。事实上，在李斯特离世后的 1879 年，"铁血宰相"冯·俾斯麦将李斯特的思想在德意志第二帝国付诸实践，并在较短的时间内将德国由一个欠发达的农业经济体塑造成一个强大的工业化国家[①]。

幼稚产业经过一段时间的发展，最终会成为一国的支柱产业。因此，合理适度的保护幼稚产业是一国发展经济的重要手段，同时也是经济落后的国家实现工业化的有力的措施。然而在当前全球化的时代背景下，在世界市场上经过长期竞争生存下来的跨国公司往往都拥有技术创新和规模经济方面的巨大优势。即使发展中国家和经济转型国家的企业选择了与其要素禀赋结构相适应的产业，在国内封闭市场中拥有自生能力，但进入开放的世界市场之后，也会因为缺乏相应的技术水平和规模经济而失去自生能力。

也就是说，一个企业要在开放的市场环境中具有自生能力，需要拥有要素禀赋、技术水平和规模经济等方面的综合竞

---

① 林毅夫：《经济发展与转型思潮、战略与自生能力》，北京大学出版社，2008 年，第 28 页。

争优势。发展中国家和经济转型国家需要对相关产业实行一定程度的保护,为这些产业的企业成长和规模壮大保留一定的市场空间;否则,在没有限制的开放市场下,这些产业的国内市场就会在短时间内为跨国公司所占有,失去成长和规模壮大的机会①。保护幼稚产业不只是落后国家的专利,而自幼稚产业保护理论指导实践以来,几乎每个国家都曾或正在使用该措施保护本国的产业发展,有成功的当然也有失败的;在全球化的大环境下,各国尤其是发达国家竭力倡导自由贸易。

但是我们应清楚地认识到,发展中国家的民族产业目前还不具备强有力的国际竞争力,在国际化的激烈竞争中势必会败下阵来。面对此种情形,如果还只是单纯的凭借世界贸易组织(WTO)的现行贸易规则,奉行"最惠国待遇原则""无歧视待遇原则""国民待遇原则""互惠原则"等规则,毫无保留地将国内市场对外开放,后果可想而知。另外,值得注意的是,WTO作为倡导自由贸易的国际组织,其并不反对国内产业的适度保护,并明文规定了幼稚产业保护条例。但政府对幼稚产业保护的目的是一国对某产业究竟应该实行何种开放或保护政策,最终的目的都是为未来平等自由竞争创造条件,而不是盲目保护,导致权力寻租,不思进取,最终丧失发展活力。

---

① 朱富强:《如何制定市场开放的产业政策——对林毅夫追赶型产业政策的拓展》,《教学与研究》,2017年第3期。

表 3　后发国家复杂产品的技术赶超

	起步期	加速期
面临挑战	从无到有的艰难开端	从有到优的技术升级与快速迭代
技术起点	成熟产品	前沿产品升级与成熟产品迭代
赶超战略	跟随战略	领先战略
赶超过程	国家立项,原理学习、联合攻关破解成熟产品架构与核心零部件技术;添加非核心功能以争取用户	国家立项,联合攻关以掌握前沿产品架构与核心零部件技术;用户深度参与产品设计
赶超条件	以国家驱动为主、市场需求为辅	以市场需求为主;以国家项目与市场需求凝聚各方人才

资料来源:作者自主整理。

(四)西方"教师爷"不可信:抢占科技制高点与加速产业变革

目前,新一轮科技浪潮正在席卷全球经济空间,在工业领域表现得更为迅猛,其明显特征在于"工业、工业产品和服务的全面交叉渗透"[①]。新能源、新材料、新信息、新生物技术等方向取得多点突破,这带来了国际分工和世界竞争格局的重新调整和布局。与此同时,全球范围内的市场不景气和经济增长乏力,使得各国都致力于寻找新的增长点和发展动力。正如党的二十大报告中所指出:"实现高水平科技自立自强,进入创新型国

---

① [德]乌尔里希·森德勒:《工业 4.0:即将来袭的第四次工业革命》,邓敏等译,机械工业出版社,2015 年,第 2 页。

家前列。"①

不考虑制度、国家经济发展阶段和要素禀赋结构等重要时空特定性因素而制定的开放政策,要么只是一个良好的愿望而无法实现,要么导致灾难性的后果。拉美国家长期陷入"中等收入国家陷阱"不能自拔的主要原因在于,其消费品工业的进口替代虽然相当成功,但因为跨国公司支配了其资本品工业,所以拉美国家就无法在其高端产业展开进口替代和自主创新。在外资企业控制了拉美国家战略性产业部门的前提下,其试图通过贸易保护改变其不利的国际分工地位的努力又完全被外国投资所瓦解。

相反,这种贸易保护变成了跨国公司在关税保护之下利用垄断地位在拉美市场攫取巨额利润的工具。对于中国而言,还面临着经济转型发展的"阵痛":依靠人口、土地、资源等要素投入驱动发展的增长方式难以为继,亟待转变此前"三高一低"的粗放式发展模式,坚持创新引领发展,实现新旧动能的有效转换。在全球价值链分解的今天,笼统的制造业构成国民财富的基础已经不再成立,只有各产业的价值链高端环节才构成国家富裕的基础。

---

① 习近平:《高举中国特色社会主义伟大旗帜 为全面建设社会主义现代化国家而团结奋斗——在中国共产党第二十次全国代表大会上的报告》,《人民日报》,2022年10月26日。

产业政策的本质目标是通过政策引导实现要素优化配置,进而推动产业技术进步和价值链升级。为了避免在产业和科技竞争中被淘汰出局,各大国纷纷推出产业政策规划,期望通过国家力量或市场力量确保在新兴产业变革中保持优势地位。此外在重构全球产业链的动态发展进程中,只有促进产业完整和全面发展,才能最大限度地保障就业,促进经济增长,并为科技创新和应用提供基础。

2017年4月26日,特朗普政府公布税改计划,大幅削减企业税税率,推出从35%降至15%的减税措施,还准备将跨国公司海外收入的税率降为8.75%,同时在联邦、州土地和公共设施服务等方面给予巨大的优惠,以促进制造业回流美国。2019年2月,美国联邦政府推出以《未来工业发展规划》为核心的一系列总统行政令。同一时期,英、法等国都推出了不同程度的减税方案。2012年10月,欧盟颁布了《指向增长与经济复苏的更强大的欧洲工业》,提出"再工业化"的战略目标。在新兴高科技集中运用的高端产业领域,各大国更将相关战略置于国家发展的高度。

2010年德国推出《德国2020高技术战略》,2019年修订为《国家工业战略2030》。2014年6月,日本颁布了《制造业白皮书》,明确提出对制造业结构进行调整,将机器人、3D打印技术、清洁能源汽车等高技术产业作为制造业发展的重点领域。

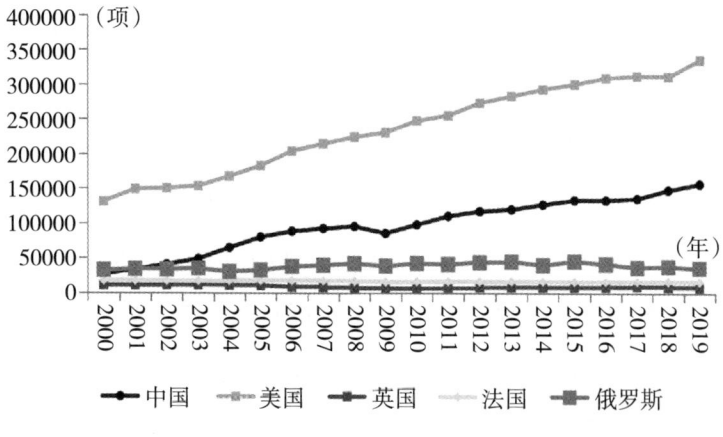

图 11　世界主要国家专利申请数量不断增加

资料来源：数据整理自世界银行数据库。

（五）繁荣的真谛：产业政策成为现代国家竞争的新模式

幅员、人口和自然资源曾经是大国争夺的主要目标,但是第二次世界大战后大国需要在经济实力、尖端科技与产业链方面具有举足轻重的地位才能确保其优势地位①。中国作为一个立志建成社会主义现代化国家的大国,不可能被动地接受国际分工,而应该是主动推进产业升级,进而增强经济实力,巩固国家地位。国家竞争理论则强调了产业政策在竞争优势培育

---

① 雷少华:《超越地缘政治——产业政策与大国竞争》,《世界经济与政治》,2019 年第 5 期。

上的重要性。为此,产业政策是成功应对"两个百年"大局、实现中华民族伟大复兴的大国利器。

1.突破"卡脖子"技术,助力制造业"国之重器"

2018年5月28日,习近平总书记在两院院士大会上强调:"关键核心技术是要不来、买不来、讨不来的。"[1] 2020年中央经济工作会议指出:"强化国家战略科技力量。要充分发挥国家作为重大科技创新组织者的作用,坚持战略性需求导向,确定科技创新方向和重点,着力解决制约国家发展和安全的重大难题。"[2]构建新型举国体制,就是要形成新时代、新发展阶段、新发展格局下集中力量办大事的协同机制。党的十八大以来,以习近平同志为核心的党中央,以伟大的历史精神和巨大的政治勇气,不断健全新型举国体制,并依托新型举国体制推动党和国家事业取得了彪炳史册的伟大成就,充分体现了中国新型举国体制的优越性。《中共中央关于党的百年奋斗重大成就和历史经验的决议》指出:"健全新型举国体制,强化国家战略科技力量。"[3]新发展阶段的目标指向建设创新型国家和世

---

[1] 习近平:《在中国科学院第十九次院士大会、中国工程院第十四次院士大会上的讲话》,《人民日报》,2018年5月29日。

[2] 《中央经济工作会议在北京举行 习近平李克强作重要讲话 栗战书汪洋王沪宁赵乐际韩正出席会议》,《人民日报》,2020年12月19日。

[3] 《中共中央关于党的百年奋斗重大成就和历史经验的决议》,人民出版社,2021年,第35页。

界科技强国,突出强调了健全新型举国体制对实施创新驱动发展战略,促进经济建设高质量发展的地位和作用。

新型举国体制是在继承传统举国体制基础上,结合新时代发展特点和需求衍生而来,其本质是推进和提升国家治理体系和治理能力现代化。新型举国体制的"新"主要表现为新时代中国特色社会主义市场经济新优势、全球化融合发展新趋势以及人类数字文明新革命这三个"新"的充分结合①。

从我国技术发展的实际情况看,在密集的产业技术政策的引导下,我国技术创新投入和产出迅猛提高,技术创新能力比以前也有了很大程度的提升。但是应该看到,除了少数领域实现了领跑、并跑外,我国大多数领域特别是传统产业领域,在技术方面依然处于跟跑阶段,核心技术、关键零部件受制于人的局面还没有得到根本性改变。在以创新为核心竞争力的时代中,中国要想以一个发展中国家实现对资本主义现代化道路的超越和对西方现代化水平的赶超,必须依靠科技更快速的创新与国家治理现代化实现历史性和时代性跨越。

目前中国发展不平衡不充分的问题依然比较突出,多项核心技术仍然被"卡脖子",重点领域关键环节的具体改革任务还十分艰巨。在这种情况下,如何充分利用我国社会主义体制优

---

① 郑士鹏:《国家治理现代化视阈下健全新型举国体制的根本动因与路径选择》,《云南社会科学》,2022 年第 4 期。

势,尽快提高自主技术创新能力,便成为当务之急。对此,党的十九届四中全会提出:"要加快建设创新型国家,强化国家战略科技力量……构建社会主义市场经济条件下关键核心技术攻关新型举国体制。"[1]这标志着正式将构建关键核心技术攻关新型举国体制作为提高自主技术创新能力建设的一个重要举措。

国民经济和社会发展五年规划是中国最为重要的宏观经济和社会管理工具,是中国经济和社会发展的一个中长期计划,主要是为国民经济和社会发展远景规定目标和方向,对国家重大建设项目、生产力布局、国民经济重要比例关系和社会事业等作出规划。政府依据"五年规划",动员与配置全社会的资源,推进经济社会的发展。每一个五年规划的完成,都为后续规划的制定实施奠定了坚实的物质、制度和政策基础。从我国标志性的"五年规划"系列政策来看,从"十五"到"十四五"期间,制造业均是国家重点强调要优先发展的产业。

---

[1] 《中共中央关于坚持和完善中国特色社会主义制度 推进国家治理体系和治理能力现代化若干重大问题的决定》,《人民日报》,2019年11月6日。

表 4　国家战略引导制造业健康发展

发展规划	制造业相关表述
"十五"	大力振兴装备制造业
"十一五"	发展先进制造业、提高服务业比重;加快发展先进制造业;广泛应用高技术和先进适用技术改造提升制造业;发挥制造业对经济发展的重要支撑作用;着力振兴装备制造业
"十二五"	提升制造业核心竞争力;改造提升制造业,发展先进装备制造业;打造一批具有国际竞争能力的先进制造业基地;促进生产性服务业与先进制造业融合
"十三五"	深入实施《中国制造 2025》,以提高制造业创新能力和基础能力为重点,推进信息技术与制造技术深度融合,促进制造业朝高端、智能、绿色、服务方向发展,培育制造业竞争新优势;加快发展新型制造业
"十四五"	保持制造业比重基本稳定;推动先进制造业集群发展;推动现代服务业同先进制造业、现代农业深度融合;促进农业、制造业、服务业、能源资源等产业门类关系协调

资料来源:作者根据公开资料自主整理。

而中国的实践也表明产业政策对于重大基础性产业实现赶超发挥着重要作用。"上天有神舟、追风有高铁、入地有盾构",中国这三大重要基础设施被公认为世界级领跑产品、国之重器。对于这类技术壁垒高、产业生态系统复杂的产业领域,单靠企业自身力量很难维持大额的研发投入以实现技术突破,此时就需要经济性的相关政策激励帮助企业克服市场和技术障碍,以加强产业部署,与企业构成创新系统,能弥补创新体系结构和功能性缺失,促进技术赶超。另外,中国在 5G、物联网、工业互联网、人工智能、数据中心等新型基础设施上加大了建设力度。以 5G 技术为例,自从 2017 年政府工作报告首次提到"5G"之后，国家对 5G 的重视程度不断提升，而中国企业在 5G 领域并跑、领跑全球的事实，也为这类产业政策的合理性提供了支持。

以 2018 年的中美贸易摩擦为例，表面上只是经济领域贸易的不平衡，但是结合美国对中国高技术公司的种种围剿来看，中美贸易摩擦的背后原因是中国高技术产业的发展带来的国际竞争。正是中国的发展特别是高科技的发展可能带来世界政治经济的变化并对美国霸权地位造成冲击，才使得中美贸易不容易以平衡贸易差额这种简单方式来解决。在中美贸易谈判中，美国认为，在中国政府和国家银行资助下，中国公司获得越来越强大的竞争优势。在谈判之外，美国甚至不惜运用国家力量打压中国的高科技企业，如封杀中国 5G 产品的国际市场，阻止中美之间相关的科学技术交流，甚至直接"绑架"中国高科技企业的领导人。这种做法已经不是简单为了解决中美贸易不平衡问题，而是带有强烈的政治动机与目的。

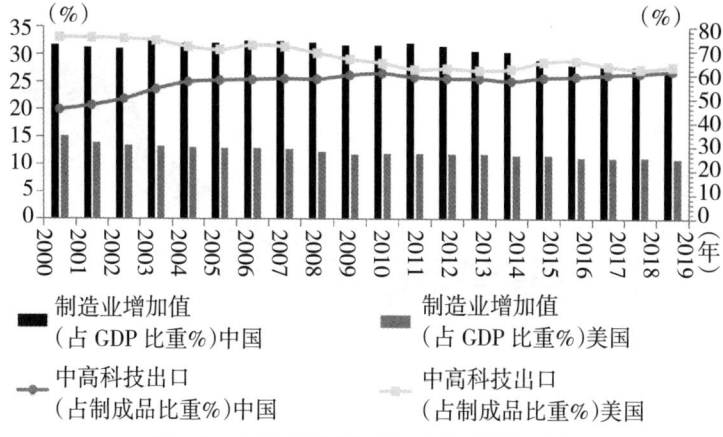

图 12　中美两国制造业与高技术领域对比

资料来源：数据整理自世界银行。

新发展格局下建设制造业强国的重大战略要求补足制造业短板。后疫情时代，全球产业链重构的趋势越发明显，产业重构使中国制造业由大到强的紧迫性大大提升：第一，相比于以往偏重效率的倾向，新冠肺炎疫情后产业链安全性的优先级提高。而需要实现内循环为主，保障产业链的安全可靠，就必须保障制造业门类齐全，基础扎实，不留短板。第二，工业机器人、工业互联网等新型信息技术的深度应用，会大大降低劳动力成本的比较优势，相反靠近终端市场会成为跨国公司的重要考量。第三，战略性新兴产业以及医疗等关系到国计民生的产业会越来越本土化。在我国大力发展实体产业的背景下，我国产业发展逐步向高端制造业迈进，数字化转型是企业迈向高质量发展的必选项。

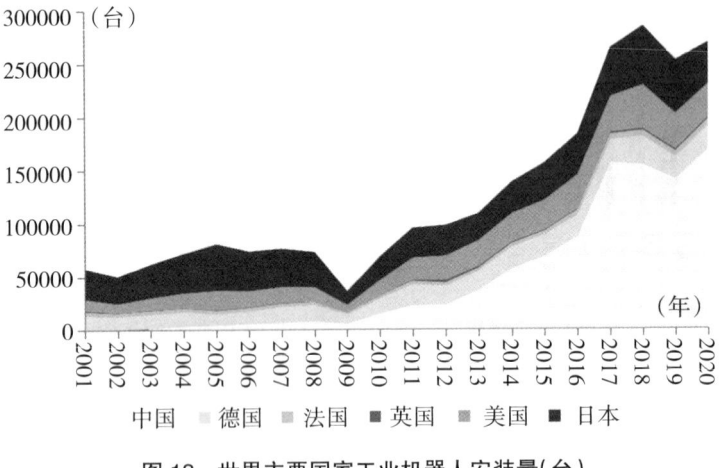

图13 世界主要国家工业机器人安装量(台)

资料来源:根据国际机器人联合会数据整理。

2.筑牢国家粮食安全产业带

"食为政首,农为邦本"。"十四五"开局之年,习近平总书记在中央农村工作会议上指出,民族要复兴,乡村必振兴,要牢牢把住粮食安全主动权,促进农业高质高效发展①。众所周知,中国粮食产业发展面临诸多挑战,尤其是进入21世纪以后,随着城镇化、工业化不断深化,粮食供需矛盾日益凸显。受农业生产要素萎缩、水资源短缺、自然灾害加剧、地缘政治风险和贸易不确定性上升等国内外因素叠加影响,传统单纯依靠要素投入带动粮食增产的粗放型发展模式已然难以为继,粮食产

---

① 《中央农村工作会议在京召开》,《人民日报》,2021年12月27日。

业转型的压力十分严峻。而新型冠状病毒肺炎疫情冲击和"逆全球化"浪潮给全球食物安全带来了新的挑战和威胁,也彰显了"手中有粮、心中不慌在任何时候都是真理"和"确保谷物基本自给、口粮绝对安全"的战略远见[1]。

粮食问题是人类生存和发展的永恒课题。恩格斯指出:"马克思发现了人类历史的发展规律,即历来为繁芜丛杂的意识形态所掩盖着的一个简单事实:人们首先必须吃、喝、住、穿,然后才能从事政治、科学、艺术、宗教等等。"[2]物质资料生产活动是人类最基本的活动,粮食生产是人类得以生存和发展的基础和前提。综观经济发展历史,世界各国均把稳定粮食生产、提高粮食产业竞争力作为经济发展的重要任务。由于存在一般意义上的农业弱质性,粮食产业应对波动和危机的能力相对较弱,政府为粮食产业提供政策支持也是国际通行的做法。

---

[1] 程国强、朱满德:《新型冠状病毒肺炎疫情冲击粮食安全:趋势、影响与应对》,《中国农村经济》,2020年第5期。

[2] 《马克思恩格斯选集》(第三卷),人民出版社,2012年,第1002页。

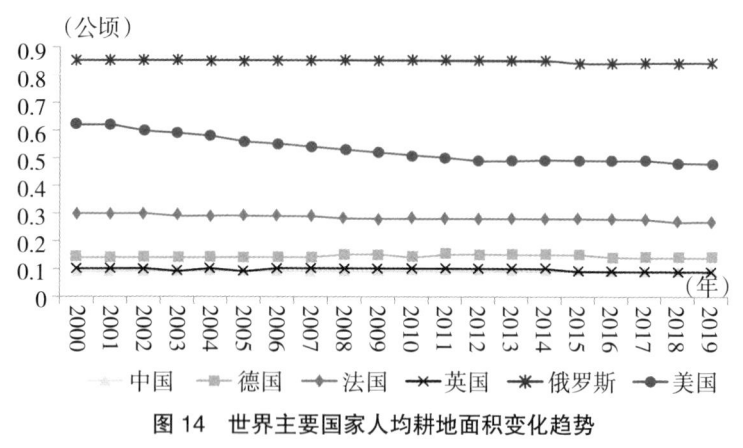

图 14　世界主要国家人均耕地面积变化趋势

资料来源：根据世界银行数据库整理。

粮食安天下安，粮价稳百价稳。中国共产党百年奋斗历史不断地验证农业是保障饭碗的基础产业，直接关系到经济社会大局。解决好中国人的吃饭问题，不仅是指对当代人吃得饱、吃得好和吃得放心的保障，而且也是指对子孙后代吃得饱、吃得好和吃得放心的保障。2013 年 12 月习近平总书记在中央经济工作会议与中央农村工作会议上分别强调："要注重永续发展，既要保障当代人吃饭，也要为子孙后代着想。"[1]"保障国家安全的根本在耕地，耕地是粮食生产的命根子。农民可以非农化，但耕地不能非农化。如果耕地都非农化了，我们赖以吃饭的家底就没有了。"[2]

---

[1] 中共中央党史和文献研究院：《习近平关于"三农"工作论述摘编》，中央文献出版社，2019 年，第 68 页。

[2] 中共中央党史和文献研究院：《习近平关于"三农"工作论述摘编》，中央文献出版社，2019 年，第 74 页。

党的十九大报告则进一步明确强调:"确保国家粮食安全,把中国人的饭碗牢牢端在自己手中。"①党的十九届六中全会通过的《中共中央关于党的百年奋斗重大成就和历史经验的决议》再次强调了坚持藏粮于地、藏粮于技,实行最严格的耕地保护制度,推动种业科技自立自强、种源自主可控,确保把中国人的饭碗牢牢端在自己手中②。习近平总书记在2021年中央农村工作会议上指出:"饭碗主要装中国粮……大力推进种源等农业关键核心技术攻关,提升农机装备研发应用水平,加快发展设施农业,强化农业科技支撑。"③

国无农不稳,粮以种为先。将中国人的饭碗牢牢端在自己手中,不断提高国家粮食安全保障水平,必须确保核心种源自主可控。种植业是国家战略性、基础性核心产业,是农业产业链的关键环节。习近平总书记指出:"要给农业插上科技的翅膀,让农民掌握先进农业技术,用最好的技术种出最好的粮食。"④经过

---

① 习近平:《决胜全面建成小康社会 夺取新时代中国特色社会主义伟大胜利——在中国共产党第十九次全国代表大会上的报告》,人民出版社,2017年,第32页。
② 《中共中央关于党的百年奋斗重大成就和历史经验的决议》,人民出版社,2021年,第36页。
③ 《中央农村工作会议在京召开》,《人民日报》,2021年12月27日。
④ 中共中央文献研究室:《习近平关于科技创新论述摘编》,中央文献出版社,2016年,第93页。

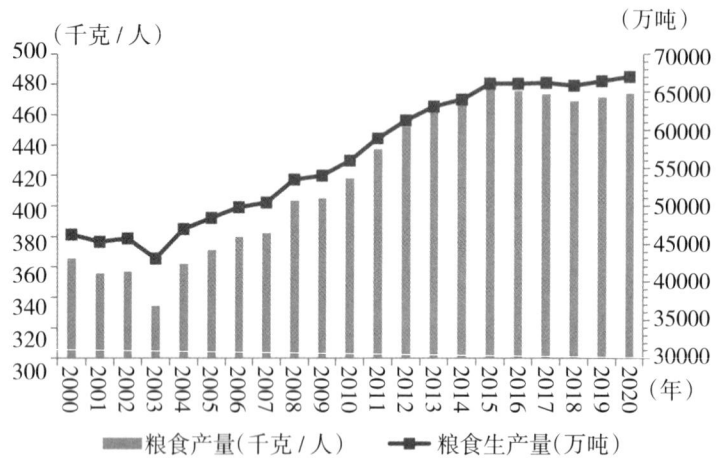

图 15　粮食人均占有量和单位面积产量稳中有进

资料来源：根据中国统计年鉴整理。

多年的不懈努力，目前中国种业发展已具有一定优势，主粮作物种源基本自给，良种对粮食增产的贡献率已达到45%[①]。从农产品进口来看，中国与更多的国家和地区建立了稳定的粮食进口贸易关系，进口来源不断拓展、进口渠道更加多元。尤其是"一带一路"倡议实施以来，中国农产品进口的主动权得到了强化，稻谷与小麦的进口集中度明显降低。

然而部分粮食的进口情况仍然没有发生实质性改变，大豆主要从巴西、美国和阿根廷进口；玉米主要进口自乌克兰、美国和老挝；小麦主要进口于美国、澳大利亚与加拿大；大米

① 黎茵：《种业创新与国家粮食安全——我国种业资源优势及"卡脖子"技术攻关》，《北京交通大学学报》（社会科学版），2021年第3期。

主要从泰国进口,柬埔寨、巴基斯坦、缅甸、老挝等国家的进口占比不断提高。另外,肉类和奶类产品进口也存在进口渠道集中问题,羊肉主要来自澳大利亚和新西兰,奶产品主要来源于新西兰。

国家高度重视粮食安全问题,2004年至2022年的19个中央一号文件都将粮食安全问题放在突出位置。我国农业生产效率相对较低,使得我国在全球农产品贸易中处于比较劣势地位,因此要想实现农产品的自给自足,维护国内粮食安全,就离不开补贴扶持政策。现阶段我国的农业补贴政策主要有:

第一,粮食最低收购价政策:在粮食主产区实行最低收购价格,当市场粮价低于国家确定的最低收购价时,国家委托符合一定资质条件的粮食企业,按国家确定的最低收购价收购农民的粮食。

第二,实际种粮农民一次性补贴:为保障农民种粮有合理收益,保护好农民种粮积极性,2021年中央财政对实际种粮农民发放一次性补贴,全年补贴总额共计200亿元。

第三,农机购置补贴:2004年首次出台,截至2020年底,中央财政累计投入2392亿元,扶持3800多万农民和农业生产经营组织购置各类农机具4800多万台(套)。

2021年农业农村部将粮食生产薄弱环节、丘陵山区特色农业生产急需的机具以及高端、复式、智能农机产品的补贴额测算比例提高至35%,将育秧、烘干、标准化猪舍、畜禽粪污资源化利用等成套设施装备纳入农机新产品补贴试点范围。2022年2月22日,国务院发布2022年1号文《关于做好2022年全面推进乡村振兴重点工作的意见》,将"保障国家粮食安全"作为两大底线任务之一。提出从"稳定全年粮食播种面积和产量""大力实施大豆和油料产能提升工程""保障'菜篮子'产品供给""合理保障农民种粮收益"和"统筹做好重要农产品调控"等五方面抓好粮食生产和重要农产品供给,从"落实'长牙齿'的耕地保护硬措施""全面完成高标准农田建设阶段性任务""大力推进种源等农业关键核心技术攻关""提升农机装备研发应用水平""加快发展设施农业"和"有效防范应对农业重大灾害"等六方面强化现代农业的基础支撑。

财政部与农业农村部2021年7月联合发布的《2021年重点强农惠农政策》提出,政府2021年从粮食生产发展、耕地保护与质量提升、种业创新发展、畜牧业健康发展等九个方向全面开展补贴扶持。除了种植补贴、一次性补贴、农机购置等补贴项目外,文件还提出从种业创新、高标准农田建设到畜牧业提质增量的全产业链补贴扶持规划,并鼓励培育新型经营主体。我们预计这些政策一方面将对保障农民收益,提振农民种植积极性带来积极影响;另一方面也将有效促进我国农业全链的规模化与现代化升级。

表5　2021年重点强农惠农政策

1.粮食生产发展 农机购置补贴 重点作物绿色高质高效行动 农业生产社会化服务 基层农技推广 玉米大豆生产者补贴、稻谷补贴和产粮大县奖励 实际种粮农民一次性补贴	2.耕地保护与质量提升 耕地地力保护补贴 高标准农田建设 东北黑土地保护 耕地质量保护与提升 耕地轮作休耕 农机深松整地
3.种业创新发展 种质资源保护 畜牧良种推广 制种大县奖励	4.畜牧业健康发展 推进奶业振兴 实施粮改饲 实施肉牛肉羊增量提质行动 生猪(牛羊)调出大县奖励
5.农业全产业链提升 农业产业融合发展 农产品产地冷藏保鲜设施建设 农产品地理标志保护工程	6.新型经营主体培育 高素质农民培育 农业信贷担保服务 新型农业经营主体高质量发展
7.农业资源保护利用 草原生态保护补助奖励 渔业发展补助 长江流域重点水域禁捕退捕 绿色种养循环农业试点 农作物秸秆综合利用试点 地膜回收利用	8.农业防灾减灾 农业生产救灾 动物疫病防控 农业保险保费补贴
9.农村人居环境整治 因地制宜推行农村改厕	

资料来源:财政部 农业农村部发布的2021年重点强农惠农政策。

3.更好应对重大突发公共卫生事件

公共卫生事业关系一个国家人民的健康,包括重大疾病、传染病的防治,对药品、食品和公共环境卫生的监督和管理,以及通过预防和保健措施提高全民健康水平等。由于公共卫

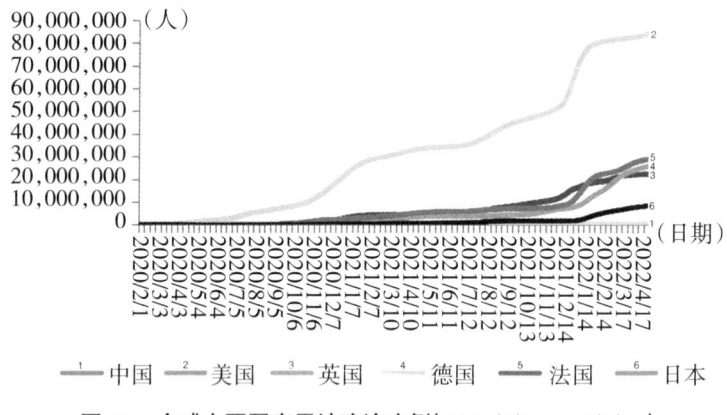

图 16　全球主要国家累计确诊病例(2020/2/1-2022/4/17)

资料来源:数据整理自 wind 数据库。

生事业涉及全体居民,覆盖范围广、影响面大,所以具有公共品属性。按照西方主流经济学理论,公共品或公共服务应该由全体纳税人缴税,政府负责供给。但是随着社会的多元化发展,公共卫生服务这类公共产品的需求越来越多元化,单纯依靠政府供给已经出现了治理困境。政府、市场和社会主体共同参与是解决公共品供给困境的重要途径[①]。在人类传染性疾病防治发展史中,接种疫苗被证明是预防病毒性疾病最高效、最有力的方法。人类通过免疫规划成功控制了天花、甲型肝炎、乙型肝炎、甲型流感、脊髓灰质炎等病毒性疾病的流行。因此,及早研制出新型冠状病毒肺炎疫苗并广泛预防接种,是对抗新

---

① 韩文龙、周文:《国家治理体系与治理能力现代化视角下构建公共卫生应急管理协同治理体系的思考》,《政治经济学评论》,2020 年第 6 期。

型冠状病毒肺炎的最佳途径。

疫苗产业是关乎国家安全战略的关键产业。《中华人民共和国疫苗管理法(征求意见稿)》明确将"保障和促进公众健康,维护国家安全"作为立法目的写入第一章总则的第一条。在新型冠状病毒肺炎疫苗研发过程中,国家要求科研攻关单位在新型冠状病毒肺炎疫苗研发中"不算经济收益账,只算人民健康账",并给予专项资金保障。为提升疫苗研发成功率,国家科技计划重点支持5条技术路线12项疫苗研发任务同步推进。

2020年2月中旬,国务院联防联控机制科研攻关组专门设立疫苗研发专班,直接向分管科技工作的副总理汇报。疫苗专班将行政决策与专家咨询相结合,进一步筛选8家机构确立9项任务推进攻关,其中既包括国有企业,也有民营企业乃至科技创业公司。2020年3月2日,习近平总书记在北京考察新型冠状病毒肺炎疫情防控科研攻关工作时要求:"加快建立以企业为主体、产学研相结合的疫苗研发和产业化体系。"[1]公共卫生应急管理体系的现代化就是要构建政府、市场和社会主体共同参与的协同治理体系。

---

[1] 《习近平在北京市调研指导新型冠状病毒肺炎疫情防控工作时强调 以更坚定的信心更顽强的意志更果断的措施 坚决打赢疫情防控的人民战争总体战阻击战》,《人民日报》,2020年2月11日。

疫苗产业的国际竞争已跃升为大国之间的正面对抗领域。新冠疫苗影响了许多国家的内部政治格局。疫情之下,疫苗作为保命的公共产品能够直接影响民意和社会情绪,"疫苗政治化"问题空前凸显,美国国内舆论就曾批判政府将本该保障国民安全的新冠疫苗变成了显示政绩、助力总统大选的工具。同样的政治苗头也存在于德国和巴西等国。

西方国家的新型冠状病毒肺炎疫苗企业均为私有企业,利益最大化是企业发展的主要目标,而且全球新型冠状病毒肺炎疫苗巨大的市场需求也为西方国家疫苗和医疗卫生产业发展带来前所未有的机遇,此外,新型冠状病毒肺炎疫苗也代表了权力,新型冠状病毒肺炎疫苗的技术、标准、分配、流通等各个环节均可产生权力,牢牢把控新型冠状病毒肺炎疫苗的产业链和供应链也是西方国家的重要目标。根据《柳叶刀》研究数据显示,当前最具潜力的 26 款疫苗中,至少有 6 款疫苗来自中国大陆,来自欧美国家资金资助研发的疫苗有 11 款[1]。而且,中国疫苗还具有价格适宜、运输储存方便、产量大等优势,具备成为全球公共产品的潜力。这显然是西方国家难以接受的,所以它们延续了遏制和打压的惯性思维。

---

[1] Wouters, O. J., et al., "Challenges in Ensuring Global Access to Covid-19 Vaccines: Production, Affordability, Allocation, and Deployment", *Lancet*, 397(10278), 2021.

发展中国家的疫苗研发和疫苗合作使西方国家产生了焦虑与警惕,由此狭隘的战略遏制思维占据上风。例如,辉瑞在与巴西、阿根廷等国的疫苗交易谈判中还曾涉及海外资产主权和冰川等自然资源抵押给美国等不公平甚至侮辱性的条款。可见,疫苗产业除了要直面国民安全,更关乎外部安全、内部安全、自身安全、共同安全的统一,广泛影响政治安全、经济安全、科技安全、生态安全、生物安全、资源安全、军事安全等诸多领域,其对国家安全的影响比其他产业都更为弥散。可以说,大国之间谁掌握了疫苗产业的先机,谁就掌握了政治、经济、外交、国防、军事等诸多关键领域的话语权和主动权。

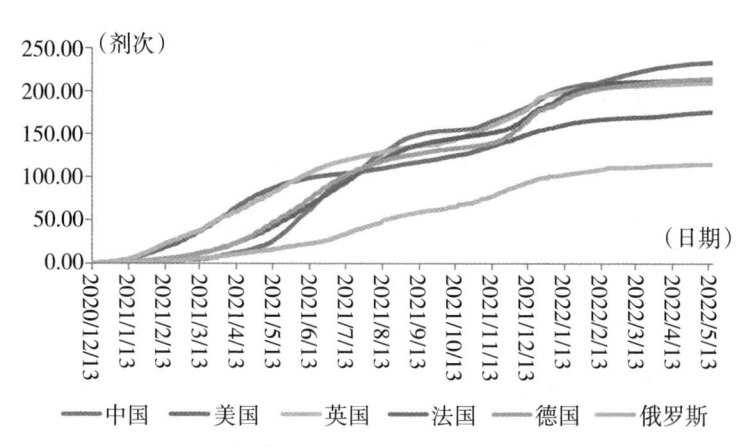

图 17　世界主要国家每百人新冠疫苗接种量(2020/12/13—2022/5/13)
资料来源:数据整理自 wind 数据库。

中国在新型冠状病毒肺炎疫苗国际合作中始终积极践行人类命运共同体理念,展现作为负责任大国的担当。一方面,当今世界逆全球化思潮泛滥,单边主义、利己主义、保护主义等不仅无法缓解和消除新型冠状病毒肺炎疫情大流行,而且还可能导致国家之间相互猜忌、以邻为壑甚至出现世界大动荡等威胁全人类命运的风险。因此,中国主张奉行疫苗多边主义、坚持国际合作,这是为扭转当今世界逆全球化思潮的一种努力和尝试,体现了推动构建人类命运共同体的大国责任与担当。另一方面,与西方国家强调疫苗工具性、战略性和政治性的价值观不同,中国开展的新型冠状病毒肺炎疫苗国际合作没有附加任何的政治战略意图,更不是西方国家提出的所谓"疫苗外交"。

在第73届世界卫生大会开幕式上,习近平主席郑重承诺:"中国新型冠状病毒肺炎疫苗研发完成并投入使用后,将作为全球公共产品。"[1]中国的疫苗国际合作,并非出于工具性和功利性战略目标,而更多关注全人类社会的可持续发展和福祉,视世界为相互依赖的共同体。2021年5月21日,习近平在北京以视频方式出席全球健康峰会时指出,在产能有限、自身需求巨大的情况下,中国履行承诺,向80多个有急需的发展中国家提供疫苗援助,向43个国家出口疫苗[2]。截至2021

---

[1] 习近平:《团结合作战胜疫情 共同构建人类卫生健康共同体——在第73届世界卫生大会视频会议开幕式上的致辞》,《人民日报》,2020年5月19日。

[2] 习近平:《携手共建人类卫生健康共同体——在全球健康峰会上的讲话》,《人民日报》,2021年5月22日。

年底,中国累计向120多个国家和国际组织提供20亿剂新冠疫苗。令人惊叹的数据,折射出中国倡议的影响力、引领力和感召力。

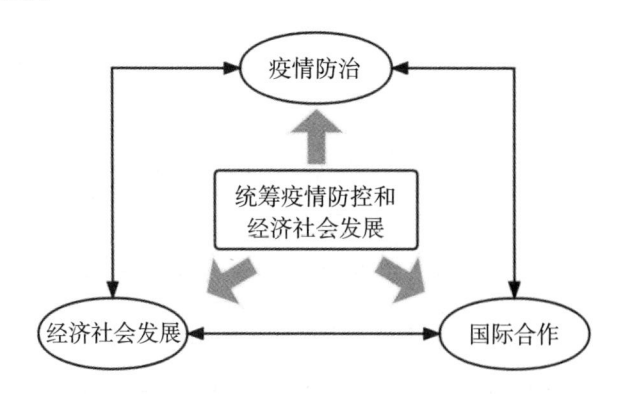

图18 以强大的国家治理能力成功应对重大突发公共卫生事件
资料来源:作者自主绘制。

三、踢掉梯子:超越西方政府与市场二元对立假说

资本主义发展形态的历史变迁促成了政府与市场关系的此消彼长,导致政府与市场关系在经济自由主义和国家干预主义之间摇摆。一是从亚当·斯密到哈耶克再到新自由主义的"强市场弱政府"的理论表达和政策倾向;二是"凯恩斯革命"所祭出的国家干预主义大棒。其中,以亚当·斯密和大卫·李嘉图为代表的古典自由主义学派提出,国家的职能是保卫公民财产权利和维持社会秩序稳定,国家的职能应当是有限的,政

府作为经济活动中的守夜人,不应过多地干预市场经济活动。以哈耶克和布坎南等学者为代表的新古典主义学派主张自由市场竞争,反对政府对经济的过度干预。

(一)凯恩斯经济学有局限

以凯恩斯为代表的凯恩斯主义学派提出:"国家必须采取干预经济的措施和手段以消除和解决失业和经济的周期性波动问题。"[①]国家推进论指出,为弥补发展时期大量存在的与协调资源、投资分配和促进技术追赶相关的市场失灵缺陷,政府必须介入市场发展过程,出台相关政策、计划、指令,推动市场资源配置有效开展并顺利进行。而实践证明,经济本身并不能自动地调节增长,以致经济危机和周期性的扰动层出不穷。随着全球化的不断推进,形形色色的经济危机往往在那些推崇自由的发达国家发端,而随全球化波及全球,并由多数普通劳动者承担后果,受伤害最大的是发展中国家的贫苦百姓。

此外,自凯恩斯国家干预主义的宏观调控理论占据西方经济学主流地位之后,政府应在必要的范围内干预影响经济活动的理念为多数国家所接受。但是政府干预的增强并没有消除发达国家的周期性经济危机,也无法消除贫困的沉疴,反

---

① [英]约翰·梅纳德·凯恩斯:《就业、利息和货币通论》,陆梦龙译,中国社会科学出版社,2009年,第55页。

而人为的干预扭曲更加重了经济波动的危害。"滞胀"现象、计划失灵和市场失灵的并存、高福利政策难以为继等形成了新的困扰。因此，推崇自由市场经济，反对政府干预的新自由主义经济理论思潮再度兴起，以美国里根政府和英国撒切尔政府为代表的发达国家，则通过私有化等一系列政策将其付诸实施，直至形成"华盛顿共识"，输出到发展中国家和转型国家。

（二）中国经验

依据马克思主义政治经济学基本原理，政府和市场关系的实质是国家和市场的关系，国家性质、所有制性质决定了政府和市场关系的本质特征①。资本主义制度及其基本矛盾决定了它不可能实现两者的有机统一，无法完成各方面利益的统筹协调。中国语境中对于国家的理解一直遵循着整体主义方法论，这使得中国的政府与市场能够相互嵌入、彼此影响。国家是"天下之公器"，是代表整体的利益共同体。政府不仅仅是社会秩序的维持者，同时也是社会经济发展的组织者和推动者。

因此，不同于西方传统，现代经济建设的中国经验在于，政府和市场　样都是市场体系的内生组织，并非独立于市场体系之外的异物。这一整体主义的考量不仅仅是为了克服不

---

① 刘凤义：《论社会主义市场经济中政府和市场的关系》，《马克思主义研究》，2020年第2期。

完全竞争、外部性、公共品供给等市场失灵的情况,更体现出政府秉承"天下为公"的中华传统而兼具经济治理上的道德义务。在一定程度上市场和政府两种利益协调机制的共同作用,是生产力发展的必然要求[①]。

1949年新中国成立之后,在中国共产党的领导下开始推进社会主义现代化建设。新中国成立初期,我国基于内外部的复杂环境着重推进了国家工业化战略,并实行以政府高度集权、依靠指令配置资源为特征的计划经济体制。1978年之后,我国立足和平和发展这两大时代主题,开始实施对内的市场化改革和对外的主动融入全球经济。伴随着思想认识的逐步深入和改革开放实践的不断发展,中国明确将社会主义市场经济作为经济体制改革的目标,逐步形成了公有制为主体、多种所有制经济共同发展,按劳分配为主、多种分配方式并存和社会主义市场经济等基本经济制度。

显然,我国每一次重大突破的改革取向都是调整和优化政府和市场的关系。通过改革开放40多年的探索,我国逐步建立和完善了社会主义市场经济体制。而中国共产党对经济工作的集中统一领导是社会主义市场经济体制下"有效市场"和"有为政府"有机统一的根本制度保障。在政府培育市场和市

---

① 周文、刘少阳:《再论社会主义市场经济》,《社会科学战线》,2020年第9期。

场反塑政府的过程中,一方面,政府为市场的发展提供制度支持与法律保障;另一方面,主体通过缴纳税费等给政府提供财力支持。市场的健康发育和稳定发展增加了政府的财政收入,为公共服务提供了重要保障,从而形成了"有为政府"和"有效市场"相结合的双强模式。政府与市场关系演进的终极目标是,政府与市场之间形成互惠共赢、互促共进的关系。

(三)中国优势

中国在经济发展实践中,充分发挥社会主义市场经济制度的优越性,探索出了一条以中国共产党总揽全局、协调各方,既让市场在资源配置中起决定性作用,同时又更好发挥政府作用,形成了中国特色社会主义政治经济学的"党、政府、市场"三位一体的稳定结构。习近平总书记在十八届中央政治局第十五次集体学习时的讲话中指出:"在市场作用和政府作用的问题上,要讲辩证法、两点论,'看不见的手'和'看得见的手'都要用好,努力形成市场作用和政府作用有机统一、相互补充、相互协调、相互促进的格局,推动经济社会持续健康发展。"[1]党的十九届五中全会指出:"充分发挥市场在资源配置中的决定性作用,更好发挥政府作用,推动有效市场和有为政

---

[1] 习近平:《在十八届中央政治局第十五次集体学习时的讲话》,《人民日报》,2014年5月28日。

府更好结合。"①在党的二十大报告中,进一步将其明确为:"坚持和完善社会主义基本经济制度,毫不动摇巩固和发展公有制经济,毫不动摇鼓励、支持、引导非公有制经济发展,充分发挥市场在资源配置中的决定性作用,更好发挥政府作用。"②

产业政策正在成为党、政府与市场有机统一的载体。坚持中国共产党领导是实现有效市场和有为政府有机统一的内在优势。在新发展阶段,更好地促进有效市场和有为政府的统一是中国特色社会主义市场经济体制改革发展的必然方向,也为新征程提供了良好的制度环境。而中国共产党的领导对实现有效市场和有为政府的有效统一,协调和处理好各方面和各层次的关系,推动中国特色社会主义市场经济不断发展和完善,全面建设社会主义现代化国家起到了关键和核心的作用。

四、小结

随着中国改革开放进程不断深化,中国学术界对产业政策的研究,从开始学习世界先进国家的经验,到评判、实证分析产业政策的实施效果,再到指出产业政策的转型方向,不断

---

① 《中共十九届五中全会在京举行》,《人民日报》,2020年10月30日。
② 习近平:《高举中国特色社会主义伟大旗帜 为全面建设社会主义现代化国家而团结奋斗——在中国共产党第二十次全国代表大会上的报告》,《人民日报》,2022年10月26日。

摸索、逐步建立了一套成熟的评价和分析体系,取得了一定的成效。在产业政策作用的领域范围方面,中国产业政策的作用范围从工业领域扩展到了第三产业;实施的对象由最开始的传统工业,向以机械、电子、汽车为代表的重化工业转型,近年来又逐步转向以人工智能、大数据等新兴产业为代表的前沿产业;学界和政府对产业政策实施、研究的角度也从单个产业、某个产业环节延伸到全产业链。从地区间、产业间的结构平衡到考虑对世界经济的影响;从追赶型、赶超型的产业政策战略到逐步思考如何在某些战略性新兴产业谋取先发优势,中国的产业政策正在为中国经济实现高质量发展赋能和助力。

第四章

高质量增长的制度基础：国家建构与国家竞争

在经济治理的过程中,国家的角色、作用是什么?应如何平衡好国家和社会、政府和市场的天平?这些问题一直是西方国家治理的困境。自西方古典自由主义以来,理论上的国家主义之争就从来没有中断,"治理中的国家角色"便成为西方治理模式的焦点问题。20 世纪 90 年代,"国家的回退(Rolling Back)"[1]成为西方国家治理的信条,无论在理论还是实践过程中都坚持消解国家权威的逻辑,如詹姆斯·罗西瑙的《没有政府统治的治理》。然而西方关于国家治理逻辑的讨论都没有脱离自由主义的框架,都是在自由主义内部围绕"国家在不在场"而争论[2],都是为扩大生产和实现资本增殖而服务,看不到问题的源头——资本主义生产必然导致生产的无政府状态,更看不清西方发展困境的本质——国家治理模式的困境。不同的国家发展现状在本质上反映和体现着不同类型的国家治理模式的不同结果,当前西方国家在治理实践上的失败,正是国家治理体系不完善、治理能力不足造成的。

事实上,国家治理的失败已经是世界诸多问题的根源。古往今来,大多数社会动荡、政权更迭,究其根源,皆因没有形成有效的国家治理体系与治理能力,造成社会矛盾积重难返、人

---

① [英]安德鲁·海伍德:《政治学》,张立鹏译,中国人民大学出版社,2006年,第 125 页。
② 陈进华:《治理体系现代化的国家逻辑》,《中国社会科学》,2019 年第 5 期。

民怨声载道,最终引发严重的政治后果。同样,在当今世界,是什么拉大了发达国家与落后国家之间的差距?不是地理自然优势,也不是既有经济基础,而是国家治理水平——国家间的发展差异就是国家治理的差距。由此,国家间的竞争实质上就是国家治理的竞争。

一、国家建构的概念

英国国际发展署(DFID)在2008年发布的《国家发展:理解国家建构》报告中认为,国家建构是"国家强化其国家能力的过程"。为此,国家治理可以被概括为多种主体(政府、政党、社会组织和公众等)在一定的制度及体制机制下,采取一定的方法使国家和社会达到一定状态的活动。作为现代社会普遍认可的一种政治秩序形式,现代民族国家的建构过程涉及一系列重要的因素。例如,马克斯·韦伯将明确的领土边界、对暴力工具的垄断、理性化的官僚体系视为现代国家的核心要素。安东尼·吉登斯则在韦伯解释的基础上加以补充,强调平等的主权关系、强力的行政监控、统一的民族观念、平等的公民身份也是现代国家的关键特征[①]。

---

① [英]安东尼·吉登斯:《民族-国家暴力》,胡宗泽等译,生活·读书·新知三联书店,1998年,第140页。

第四章 高质量增长的制度基础:国家建构与国家竞争 159

现代国家建构起源于西欧。国家建构是一个权力配置问题,权力由谁来主导,也决定着现代国家的基本形态。国家建构是通过集中权威和资源建构强大国家的探索和实践过程,无论处于哪一个发展阶段的国家,都面临着国家建构的任务。从政治经济学的视角来看,国家建构的行为属于政治上层建筑的运动,而政治发展的最终目的是为经济发展服务。马克思恩格斯指出:"国家、国家权力需要与经济社会发展阶段相匹配。"[1]这也意味着,有效的国家建构是一个不断适应经济发展的要求,健全国家职能、完善治理能力、提高调控能力、增强引领发展和创新能力的过程[2]。在国家建构过程中,既要适应新环境、新条件,改革不适应实践的旧制度,构建适应新需求的新制度,又要不断加强和提高国家治理能力,提高对制度的执行效率[3]。

国家建构的效能对各国的经济社会发展命运和民生福祉产生根本性和深远性影响,决定着各国在全球政治经济秩序中的地位。对于后发国家来说,国家建构更是普遍构成了现代化变革的历史起点。严重缺乏现代性因素积累的后发国家必须通过现代国家的建构,建立新的政治秩序和权威体系,从而为后

---

[1] 《马克思恩格斯选集》(第四卷),人民出版社,2012年,第224页。
[2] [英]克里斯多夫·皮尔逊:《论现代国家》,刘国兵译,中国社会科学出版社,2017年,第12页。
[3] 周文、冯文韬:《中国奇迹与国家建构——中国改革开放40年经验总结》,《社会科学战线》,2018年第5期。

发国家实现现代化赶超创造前提条件。

二、国家治理的托尔斯泰定律

综观历史可以发现,国家的发展也有一个托尔斯泰定律,就是成功的国家都是相似的,失败的国家各有各的失败。由此,可以得出结论:大凡成功的国家,政府都能更好地发挥作用。

早期的资本主义生产方式和商品流通不断促进人员、物资和资金的流动,国家在自由交换中积累了部分原始资本,为扩大再生产进行投资,工业化迅速崛起,进而创造了更为先进的生产力。维斯与霍布森在《国家与经济发展:一个比较及历史性的分析》一书中写道:"一般说来,国家形成过程与资本主义崛起并驾齐驱。国家的事务和资本主义的事务不可分割,它们是同一历史过程的两面。"[①]

因此,国家能力成为经济发展的重要驱动力。对于身处殖民半殖民统治的国家而言,工业化的启动异常艰难,探索适合自身发展的政治与经济制度面临着很多的不确定性,工业化的启动就更为艰难。没有强大的国家能力,社会秩序和生存就无从谈起。一些国家失败的原因在于其国家的治理陷入无政府

[①] [澳]维斯、霍尔森:《国家与经济发展:一个比较及历史性的分析》,黄兆辉、廖志强译,吉林出版集团,2009年,第43页。

状态,治理机制松散,缺乏建设国家和社会的战略目标,且无法激活生产要素和经济的增长动力。国家的形成为所谓的自由市场铺平了道路。

扭曲市场与国家,一味痴迷于新自由主义的药方,使国家职能不断被削弱,建设的能力逐渐丧失,让更多发展中国家落入了发展的陷阱,不但没有带来发展的希望,反而造就了发展的灾难,市场无序、失控,发展无力,上演了一幕又一幕的发展悲剧。结果是,所谓乌鸦飞上枝头变凤凰的"美国梦"终成幻影。

对于发展中国家而言,没有健全的国家建构,就不可能有良好的国家治理。没有良好的国家治理,就很难持续发展经济。因为今天世界的发展面临着更多的不确定性和挑战。

第一,如何驾驭全球化经济的风险与不确定性,既能让市场为经济发展提供动力,又能让国家驾驭市场?

第二,如何提升国家治理能力,管理好市场秩序,保障民生和增进社会福祉?这是新时代最为关键的课题。任何国家要凭一国之力去解决好这些关键课题并不容易,如果仍然如以前一样置身于发展的孤岛,很可能掉入"分而治之"的陷阱。现在西方模式同样面临着欲振乏力的困境,中国发展的诸多经验不但可以为更多发展中国家提供借鉴,而且也给发达国家提供了一个相互学习借鉴的机会。

只有达到一定经济规模和发展基础,并具备强大的国家能力,才可能走好自己的道路;否则,发展前景将十分黯淡。因此,发展中国家必须借助国家力量,合力应对发展的不确定性和面临的挑战,各阶层人民结成命运共同体参与发展事务,才能彻底控制发展的风险与破坏性,扭转发展不利的局面。

(一)富国陷阱:政府越小越有利存在着明显的缺陷

新自由主义经济学总是喋喋不休地告诫,政府是问题的根源而不是消除疾病的良方。当然,政府不是万能的,政府也有失败,有时还存在重大失败。但是市场同样也存在失灵。而且更重要的是,政府不乏成功的范例。新自由主义经济学总是放大政府的问题,结果让经济学成为魔鬼经济学。政府并不是经济发展的"冤家仇敌",政府越小越有利于经济发展的信念存在着明显的缺陷。实际上,今天所有的发达国家在过去的发展进程中都是在充分发挥政府作用后才富裕起来、发展起来。

今天的世界不是不需要政府,而是更需要创造性地思考如何才能让政府成为现代经济体系的动力元素,推动经济体系更具活力、更加稳定、更加平等,确立一个政府与市场的完善体系,从而共同建设好一个和谐美好的世界。正如党的二十大报告中所指出的:"转变政府职能,优化政府职责体系和组织结构,推进机构、职能、权限、程序、责任法定化,提高行政效率和公信力。"①市场在资源配置中起决定性作用和更好地发挥政府作用并不是主张市场原教旨主义，更不是意味着政府的退出和不作为，而是要让政府和市场各司其职。

西方话语强调"强市场、弱政府"，这是一套基于自由主义传统而形成的西方模式，这一模式在2008年全球金融危机中正式宣告破产。而中国改革开放的成就不仅在于学习借鉴了西方经验并推行市场体制改革，更重要的是更好地发挥了政府的作用，建立和完善国家宏观调控体系，通过改革财政税收体制、金融体制、经济法规体系，完善国民经济发展规划，制定产业政策等方式，有效构建了统一开放、竞争有序的社会主义市场经济体系。尤其是在西方国家陷入治理失灵困境的今天，更好地发挥政府作用更具现实意义。

刘易斯在《经济增长理论》一书中写道："政府的行为同企业家、父母、科学家或牧师的行为一样，在促进或阻碍经济活动方面起着重要的作用……如果没有高瞻远瞩的政府的积极推动，没有一个国家能够在经济上取得进展，尤其是英国，它成为一个伟大工业国的基础是自爱德华三世起的一批高瞻远瞩的统治者奠定的；美国也是一样，它的政府，不管是州政府

---

① 习近平：《高举中国特色社会主义伟大旗帜 为全面建设社会主义现代化国家而团结奋斗——中国共产党第二十次全国代表大会上的报告》，《人民日报》，2022年10月26日。

还是联邦政府,在组织经济活动方面始终起着巨大的作用。"[1]

从前现代社会过渡到现代化社会,经济基础决定了国家治理的方式、机制和运作模式,每个国家都有自己独立的国家能力和决策话语语境,因而对类似新型冠状病毒肺炎疫情、金融危机和地缘政治冲突等事件采取了不同的决策处理方式。国家及其政策在世界各国走上不同的增长与发展路径时发挥着重要作用,但国家的作用在当前世界经济史的研究中并未得到足够重视。

现在这一领域越来越倾向于强调地理、资源、要素禀赋和价格,而只有偏重制度主义的经济学家或经济史学家的著作特别强调国家对于经济发展所起的关键作用。现在,经济学家们将那些致力于创建具有国际竞争力的国民经济的国家称为"发展主义国家",对这些国家而言,英国工业革命走过的历程更具有典型意义。

纵览日本、德国的工业化进程,国家在其中的作用举足轻重,无论是日本的"明治维新"还是德国的"统一",均在制度、资本和市场上给予了经济增长、生产方式变革的创新空间。自上而下的改良和改革是国家治理语境下的一种渐进模式,现代工业革命、经济与军事的竞争最终仍取决于国家。

---

[1] [英]阿瑟·刘易斯:《经济增长理论》,周师铭等译,商务印书馆,1999年,第461页。

大多数研究19世纪欧洲经济史的学者都承认:"当经济发展出现在更多地方的时候,各地经济的整合也更加紧密了起来。"另一派学者则认为欧洲的国家起了更为活跃与积极的作用。法国大革命以及随后的拿破仑帝国保护了欧洲大陆市场,使之免于英国的竞争。这不仅促进了法国的工业化,也促进了比利时和瑞士的工业发展。

一直到19世纪,政府在创建扩大市场所需要的基础设施方面都扮演着主要角色。法国国家投资兴建公路,开凿运河,然后又鼓励更多的资本投资于铁路。在德国,旨在取消地方关税的关税同盟导致了经济一体化发展,政府又兴建了交通运输基础设施以及将货币标准化,这些都促进了德意志国家的形成。因此,在推动19世纪经济发展的力量中,既包含了纯粹私人的动力,又包含了国家的积极性。

(二)回到现实:不能"饮鸩止渴",反思西方制度的内在缺陷

美国政治学者塞缪尔·亨廷顿在《变化社会中的政治秩序》一书中认为:"各国之间最重要的政治分野,不在于它们政府的形式,而在于它们政府的有效程度。"[①]以史为镜,历史的比较

---

① [英]塞缪尔·P.亨廷顿:《变化社会中的政治秩序》,王冠华等译,上海人民出版社,2008年,第108页。

分析需要辩证法的支撑。在漫长的历史长河中,重新认识东西方文明、工业革命启动、资本主义经济萌芽和商品化生产的缘起,可能会给我们提供一个全新的、独特的启迪和思维模型,从而使我们以更加客观、更加准确的视角切入中西方历史的大分流。

一切经济都是政治经济,每一种经济秩序都是以政治秩序为前提。国家能力建设不但重要,而且需要制度化,因为政治秩序在很大程度上取决于政治制度的发达程度。我们看到,2008年世界金融危机时期,美国和欧洲国家采取的量化宽松政策,更像是精英阶层"妥协"的产物,监管层、经济学家和华尔街金融高管更像是"监守自盗",腐朽的制度暴露了西方民主制度的弊端。

时至今日,这种制度仍然在左右国家的治理,政府的公信力大大降低,现代国家的治理要求和制度的不平衡诱发了更加普遍的危机。我们需要反思的是制度的内在缺陷,以及在制度的脆弱性当中解决危机的根本办法,而不是"饮鸩止渴"。

多样化的世界是基于制度的差异化和文明的多元化形成的,没有任何一种制度是一劳永逸的,制度在人类的历史变迁中都有一个演化、蜕变和重塑的过程。

三、鉴往知来：国家建构与国家衰落

(一)西方国家治理危机源于理论迷失

2008年的金融危机对世界经济发展产生了深远影响。即使各国政府积极出台各项政策拯救经济，但依然很快演变为全球经济危机。随后，其破坏力不再局限于经济层面，进一步在西方国家引发治理危机，造成社会动荡。在危机的发展和蔓延过程中，凸显了西方国家普遍存在的国家治理能力不足、治国无能、理政无方的状况。从西方国家发展历史来看，从集权到分权、从主权在国（政府）到主权在民、从国家权力统合到分权制衡、从公有制到私有制，现代国家组织结构、制度体系和治理逻辑显现出对"民主化"的热衷。

民主现在成为国家治理体系和治理能力的标尺，西式自由民主制也被后发展国家奉为圭臬。福山说："历史终结于自由民主制的确立，而民主国家诞生于自由民主制的确立。"[①]然而随着20世纪70年代以来西方国家国内收入差距和财富不平等持续扩大，这种良性互动关系被经济不平等与政治不平

---

① [美]弗朗西斯·福山：《历史的终结与最后的人》，陈高华译，广西师范大学出版社，2014年，第27页。

等之间的恶性循环关系所取代,由此造成了西方民主政治的衰落[1]。治理效能已经为西方鼓吹的自由民主制提供了充足的反面例证。以美国治理现实来看,民主政治在溢发制度红利的同时也携带着"负外部性"元素,反噬治理效能,使得资本主义民主政治制度与治理效能之间的矛盾没有得到根本缓解。

马克思指出:"资本主义社会的市场不承认任何别的权威,只承认竞争的权威。"[2]在西方复杂的政治生态中,持不同政治主张的党派和人群各执一端、尖锐对峙,资本主义国家制度中的"对抗逻辑"也走向了极端和失控,从而让西方国家陷入党争和反对为上、治理和效率为下的"否决政治"之中,进而加剧了其政治衰败。这表明,在经济运行领域,资本主义社会具有与生俱来的"去权威化"倾向。人们在经济活动中,只追求自身经济的利益,无视国家与民族的未来发展,同时抗拒国家整体的宏观调控。无论是"占领华尔街运动"中提出的"99%对1%的反抗",还是"黄马甲运动"中马克龙被底层民众冠以"金融总统""贵族总统"的名号加以激烈反对,都反映了国家集体意识和共同目标在社会的影响力与感召力下降。这些问题归结起来就是国家权力的民族性式微,国家权力在社会中缺乏整体主义和集

---

[1] 汪仕凯:《不平等的民主:20世纪70年代以来美国政治的演变》,《世界经济与政治》,2016年第5期。

[2] 马克思:《资本论》(第一卷),人民出版社,2004年,第430页。

体主义的整合能力。

古往今来,大多数的社会动荡、政权更迭,究其根源,皆因没有形成有效的国家治理体系与治理能力,造成社会矛盾积重难返、人民怨声载道,最终引发严重的政治后果。西方国家治理陷入系统性困境,是资本主义的固有逻辑在新环境中走向失衡乃至失控的结果,其要害在于国家权威受到的侵蚀。

2020年是人类历史的新拐点。这一年,全球暴发新型冠状病毒肺炎疫情。然而令人惊讶的是,号称西方世界自由民主灯塔的美国,以及以其为代表的诸多西方发达国家,为何深陷疫情泥潭,国际秩序不断受到冲击。亨廷顿在《变化社会中的政治秩序》中说道:"经济的发展,集团的分化,利益的冲突,价值观的转变以及民众参与期望的提高,这些急剧的变化远远超过了政治体制的承受能力,导致了社会的紊乱。"[1]

以阿根廷为例。阿根廷曾是新自由主义经济学宣传的模范生,一直照搬西方治理体系。作为南美重要的国家,阿根廷近些年来一直陷入经济发展泥潭之中不能自拔。之所以出现这种现象,是因为20世纪80年代以来,阿根廷相信新自由主义经济学,照搬了欧美体制,全面推行完全市场,从而使阿根廷成为一个失去经济主权的国家。

---

[1] [英]塞缪尔·P.亨廷顿:《变化社会中的政治秩序》,王冠华等译,上海人民出版社,2008年,第4页。

历史上的阿根廷并不是这样。阿根廷的自然条件得天独厚，其国土面积近300万平方千米，东濒大西洋，南与南极洲隔海相望，气候温和，土地肥沃，人均可耕地面积是美国的将近2倍，海产品、森林、淡水等自然资源也都无比丰富。占国土面积四分之一（约70万平方千米）的潘帕斯草原简直就是农牧业发展的天堂。阿根廷人自豪地宣称，"我们的平原从大西洋起，一犁头耕到安第斯山麓，都不会碰到一块石头"，以此夸张地形容该平原的异常肥沃。

将时间往前追溯，1910年时阿根廷人均GDP仅次于美国与英国，是当时世界上排名靠前的经济强国。但是一个世纪过去了，阿根廷在世界经济体系中的地位持续下滑，经济停滞不前。可以说，阿根廷完全是发展的一个另类，从20世纪初的发达国家衰落到了中等收入国家，又从20世纪60年代开始一直深陷"中等收入陷阱"，整个国家经济长时间的发展迟缓甚至停滞。

作为昔日欧洲国家的殖民地，拉丁美洲国家经济发展带有典型的"浪漫色彩"，阿根廷拥有丰富的自然资源，完全可以发展特色经济。但是由于政局不稳，政府作为有限，阿根廷经济大起大落。政治不稳定，政策自然无定力。阿根廷政策制定和制度变迁就如"钟摆"一样摇摆不定：自由市场主义和民粹主义频繁交替，你方唱罢我登场。阿根廷实行门户开放政策，本来是为了吸引外资,实现均衡发展,可是万万没有想到,西方资本进入阿根廷之后,攻城略地,把阿根廷的国有企业和重要矿产资源据为己有,阿根廷经济发展失去了自主权。

首先,阿根廷实行私有化。而私有化的第一个结果是,企业大量裁员,阿根廷的失业率迅速上升。历史上阿根廷是一个劳动力短缺、低失业率的国家。但自1991年以来,失业率一直高于12%,现在更是达到了创纪录的18%。由于失业人数增加,大量青年无所事事,阿根廷国内政局动荡,各党派领袖"轮番上阵",阿根廷经济政治陷入困境。阿根廷政府并非没有意识到私有化所带来的严重后果,但是覆水难收。阿根廷政府试图采取强化经济主权的政策,可是那些已经在阿根廷购买企业的外国投资者,以资本相威胁,迫使阿根廷政府不得不继续实行开放政策。

其次,由于大量资本涌入,阿根廷国家资源被少数外国垄断集团控制,阿根廷国内贫富差距不断扩大的现象越来越严重。对生活失去希望的青年走上街头,举行大规模集会游行示威抗议活动,强烈要求改变现状。现在整个国家持续动荡,在国家周期性的政治选举和政治动荡中,阿根廷财政状况持续恶化,阿根廷社会福利保障体系彻底破产。在这种情况下,阿根廷政府不得不向西方国家申请援助,结果导致发展的恶性循环,被迫接受西方国家的各种附加条件,形成依附型经济。

现在来看,阿根廷经济发展的教训是深刻的。作为发展中的国家,不坚守自己的国情,没有自己的正确理论指导,一味崇拜和盲目照搬西方主流理论,就永远找不到发展的正确答案,更不可能寻找到发展失败的原因。比如,在繁荣破灭时,西方主流经济学的解释者们坚持说问题不在于已进行的改革,而在于还未进行的改革。西方主流经济学的拥趸者们许诺说,只要政府能进一步调整,只要劳动力市场能再自由一些,增长和外国投资会重新回来。结果是西方主流经济学不但无法解决发展中的问题,反而使情况变得更糟糕了。对此,西方主流经济学总是缘木求鱼,他们将危机的首要原因归结为经济层面,甚至是金融方面。但阿根廷崩溃的原因并不是由于经济,而是由于政治;不是市场,而是政府。

新自由主义经济学,表面上看是古典自由主义的现代化。但是仔细分析就可以发现,新自由主义实际上是把古典自由主义绝对化,变成原教旨主义。新自由主义强调市场主体的作用,可是新自由主义的鼓吹者丝毫不愿意承认,市场主体的决策是分散决策,每个市场主体的决策都是"科学的"。结果,由于整个市场存在信息的不对称,市场主体分散决策有可能会导致大规模的经济危机。正因为如此,充分发挥政府的作用,可以解决市场经济运行中存在的问题。

新自由主义经济学的核心就在于,把古典自由主义包装成为现代资本主义国家的经济理论。新自由主义经济学不仅强调市场的作用,而且更强调政府不作为的重要性。所谓"小政府大市场",表面上看似乎符合市场经济发展的一般规律。新自由主义经济模式和"比较优势"说,都建议发展中国家集中发展自己的优势产业,放弃一些不切实际的梦想,如工业化或高精尖的技术。受"比较优势"说影响,阿根廷的民族工业在新自由主义经济政策的冲击下不断地被击垮。与此类似,其他众多的拉美国家也挣扎在"资源诅咒"的陷阱之中无法自拔。

无数历史和现实的事例说明,市场经济本身具有明显的外部性。发展市场经济,必须充分意识到市场经济存在的外部性,采取一切可能采取的措施,处理好内部市场和外部市场之间的关系,处理好经济发展与利用外资之间的关系。非常可惜的是,阿根廷张开怀抱,不顾国情,热情地拥抱西方主流经济学。可是他们不知道,这些举措是引狼入室。

经过一次又一次经济波动冲击之后,阿根廷政府终于意识到,资本主义才是阿根廷的罪恶渊薮。虽然拉丁美洲许多国家已经改弦更张,决定走玻利瓦尔社会主义道路。可是,由于阿根廷的资源掌握在西方资本主义国家企业的手中,注定阿根廷未来的改革之路仍然步履维艰。

综观西方国家发展历史,不同时期国家建构能力的强弱反映了西方国家国力变化的趋势。马克思在《资本论》中对西方国家早期的资本主义发展进行过描述:"原始积累的不同因素,多少是按时间顺序特别分配在西班牙、葡萄牙、荷兰、法国和英国。在英国,这些因素在17世纪末系统地综合为殖民制度、国债制度、现代税收制度和关税保护制度。这些方法一部分是以最残酷的暴力为基础,例如殖民制度就是这样。但所有这些方法都利用国家权力,也就是利用集中的有组织的社会暴力,来促进社会从封建生产方式,向资本主义生产方式的转变过程,缩短过渡的时间。"①

早期的英国积极探索和创新制度,以强大的国家能力使其先于其他国家率先完成了资本主义生产方式的转变,并随后开启工业革命。换言之,英国以当时强大的国家建构能力,使其在原始积累落后于其他四国的情况下率先实现了国力的飞跃。类似的,1929年经济大萧条后,主张政府干预的"凯恩斯主义"正式登上历史舞台,国家干预的经济思路极大加强了原本在自由放任时期资本主义国家的国家建构能力。

正是得益于推行"凯恩斯主义"的国家干预,第二次世界大战后,西方国家经历了持续20多年的经济增长黄金时期。但是自20世纪80年代开始,西方世界兴起的"新自由主义"思想,在经济领域取代了凯恩斯主义的同时更蔓延至政治和意识形

---

① 马克思:《资本论》(第一卷),人民出版社,2004年,第879页。

态领域，其反对国家干预、鼓吹自由化和去监管化的思想，给西方国家的国家建构进程造成了远比大萧条之前自由放任思想更大的伤害。最直接的表现就是西方国家经济长期陷入停滞，经济走向虚拟化，贫富差距逐年扩大，国内矛盾持续激化和社会问题出现频率越来越高。由于这些问题长期得不到有效解决，西方才暴露出国家治理危机的问题，而问题的根源正是新自由主义思想造成的国家建构进程的倒退。

(二)国家建构与中等收入陷阱

世界银行在2007年《东亚复兴——关于经济增长的观点》的研究报告中首次提出了"中等收入陷阱"的概念：新兴经济体国家在从中等收入水平国家向高收入水平国家转型的过程中，一方面劳动力成本和资源成本不断上升，传统的增长模式难以维持；另一方面由于对人力资本和科技发展的忽视，在先进技术和创新上达不到与高收入水平国家相同的竞争力，经济发展的潜力消失，经济大幅波动或长期陷入停滞。这使得整个国家或地区陷入发展的"陷阱"，只能在当前收入阶段徘徊，无法真正意义实现转型，即落入了"中等收入陷阱"[1]。

落入中等收入陷阱的原因各有不同，有制度因素、基础设

---

[1] [美]印德尔米特·吉尔、霍米·卡拉斯：《东亚复兴：关于经济增长的观点》，黄志强译，中信出版集团，2008年，第73页。

施不足、盲目福利赶超等。从"中等收入陷阱"概念的字面意义来看，人们可能会将其误认为发展中国家在人均GDP达到一定阶段后，都会出现增长回落或停滞，最终陷入问题泥潭无法自拔，是一个定律。而为了跳出"中等收入陷阱"，调整经济结构，转变经济发展方式并进行制度改革是已成为学界和政界的共识。但是问题就在于，大多数国家正是由于没有能力实现发展模式转型才陷入困境，且因经济发展停滞而恶化的诸多社会问题又进一步阻碍了经济的转型，这是一个不断恶性循环的复杂问题。

从成功跨越"陷阱"的国家来看，一国经济结构转型和制度的改革离不开政府的宏观经济治理。可是众多后发国家自接受新自由主义改革后，过度市场化的国家早已丧失了有效的治理能力，使其无论在经济结构领域还是社会建设领域都无能为力，而"中等收入陷阱"这一迷惑性概念的提出则有效地掩盖了新自由主义改革在发展中国家失败的真相[1]。

第二次世界大战后殖民主义体系的瓦解迅速催生了数十个新兴民族国家，在数十年模仿和移植西方早期发达国家自由民主模式后，许多摆脱殖民统治的国家在如何建构现代国家问题上面临严峻挑战。贫穷的发展中国家受到主流经济学

---

[1] 周文、李思思：《"中等收入陷阱"还是"新自由主义陷阱"？》，《理论月刊》，2021年第5期。

的影响，普遍在国内限制政府能力的边界，力图把国家事务交给自由市场或者公民社会。欠发达国家几乎都在国内形成了软政府，但自由市场和公民社会并不能在这样的环境自发地形成。因为提供市场这一最基本公共品和建立社会信任需要付出巨大的协作成本，这种成本既不可能依靠国内市场参与自发地支付，也不可能依靠外国企业来承担，只有依靠强政府作为最大的"公共品商人"才有动机、有能力支付这一成本。而发展中国家，特别是遵从主流经济学话语的发展中国家，由于政府软弱、无能或者无政府，使市场创造者长期缺失，造成经济发展问题。究其根本还是未能根据自身的经济基础进行国家建构所导致。

拉美主要国家在20世纪70年代中期实现了人均GDP 1000美元，进入了中等收入行列，20世纪末进入上中等收入行列。以两个代表国家(阿根廷和巴西)的经济发展为例分析来看。20世纪80年代爆发债务危机后，面对世界经济危机和高额财政赤字，阿根廷和巴西竞相扩大资源密集型产品的生产和出口以缓解债务危机，但更使得两国深陷中等收入陷阱，最主要的表现就是人均GDP增长率长期维持在0以下，国家的经济发展受到严重阻碍。

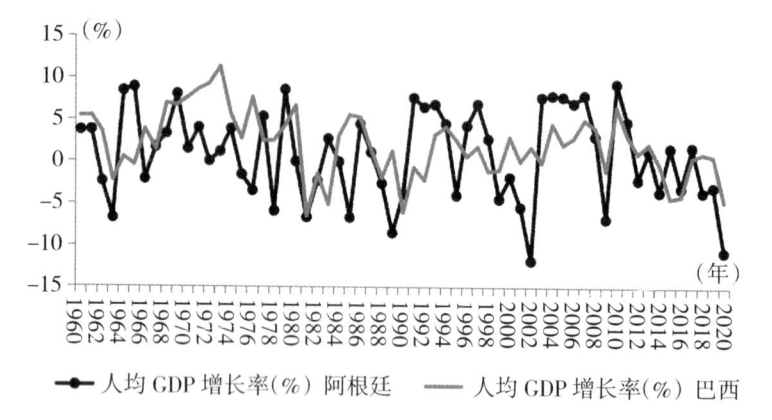

图 19　阿根廷与巴西历年人均 GDP 变动情况

资料来源：数据整理自世界银行数据库。

从拉美经济发展的历程来看，第二次世界大战后，拉美国家经济复苏的重要原因是政府强有力的宏观调控。但经济发展对政府的依赖度过高，一旦政府财务紧缩减少投资，经济立竿见影明显衰退。而政府在转型过程中过早弱化了收入分配职能，加之市场的分配制度不健全，在私有化相对集中和就业率低的背景下，人民的收入差距更加拉大。特别是第二次世界大战后，拉美地区大力引进外资以复苏经济，从 20 世纪初的总量 30 亿美元猛增到 20 世纪 80 年代初的 3000 多亿美元。但对外资管控失策，外资自由进出，随意流动到虚拟经济而非需要发展的实体经济领域，使其本国制造业遭受发达国家竞争对手沉重打击，纷纷破产倒闭。而随着 1979 年美联储加息，西方国家实行的贸易保护沉重打击了拉美国家的外贸，拉美国家出口的产品结构又是以原材料等低端产品为主,在国际市场上并无主导权。从而引发严重的债务危机,加剧了拉美国家经济恶性循环。可见,在一国经济发展过程中,如尚未建立起一个完善的市场体系,政府在初期阶段就过早退出市场将对社会经济造成严重不良影响。

收入分配不公,社会贫富悬殊,基尼系数飙升是落入中等收入陷阱的重要诱因。20世纪60至70年代,拉美国家经济发展迅速先后进入中等收入阶段。然而此阶段的拉美经济体收入已经差距巨大,贫富悬殊,社会矛盾激化阶层对立冲突,政局更迭社会动荡,加之既得利益集团对抗改革,严重危害经济发展①。从阿根廷与巴西的历年基尼系数来看,20世纪80年代初,阿根廷的基尼系数在0.4左右,而巴西的基尼系数已经到0.57左右,此后以两国为代表的基尼系数值一直未下降,可见其收入分配差距社会贫富悬殊之剧。新政府盲目照搬照抄高收入国家的福利制度讨好民众,无原则的媚众导致财政赤字加大。逐渐加大的财政压力催生政府大量超发货币引致恶性通胀。"滞胀"使得民众对新政府的政策怨声载道,民怨沸腾。拉美国家的"福利赶超"政策超出了其生产力水平和财政承受能力,甚至举债维持无法长期支撑的高福利,进一步使得基尼

---

① 周文、肖玉飞:《中等收入陷阱:命题真伪与问题实质》,《江汉论坛》,2022年第10期。

系数上升,加重了人民负担。

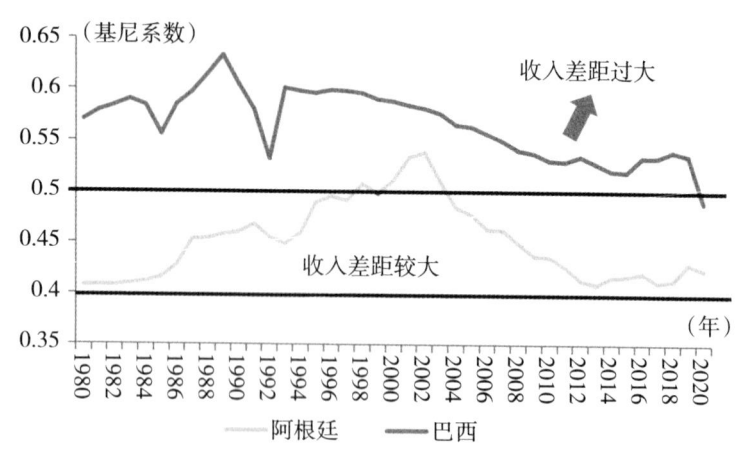

图20　阿根廷和巴西历年基尼系数变化(1980—2020)
资料来源:数据整理自世界银行数据库。

　　生产关系一定要适应生产力发展的客观规律是人类社会发展演进的内在逻辑①。由拉美国家经济发展的历程可以看出,经济政策和政治制度才是拉美跨越失败的根源。经济发展需要一定的制度匹配,良好的制度基础可以促进一国或地区的经济增长,同时落后的制度因素对于发展有一定的抑制作用。以新自由主义理论为指导的改革在经济政策上主张"三化",即"自由化""私有化""市场化";在政治方面主张三个否定,即"否定社会主义""否定公有制""否定国家干预",使拉美诸国的国

---

① 马克思、恩格斯:《德意志意识形态(节选本)》,人民出版社,2003年,第15页。

家能力不断削弱。

新自由主义所主张的自由化往往会导致发展中国家经济主权的弱化。在这些国家经济陷入危机的时候,当初曾经大力鼓励和支持它们推行新自由主义的西方发达国家,不但没有伸出援助之手,反而趁机撤出投资,从中捞取巨额利益,使这些国家的经济雪上加霜,加剧了经济危机和社会动荡。新自由主义所主张的私有化则会使大量的民族资产流失,而少数大财团在这一改革过程中获得了巨大利益,从而形成特殊利益集团(寡头)。寡头们无视国家经济发展与社会发展,为了自身的利益则会阻碍国家推行的不利于自己的改革措施[①]。

而新自由主义所主张的市场化则会引发经济结构"脱实向虚",资本更倾向于发展利润率更高的金融行业与服务业,而不是那些基础研究、重大技术发展等行业。一系列的事实充分表明,伴随政府软弱无力而来的就是无法推动国内力量进行符合本国经济基础所需的体制机制改革,从而引发经济结构恶化、贫富差距扩大等严重社会问题。

[①] [美]曼瑟·奥尔森:《国家的兴衰》,吴爱明等译,上海人民出版社,2018年,第2页。

四、点亮一盏明灯:推进高水平国家建构

中国复兴的主要表现是中国经济的崛起与赶超,而经济赶超背后的实质,是中国在国家治理能力上对西方的全面超越。虽然在中国近代史上,西方倚仗工业化的坚船利炮,打开了中国的大门,但是从深层原因——国家建构角度考察和剖析,近代史上中国的失败不是中国作为农业国对工业国在物质生产能力上的失败,而是近代以来中国国家治理能力的失败。

(一)国家建构与中国复兴

悠久的历史传承、文化传统、经济社会发展的经验,为新中国提供了强有力的国家力量、高效率的科层体系,以及选贤任能的国家治理制度,使得我国几乎从一开始,就内生地拥有一套独特的国家建构经验,并伴随着社会的进步,在历史经验的基础上长期发展、渐进改进,塑造出一套强大的国家治理体系。正如福山《政治秩序的起源:从前人类时代到法国大革命》一书中所概括"中国之所以成为中国,是因为它最早开始了国家建构的进程"[1]。

---

[1] [美]弗朗西斯·福山:《政治秩序的起源:从前人类时代到法国大革命》,郭大力等译,广西师范大学出版社,2014年,第4页。

第四章　高质量增长的制度基础:国家建构与国家竞争　183

福山认为:"国家建构是当今国际社会最重要的命题之一,因为软弱无能国家或失败国家已成为当今世界许多重要问题(从贫困、艾滋病、毒品到恐怖主义)的根源。"①见证了转型国家的治理困境、西方自由民主体制遭遇的现实挑战,以及中国的国家治理效能之后,福山提出了阐释国家治理绩效的新的理论框架,认为国家、法治和负责制政府是国家治理绩效的三大决定因素。

第一,中国作为有着超大人口规模、超广阔地域的大国,当前的国家治理仍呈现出不平衡不充分的现象。从不平衡视角来看,东部、中部、西部之间仍呈现较大的差异。东部沿海发达地区与中西部深处国家内部之间有着深刻的不同,国家治理实施程度呈现出的是"东高西低"的状态。与此同时,城乡二元结构仍然没有得到根本改变,农村和基层治理短板比城市明显②。城乡之间存在明显的福利差异,但劳动力农村向城市流动追寻福利改善受到排斥性制度安排的限制,原因在于这种排斥性制度安排(如户籍制度)背后隐含着公共服务、社会保障、就业机会等利益,调整制度安排意味着社会福利分配格局的再调整,引致复杂的利益博弈,形成改革阻力。

---

①　[美]弗朗西斯·福山:《国家构建:21世纪的国家治理与世界秩序》,郭华译,上海三联书店,2020年,第1页。
②　杨燕江、黄小军:《中国国家治理的不平衡不充分困境及战略理路》,《学术探索》,2022年第3期。

从不充分视角来看,国家治理在社会领域实现的程度及取得的成效与期望值依然存在差距。例如,现实中发生的医患矛盾不能简单看成医生与患者的直线型双向矛盾,其背后往往折射出的是医疗健康领域改革的深层次问题,或者说是医疗健康领域治理的不充分问题的暴露。此外,诸如间隔性发生的突发事件本质上都折射出社会治理的不充分。不同层面、不同领域的治理交叉和重复的现象大量存在,"治理过度"和"治理缺失"现象并存,从而使得国家治理的效能在整体上难以发挥。

第二,常规治理被大量的运动式治理所替代。正如汤森和沃马克指出的:"改革意味着中国生活的常规化,但它却是以动员的方式进行的。"[1]也就是说,中国的治理实践有一种独特现象,即政府围绕着一项任务,打破常规,积聚力量,进行自上而下的动员,以疾风暴雨般的态势开展工作。以环境治理领域中的"环保风暴"行动为例,即在一定的时间段内,各级政府以及其所属各部门采取超常规的行政强制方式,关、停、并、转各种企业以减少污染物质的排放,从而使区域环境治理呈现出运动式治理的特点[2]。

---

[1] [英]詹姆斯·R.汤森、布兰特利·沃马克:《中国政治》,顾速等译,江苏人民出版社,2003年,第238页。

[2] 刘梦岳:《治理如何"运动"起来?——多重逻辑视角下的运动式治理与地方政府行为》,《社会发展研究》,2019年第1期。

与此同时，其他社会活动如企业生产经营、建筑施工等必须为该目标让路。所以，在极短的时间内，由于竭尽全力地减少污染物质的排放，区域环境质量会得到有效改善。显然，这种超常规的执法措施是以"短、平、快"的效果为目标的，且区域环境治理效果易于反弹。这种依靠强势行政发动和过度张扬工具理性的专项治理运动成效为何难以持久，主要是因为当强大的外部压力消失，超常规运动式治理的措施便失去正当理由，加之其无法列入区域内各地政府及其所属各部门常态化的监管日程。

第三，越是进入发展的关键时期，面临的执政环境越是复杂。早期推动改革的组织与个人中出现了一部分获得相当利益的人，他们掌握了不同领域的资源和权力，在新一轮转型中为了维护自身的既得利益而抵制新的改革，抵制社会进一步的转型与发展，阻碍国家治理现代化目标的实现。但是因为其对改革开放和国家发展具有相当的"功劳"，地位稳固，势力顽强，所以必须以"壮士断腕"的勇气才能深化当代中国的改革，推动国家治理的现代化。当前已进入全面深化改革的深水区，以国有企业改革与要素市场化改革为例。理论与实践都证明，只有通过深化国有企业改革，把国有企业改造成为自主经营、自负盈亏的真正市场主体，才能为市场机制在资源配置中发挥决定性作用创造微观基础条件。

从中国混合所有制改革的实践过程来看，各种阻力依然存在。这些阻力不仅包括既得利益集团的阻碍、意识形态的固化、公众的担忧,而且还包括落后的激励模式与制度设计[①]。与此同时,由于要素市场的分割、配置政策的扭曲等治理难题没有得到彻底解决,要素市场化进程滞后于产品市场化进程,隐匿着资源错置、效率损失、结构失衡等深层次问题。然而相较于商品和服务市场,资本、劳动和土地等要素市场化配置程度偏低,受困于固有的制度和体制束缚,生产要素无法实现由低质低效领域向优质高效领域自由有序流动,其活力难以充分释放。

(二)国家治理现代化是国家建构的长期命题

国家建构是为了保障经济发展所进行的上层建筑构造的过程。为了长期有效地进行国家建构就必须持续推动国家治理现代化。而现代化的本质,是推动上层建筑与经济基础同方向运动的过程。现代化的目的,是为了弥合经济发展过程中不断产生和淘汰的生产关系而引致的经济基础与上层建筑的矛盾,所以国家治理现代化是伴随着国家经济发展水平提高而长期存在的内在要求。

具体来看,国家治理现代化包括国家治理体系现代化和

[①] 綦好东、郭骏超、朱炜:《国有企业混合所有制改革:动力、阻力与实现路径》,《管理世界》,2017年第10期。

国家治理能力现代化两个方面。国家治理体系现代化，旨在根据不同时期经济发展的新情况新特点，在政府结构、政府功能、干部制度、人事制度、管理方法、权力关系等各个方面都作出适应性的变革，使各类体制机制更好地服务于经济基础，而不是成为阻碍经济发展的因素。国家治理能力现代化，则是促进改革发展稳定、维护国家安全利益、应对重大突发事件、处理各种复杂国际事务等方面能力的现代化，也是增强制度的执行能力。

不仅是中国需要将国家治理现代化作为国家建构的长期命题来对待，特别是对于陷入治理危机的西方国家而言，国家治理现代化，尤其是国家治理能力现代化，是提高国家治理能力的重要方式。而对于陷入"中等收入陷阱"的国家而言，通过国家治理体系现代化，在国内根据自身经济发展条件进行制度改革，也有助于早日跳出增长停滞的陷阱。

（三）国家建构艺术将成为国家力量的关键

当今世界与地区秩序并不稳定的根源，是大量国家的政府软弱无能与国家失败。在这样的背景下，有效的国家建构逐渐成为当今世界重要的命题。一方面，西方社会需要吸收有效国家建构的成功经验，用以解决其国内日渐增加的各种经济、政治、社会的问题，维持国内秩序的稳定。另一方面，一套行之有效的国家建构理论，有助于在动荡、贫困、落后的国家或者地区,建立一个稳定的社会秩序与社会环境,让当地重新开始经济发展,帮助当地人民早日脱离贫困,获得安定的生活,杜绝极端思想、恐怖主义诞生和传播的温床。同时,落后国家的发展,也必然带来对商品、贸易和基础设施建设的需求,扩大世界市场的广度和深度,有利于整个世界所有经济体的发展。

中国作为一个曾经从繁盛到衰落、又从衰落走向复兴的大国,因为自身地域广大,地区多样性、民族多样性、文化多样性强的特点,在发展过程中积累了丰富的国家建构经验。如果将这些中国独到的经验,进行有效的总结、归纳,从中抽象出一般化的规律,并将之融入"中国经验"中,并以此为全球治理贡献"中国方案",帮助贫穷落后的发展中国家从困境中摆脱出来,稳定国家与地区秩序,融入全球市场。那么将对世界产生巨大的影响,为世界和平发展作出重要的贡献。就如同福山所说:"国家建构的艺术将成为国家力量的关键,其重要程度绝不逊于动用传统的军事力量来维护世界秩序的能力。"[①]

[①] [美]弗朗西斯·福山:《国家构建:21世纪的国家治理与世界秩序》,郭华译,上海三联书店,2020年,第116页。

五、国家建构与综合竞争优势:高质量发展中的中国实践

习近平总书记强调:"制度优势是一个国家的最大优势,制度竞争是国家间最根本的竞争。"①这充分表明无论是推进经济社会的高质量发展,抑或是宏观、微观的制度设计安排,中国国家治理现代化的发展所凭借的始终是制度优势。从根本上而言,中国特色社会主义制度最鲜明的优势是中国共产党领导的最大优势和集中力量办大事的核心优势,这两种优势是中国推进国家治理现代化、建设社会主义现代化强国的根本保障。

(一)实现中华民族伟大复兴是国家建构的根本目标

在长期的革命和建设实践中,中国共产党人"为中国人民谋幸福,为中华民族谋复兴"的伟大初心,成为推动党和国家各项事业蓬勃发展的不竭动力。

1.增强国家建构的宏观组织力

从国家建构的角度来看,确立"党领导人民有效治理国家"的政治权威,实质是确保中国共产党总揽全局,调动各方面的

---

① 习近平:《坚持和完善中国特色社会主义制度推进国家治理体系和治理能力现代化》,《求是》,2020年第1期。

积极力量,引领各参与治理的主体规范运行治理权力,促进公共权力运行公开化和公共利益最大化。中国共产党是国家治理的领导核心。在中国特色社会主义新时代,必须坚持完善党的领导的体制机制,坚持稳中求进工作总基调,统筹推进"五位一体"总体布局,协调推进"四个全面"战略布局,提高党把方向、谋大局、定政策、促改革的能力和定力,确保党始终总揽全局、协调各方[1]。坚持和加强党的全面领导,最重要的是坚定维护以习近平同志为核心的党中央权威和集中统一领导[2]。从某种意义上说,国家治理就是一种依托于政治权威和政府公共权力而展开的联合活动。不同治理主体之间的相互交往产生交往权力,并形成一张相互交错、相互依赖的关系网络。

列宁高度重视革命领袖的作用,指出任何阶级,要想取得统治地位,就必须"推举出自己的善于组织运动和领导运动的政治领袖和先进代表"[3]。进入新时代以来,我国所处的国际环境较严峻。西方从未放弃对我国进行意识形态的攻击,企图动摇党和人民的马克思主义信仰根基。甚至还有一些西方国家

---

[1] 习近平:《决胜全面建成小康社会 夺取新时代中国特色社会主义伟大胜利——在中国共产党第十九次全国代表大会上的报告》,人民出版社,2017年,第20页。

[2] 中共中央党史和文献研究院:《十九大以来重要文献选编(中)》,中央文献出版社,2021年,第732页。

[3] 《列宁全集》(第4卷),人民出版社,2013年,第336页。

试图在国内培植分裂势力,"台独"这一分裂活动无不与这些国外敌对分子有关,严重危害了我国主权和领土完整,也对党的执政和社会主义政权产生了一定的影响。习近平总书记多次强调,要有强烈的问题意识,以重大问题为导向。

新时代我们仍然面临内外忧患的问题,迫切需要一个坚强的领导核心,坚决维护祖国的统一。《中共中央关于党的百年奋斗重大成就和历史经验的决议》指出:"党确立习近平同志党中央的核心、全党的核心地位,确立习近平新时代中国特色社会主义思想的指导地位,反映了全党全军全国各族人民共同心愿,对新时代党和国家事业发展、对推进中华民族伟大复兴历史进程具有决定性意义。"[1]党的二十大报告则将其进一步明确为:"党的领导是全面的、系统的、整体的,必须全面、系统、整体加以落实。"[2]维护党中央权威是马克思主义政党的内在要求。

维护中央政府治理权威是统筹兼顾、协调四方的重要治理举措。中国共产党人的初心能够克服政策执行过程中由于政府层级较多带来的目标偏移问题,有利于确保方向一致,形成

---

[1] 《中共中央关于党的百年奋斗重大成就和历史经验的决议》,新华社,2021年11月16日。

[2] 习近平:《高举中国特色社会主义伟大旗帜 为全面建设社会主义现代化国家而团结奋斗——在中国共产党第二十次全国代表大会上的报告》,《人民日报》,2022年10月26日。

合力。在国家建构的具体实践过程中，党的坚强有力领导，无疑是实现国家治理现代化的坚实保障。在经济、人才、物质等资源相对不足的情况下，科学瞄准需要大量资源汇集于一身的重特大工程与项目，解决国家治理现代化进程中更高层次的发展需求问题。新中国成立之初，以钱学森、郭永怀为代表的一大批科学家甘愿放弃国外优越生活，冲破层层阻碍毅然回到祖国，原因在于海外学子的家国情怀与中国共产党人的初心产生了强烈共鸣。

改革开放以来，神舟飞船、北斗导航、大飞机、舰载机、核潜艇、高铁动车、FAST等辉煌成就背后，则是以罗阳、黄大年、南仁东、黄旭华等为代表的科技创新团队的拼搏、奉献。正是依靠系统性的多领域改革与创新，补齐国家治理现代化的效能"短板"，从而推进国家治理体系和治理能力现代化。例如，自新冠肺炎疫情暴发以来，中共中央政治局常委会作为中国最高领导机构，召开13次会议分析研判疫情态势，制定疫情防控战略计划。以中央治理权威牵引、以一统体制为载体、以统筹战略为手段，自上而下推动疫情防控工作。同时，中央政府作为国家治理核心，依靠政治命令、权威发布、社会动员等方式协调各方资源，各区域联防联控、省际联防联控等机制逐次建立，继而形成"纵向到底、横向到边"的全国性疫情联防联控网络；同时采用"一省包一市"的方式，19个省份对口支援湖北省除武汉以外的 16 个市州及县级市。

2.增强国家建构的组织执行力

中国特色社会主义进入新时代,世情党情国情社情出现的一系列复杂而深刻的变化对中国共产党治国理政提出了新的更高要求。在这种情况下,马克思主义经典作家的国家治理思想和中国共产党历届领导人治理国家的历史智慧,在新时代的国家治理中就存在着很大程度上的"不够用"的问题,急需新时代的中国共产党人遵循现实问题导向,大胆探索新的国家治理之策。问题意识是人类社会发展进步的动力。习近平总书记强调:"要学习掌握事物矛盾运动的基本原理,不断强化问题意识,积极面对和化解前进中遇到的矛盾。"[1]新时代推进党的自我革命,也必然需要强烈的问题意识和鲜明的问题导向,思考坚持党的全面领导和加强党的建设领域面临的突出问题,把解决问题作为贯彻落实新时代党的建设总要求的基本点和着力点。

党的十八大以来,习近平总书记曾多次提及要防止上演"霸王别姬"的历史悲剧,他以极其强烈的忧患意识,告诫全党"我常常提及毛泽东同志和黄炎培先生在延安的'窑洞对'。当

---

[1] 习近平:《坚持运用辩证唯物主义世界观方法论 提高解决我国改革发展基本问题本领》,《人民日报》,2015 年 1 月 25 日。

年'窑洞对'的问题已经彻底解决了吗？恐怕还没有"[1]。新中国成立以来，有部分党员干部以为得了天下就可以高枕无忧，享受革命成果，而淡忘了革命年代的优良传统，放松了对自身的严格要求，丧失了自我革命精神。一些党员存在的信仰缺失、信念动摇、宗旨淡化、思想滑坡等问题；形式主义、官僚主义、享乐主义和奢靡之风问题突出，严重影响了党同人民群众的血肉联系；违反党章和其他党内法规，违反国家法律法规，违反党和国家政策，违反社会主义道德，危害党、国家和人民利益的行为，不同程度地存在。

也正是认识到这一点，以习近平同志为核心的党中央以一抓到底的自我革命精神向党内存在的顽瘴痼疾开刀，"打虎、拍蝇、猎狐"，抓住典型案例教育全党，开展一系列主题教育实践活动，坚定党性修养和理想信念，强化制度执行力，补齐党内法规制度短板，健全党内法规制度体系，这些重大举措消除和化解了党和国家内部存在的严重隐患[2]。正是在借鉴中国古代封建王朝治乱兴衰的经验教训并深刻担忧中国共产党是否也会陷入"历史周期率"，以习近平同志为核心的党中央着力探索和努力解决在中国特色社会主义进入新时代的历史

---

[1] 中共中央文献研究室：《习近平关于全面从严治党论述摘编》，中央文献出版社，2016年，第204页。

[2] 甄占民等：《自我革命：跳出历史周期率的第二个答案》，人民出版社，2022年，第75页。

条件下,如何实现国家的长治久安、如何坚持和发展中国特色社会主义、如何确保中国共产党在中国特色社会主义事业中的长期领导和执政地位等核心关切。

进入新时代,勇于自我革命,从严管党治党,彰显了中国共产党最深厚的政治品格,党在革命性锻造中更加坚强,焕发出新的强大生机活力,用全面从严治党践行了"越是长期执政,越不能丢掉马克思主义政党的本色,越不能忘记党的初心使命,越不能丧失自我革命精神"[①]。因此,《中共中央关于党的百年奋斗重大成就和历史经验的决议》明确指出:"勇于自我革命是中国共产党区别于其他政党的显著标志。自我革命精神是党永葆青春活力的强大支撑。"[②]习近平总书记深刻表明:"中国共产党的伟大不在于不犯错误,而在于从不讳疾忌医,敢于直面问题,勇于自我革命,具有极强的自我修复能力。"[③]党的十九大强调,把制度建设贯穿于新时代党的建设整体布局之中。这一重大举措,从国家建构的角度提升了制度建设的地位,凸显了制度治党在全面从严治党和统筹推进党的各项建设中的作用。

[①] 习近平:《牢记初心使命,推进自我革命》,《求是》,2019 年第 15 期。

[②] 《中共中央关于党的百年奋斗重大成就和历史经验的决议》,新华社,2021 年 11 月 16 日。

[③] 中共中央党史和文献研究院:《十八大以来重要文献选编》(下),中央文献出版社,2018 年,第 589 页。

(二)制度优势赋能新时代大国竞争

1.走出西方国家悖论

习近平总书记深刻指出:"以什么样的思路来谋划和推进中国特色社会主义民主政治建设,在国家政治生活中具有管根本、管全局、管长远的作用。古今中外,由于政治发展道路选择错误而导致社会动荡、国家分裂、人亡政息的例子比比皆是。中国是一个发展中大国,坚持正确的政治发展道路更是关系根本、关系全局的重大问题。"[1]因此,必须从中国实际出发,设计和发展国家政治法律制度,而不能照抄照搬别国的政治法律制度模式。所以,习近平总书记强调:"中国特色社会主义政治制度之所以行得通、有生命力、有效率,就是因为它是从中国的社会土壤中生长起来的。中国特色社会主义政治制度过去和现在一直生长在中国的社会土壤之中,未来要继续茁壮成长,也必须深深扎根于中国的社会土壤。"[2]

从开创人类减贫历史的全面建成小康社会这一过程来看,"纵观古今、环顾全球,没有哪一个国家能在这么短的时间内实现几亿人脱贫,这个成绩属于中国,也属于世界,为推动构建人

---

[1] 中共中央文献研究室:《习近平关于社会主义政治建设论述摘编》,中央文献出版社,2017年,第10页。

[2] 习近平:《在庆祝全国人民代表大会成立60周年大会上的讲话》,人民出版社,2014年,第16页。

类命运共同体贡献了中国力量！"①党的二十大是这样评价中国的脱贫攻坚实践的，"打赢了人类历史上规模最大的脱贫攻坚战，全国八百三十二个贫困县全部摘帽，近一亿农村贫困人口实现脱贫，九百六十多万贫困人口实现易地搬迁，历史性地解决了绝对贫困问题，为全球减贫事业作出了重大贡献"②。减贫政策涉及众多党政部门，面向规模庞大的贫困人口，既需要跨部门协同，也需要面对面接触贫困户，对于责任主体构成了巨大挑战。中国政府治理体系全面坚持中国共产党的领导和以人民为中心的治理理念，把党的领导制度嵌入行政组织系统中，通过党的组织体系把政府治理职能向下延伸至村庄，向外拓展到企事业单位和社会组织，同时借由党的一元化领导打破僵化的部门壁垒，推动跨部门协同与联动。

贫困地区发展条件差，贫困人口自我发展能力弱，消除贫困仅仅依靠个体、区域、民间等力量远远不够，必须作为执政党和国家的责任，上升为国家意志、国家战略、国家行动。中国共产党始终把消除贫困作为定国安邦的重要任务，制定实施一个时期党的路线方针政策、提出国家中长期发展规划建议，

---

① 习近平：《在全国脱贫攻坚总结表彰大会上的讲话》，人民出版社，2021年，第9页。

② 习近平：《高举中国特色社会主义伟大旗帜 为全面建设社会主义现代化国家而团结奋斗——在中国共产党第二十次全国代表大会上的报告》，《人民日报》，2022年10月26日。

都把减贫作为重要内容,从国家层面部署,运用国家力量推进。几代中国共产党人,锚定一个目标,一茬接着一茬干。

党的十八大以来,中国共产党把脱贫攻坚摆在治国理政的突出位置,加强党的集中统一领导,统筹谋划、强力推进。从党的领袖到广大党员干部,情系贫困群众、心怀减贫大业,全党目标一致、上下同心。加强顶层设计和战略规划,制定印发《关于打赢脱贫攻坚战的决定》《关于打赢脱贫攻坚战三年行动的指导意见》等政策文件,明确目标、路径和具体措施并一以贯之抓下去。各级财政不断加大投入力度,为减贫事业发展提供资金保障。

发挥社会主义制度集中力量办大事的优势,广泛动员各方力量积极参与。建立脱贫攻坚责任体系、政策体系、组织体系、投入体系、动员体系、监督体系、考核评估体系等制度体系,为脱贫攻坚顺利推进提供了有力支撑。在中国特色贫困治理实践中,始终坚持党的领导,结合时代特征和具体国情,发挥制度优势,通过构建贫困治理体系和提升治理能力,重点解决制度性贫困、生产力贫困和个体贫困等多层次问题,形成了"国家—市场—社会"协同治理的中国特色贫困治理模式[①]。

[①] 韩文龙、周文:《马克思的贫困治理理论及其中国化的历程与基本经验》,《政治经济学评论》,2022年第1期。

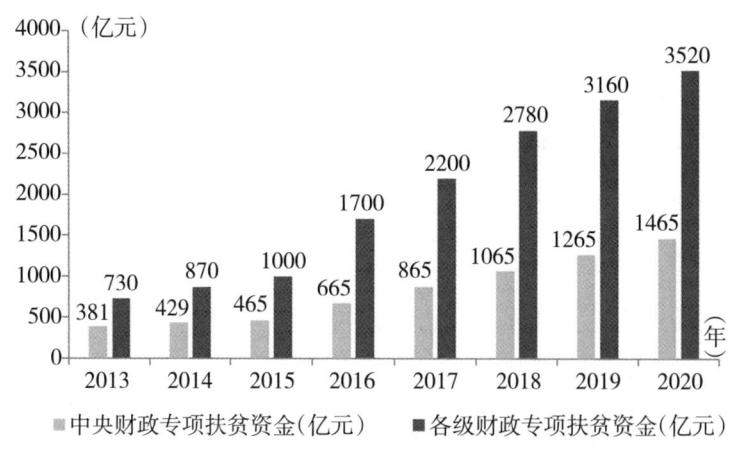

图 21 脱贫攻坚以来财政专项扶贫资金投入情况

资料来源：中华人民共和国国务院新闻办公室：《人类减贫的中国实践》，2021年。

西方国家的"国家建构与民主"间的客观矛盾难以调停缓和。在美国，三权分立部门横向阻滞、联邦政府与州政府间权力失衡、民主与自由多是上层社会对底层民众的粉饰太平之语。事实上，从亚当·斯密关于市场机制运行的前提条件的分析，到道格拉斯·诺斯关于"国家悖论"的理论，以及奥尔森"市场型增进型政府"、查默斯·约翰逊的发展型国家等，更不用说黑格尔式的国家主义，都在启示人们，在决定各国经济社会发展命运的众多因素中，国家始终是最根本的因素。只有大力提升国家自主性和国家影响经济社会发展的能力，才有可能对殖民统治造成的畸形经济结构以及外国资本主导本国经济发展的局面进行必要的干预，努力摆脱在世界体系中的边缘地位和依附性发展境地。

中国有"以人民为中心"的中央政府和"为人民谋幸福,为民族谋复兴"的使命型政党。党的二十大报告中指出:"发挥我国社会主义新型政党制度优势,坚持长期共存、互相监督、肝胆相照、荣辱与共,加强同民主党派和无党派人士的团结合作,支持民主党派加强自身建设、更好履行职能。"[①]中央统一领导、集中力量办大事的举国体制优势不仅能终结意识形态纷争作出高效决策;强大国家能力和中央政府权威"全面调动资源、广泛社会动员、牵引各方力量",更能保证执行畅达、统筹兼顾、协调四方,实现社会稳定有序。而且还呈现出与时俱进的显著优势,这主要表现在中国共产党在对国内国际形势和中国社会发展主要矛盾发展变化科学判断的基础上,及时调整国家、民族发展的核心使命和历史任务,确保在历史发展的关键点上党的路线方针政策的正确性,充分调动和激发各参与主体的主观能动性和创造力。

尽管 20 世纪 60 年代以来,部分发展中国家盲目植入西方自由民主政体已经暴露出了大量的政治问题,但西方建构的话语霸权却足以让其他国家无视其理论的失灵现象,甚至可以通

---

① 习近平:《高举中国特色社会主义伟大旗帜 为全面建设社会主义现代化国家而团结奋斗——在中国共产党第二十次全国代表大会上的报告》,《人民日报》,2022 年 10 月 26 日。

过给这些不幸的国家贴上"失败国家"之类的标签,逃避自身理论的局限性。中国与大批发展中国家及转型国家的两种制度选择,最终呈现出来两种截然不同的治理成效,构成了证伪"普世价值论"和"历史终结论"最生动、最富说服力的证据。

随着我国进入上中等收入阶段,习近平总书记在党的十八届五中全会进一步指出:"我们必须清醒看到,如期全面建成小康社会,既具有充分条件,也面临艰巨任务,前进道路并不平坦,诸多矛盾叠加、风险隐患增多的挑战依然严峻复杂。如果应对不好,或者发生系统性风险、犯颠覆性错误,就会延误甚至中断全面建成小康社会进程。"[1]为此,党的十八届五中全会正式提出要坚持新发展理念,即创新、协调、绿色、开放、共享发展理念。这正是针对我国经济发展进入新常态所面临中等收入阶段性的突出矛盾和深层次挑战作出的战略部署。新发展理念成为中国顺利跨入高收入阶段的战略思维。

2.超越西方市场经济

改革开放以来,我国社会主义基本经济制度的历史探索是一个漫长曲折的过程。从公有制含义、实现形式创新及所有制结构调整的单一社会所有制,发展到把生产资料所有制、收入分配方式、经济运行关系都纳入基本经济制度范畴的制度体

---

[1] 中共中央文献研究室:《十八大以来重要文献选编》(中),中央文献出版社,2016年,第823页。

系，这一新变化丰富了基本经济制度的内涵，与党领导下的社会主义伟大经济建设实践认识的深化密不可分。中国经济改革获得成功的关键就是在社会主义基本制度特别是公有制经济与市场经济之间创造出了一种可以相互兼容和相互促进的新型关系。从政府宏观调控层面来看，通过产业结构调整、财政政策、货币政策和税收政策促进经济增长。从市场微观主体来看，如何处理好政府和市场的作用边界仍是当前理论和实践中的一大难题，需要借助多种形式的企业中介，进而表现在公有制企业和非公有制企业的控制力上，促进企业创新发展。

社会主义基本经济制度优势是支撑"中国之治"的制度保障。中国特色社会主义市场经济既不是对标西方市场经济，也不是社会主义与市场经济的简单相加，而是机制体制的重构和再造。在原始市场经济体制中，国家被置于市场之下，其作用是辅助性的，相较之下，市场更具有自主性和独立性，并且市场中的强势主体，如大企业、大商人，在政治领域具有极高的地位，导致政治权力对经济权力的相对弱势。

相反，在中国的社会主义市场经济中，市场是国家体制中的市场，国家处于主导地位，市场是国家发展过程中的工具和手段，市场在结构上服从于国家，而不存在凌驾于国家之上的市场。在改革方向上坚持选择性的市场化以及有针对性的国家控制。这是对西方市场经济和传统社会主义经济的超越，是高水平现代化市场经济体制。中国特色社会主义市场经济制度既体现了社会主义制度优越性,又同我国社会主义初级阶段社会生产力发展水平相适应,是党和人民的伟大创造[①]。在社会主义制度下发展市场经济,既没有前人理论引导,也没有既有经验指导,创造性地打破了对市场经济的意识形态禁锢,打破了对单一计划经济的教条,将市场机制引入社会主义制度,实现政府与市场之间的有效互动和有机结合[②]。

市场经济以开放为鲜明特征,又依靠开放得以进一步发展。在中国的社会主义市场经济发展历程中,开放性是最鲜明的特征和动力源泉,正是得益于对外开放与经济全球化,中国实现了经济飞速发展,同时,又通过积极参与经济全球化为世界经济作出了巨大贡献。改革开放为中国社会主义市场经济开启了实践的大门,由此建立社会主义市场经济体制成为改革开放最重要的核心内容。坚持党对经济工作的集中统一领导是推进我国构建和完善社会主义市场经济体制的根本政治保证。中国共产党通过对上层建筑的塑造和生产关系的调整,引领和保障经济社会发展大局,确保经济社会发展坚持正确方向,并从社会的整体利益和国家的长远利益出发,解答了发

[①] 《中共中央关于坚持和完善中国特色社会主义制度 推进国家治理体系和治理能力现代化若干重大问题的决定》,《人民日报》,2019 年 11 月 6 日。

[②] 周文、司婧雯:《全面认识和正确理解社会主义市场经济》,《上海经济研究》,2022 年第 1 期。

展的方向、方式及重点领域等这些市场无力解决的问题,全面统筹协调经济发展的方向和节奏。

3.扎实推进共同富裕

共同富裕是社会主义的本质要求,是中国式现代化的重要特征。推进共同富裕主体不能仅仅是政府,更要激发市场主体的主动性和活力,通过市场经济的蓬勃发展来激活共同富裕的内生动力。按照西方主流经济学的理论逻辑,共同富裕会随着经济发展而自然实现,是市场经济的必然结果和自然产物。然而事实并非如此,市场收入分配往往利于强势者,使资源的初始占有和财富转移的程序制定都控制在少数人手中,从而无法实现分配正义。但共同富裕涉及经济、社会、政治等多个领域,仅依靠市场经济并不能解决共同富裕。因此,单纯依靠市场经济难以平衡个体利益与国家整体利益、经济效益与社会效益,且出现了无序性、剥削性等乱象,导致财富向部分产业、部分企业、部分群体、部分地区、部分国家集中。几乎所有主要资本主义现代化国家都呈现高度的财富分化现象,贫富悬殊、两极分化严重始终贯穿近代以来西方国家的现代化历程。资本主义现代化道路以生产资料私有与雇佣劳动制度为基础,以资本榨取累积剩余价值为动力与运行机制,天然蕴含着财富分配不公逻辑,贫富悬殊、社会两极分化是资本主义现代化的固有矛盾与必然后果。

社会主义市场经济不但要实现社会财富不断涌现,而且更要实现社会财富共享。社会主义市场经济可以充分发挥市场经济和社会主义的各自优势,用"市场经济"提升经济效率,用"社会主义"维护公平,实现效率和公平的统一。共同富裕不是单纯的分配问题,仅仅依靠再分配和第三次分配的"削峰填谷"无法从根源上消除贫困,且阻碍了社会生产力的可持续发展,是对共同富裕理解的"异化"[①]。全面建成小康社会百年奋斗目标的实现,只是中国式现代化道路阶段性目标的完成。共同富裕不仅是全体人民共同富裕、物质生活和精神生活都富裕,更是实现人的全面发展和社会全面进步的一场深刻变革。

社会主义基本经济制度既有利于激发各类市场主体活力、解放和发展生产力,又有利于调动各方面积极性、实现效率和公平有机统一,为实现共同富裕奠定制度基础、提供制度保障与制度活力。在中国特色现代化国家建构下,我们以党的集中统一领导汇聚共同富裕的"合力",不断坚持和完善社会主义市场经济体制,为共同富裕提供制度活力,在高质量发展中扎实推进共同富裕,同时不忘农村集体与广大中小微企业,以乡村振兴着力补齐共同富裕的"短板",大力推动民营经济发展。

---

① 周文、司婧雯:《共同富裕:市场经济的理论逻辑与现实路径》,《社会科学战线》,2022年第4期。

(三)国家竞争的核心在于治理能力和治理体系

西方之乱与中国之治的鲜明对比,展示了中国国家治理体系与治理能力对西方国家的全面超越[1]。中国崛起的主要表现是中国经济的崛起与赶超,而经济赶超的实质,是中国在国家治理能力上对西方国家的全面超越。国家治理在其中发挥着决定性作用。正是制度、制度体系及其治理效能确保了中国特色社会主义不断取得开创性历史成就。从中国特色社会主义制度建立到不断发展和完善,从中国特色社会主义基本经济制度确立到不断调整和全面深化经济体制改革,这是中国特色社会主义国家治理体系和治理能力不断迈向现代化的过程。随着国家治理走向现代化,生产关系及其上层建筑得以更好地适应生产力发展,中国社会的生产力将不断焕发生机和活力[2]。

综观世界经济史,资本主义私有制条件下发展的市场经济,也曾经对推动生产力的发展发挥过重要作用,但随着新科技革命的不断兴起、社会分工的不断深化,资本主义私有制越来越不适应社会生产力发展的要求,局限性越来越明显,2008年爆发的国际金融危机与新冠肺炎疫情期间,西方国家深陷通

---

[1] 周文:《中国道路与中国经济学——来自中国改革开放 40 年的经验与总结》,《经济学家》,2018 年第 7 期。

[2] 周文、何雨晴:《国家治理现代化的政治经济学逻辑》,《财经问题研究》,2020 年第 4 期。

胀与高失业率并存的局面就是铁证。当人们试图对"中国模式""中国道路"作出某种解释时,中国独特的国家治理结构和治理方式,驱动着中国在发展进程中作出了一系列与西方发达国家和其他发展中国家迥异的选择,以致西方学者即使做了最大限度的理论修正之后,也很难沿用他们所熟悉的政党与国家、政府与市场、国家与社会等西方传统理论框架对此作出合理的阐释。

从历史视角来看,中国最早开启了国家建构的历程,中国是国家制度的先行者。自公元前221年秦始皇统一中国,形成了中央集权的大一统格局开始,中国在国家治理体系和治理能力上逐渐与西方各个国家拉开距离并领先于世界,而隋唐时期开始实行的科举制度,更是通过选贤任能的国家管理体制,一举奠定了中国经济领先于西方世界1000多年的历史。

中国自古以来就是通过大一统文明所塑造的文明国家形态。就其本质而言,中国现代国家的特征是由其内部历史演变所决定的①。于是才有了中华人民共和国在成立不到70年的时间里,迅速赶上时代发展潮流,跨越式完成了西方花费250年到300年才完成的工业化成就,实现从衰落中再次崛起的伟大历史事件,这一伟大历史事件也使中国成为世界上唯一一个曾

---

① [英]孔飞力:《中国现代国家的起源》,陈兼等译,生活·读书·新知三联书店,2013年,第1页。

经从辉煌到衰落又再次崛起的国家。事实上,中国实现经济赶超的实质是中国吸取传统的国家建构智慧后,在国家治理能力上对西方国家的超越[1]。

1.制度优势与治理效能

"治大国如烹小鲜",国家治理作为一门大学问,有其自身的客观规律和发展逻辑。因而任何执政者想要实现国家治理的良好状态,都必须遵循国家治理的客观规律和固有逻辑,并在此基础上发挥主观能动性,制定和实行科学的治国方针与对策。习近平总书记指出:"一个国家选择什么样的治理体系,是由这个国家的历史传承、文化传统、经济社会发展水平决定的,是由这个国家的人民决定的。"[2]就新时代的中国共产党而言,实现国家治理体系和治理能力现代化,关键就是要在深化对共产党执政规律、社会主义建设规律和人类社会发展规律的认识基础上,形成治国理政的科学思维方法和工作方法,从而提高国家治理的前瞻性和预见性。中国道路的成功,是近现代以来中国作为"超大型文明"的复杂体系,在中国共产党的领导下,汲取传统资源、借助马克思主义理论、借鉴现代民族

---

[1] 周文、冯文韬:《中国奇迹与国家建构——中国改革开放40年经验总结》,《社会科学战线》,2018年第5期。

[2] 中共中央文献研究室:《习近平关于全面深化改革论述摘编》,中央文献出版社,2014年,第21页。

国家理论,通过政治动员和行动、民族建设、政党建设、社会改造、经济发展、文化建设和创新等一系列伟大的社会实践取得,而这些理论与实践结合的历史过程,都是围绕国家建构而进行的。

改革开放以来,中国特色社会主义发挥了巨大的制度优势,维护了稳定的政治秩序,在面对社会转型的压力下始终保持着稳定有效的治理能力,是塑造"中国奇迹"背后的制度基础。国家治理体系和治理能力是制度及其执行能力的集中体现,通过治理体系和治理能力,制度优势才能转化为治理效能。治理体系和治理能力是一个有机整体,两者相辅相成,有了好的国家治理体系才能提高治理能力,提高国家治理能力才能充分发挥国家治理体系的效能。治理体系从根本上决定了治理能力的内容和结构,是治理能力提升的前提和基础,而治理能力的提升又将促进治理体系的不断完善,两者相互促进,共同发挥治理效能。

2.中国脱贫攻坚伟大成就是国家治理效能的最好检验

几千年来,人类历史就是一部与贫困作斗争的伟大历史。稳定地消除贫困,一直是世界发展面临的最大挑战。新千年开始之际,世界各国领导人共同发布了《联合国千年宣言》,把消除贫困和饥饿列为21世纪人类发展的关键目标。2015年9月,联合国又制定了2030年可持续发展议程,首要目标是"在全世界消除一切形式的贫困"。《改革开放40年中国人权事业的发展进步》白皮书指出：中国在过去40年中共减少贫困人口8.5亿多人，对全球减贫贡献率超过70%。① 2020年底，中国如期完成脱贫攻坚目标任务，现行标准下9899万农村贫困人口全部脱贫②，提前10年实现《联合国2030年可持续发展议程》减贫目标。其中，2015年底以来减贫5575万人③。2021年2月25日，党中央宣告："我国脱贫攻坚战取得了全面胜利……区域性整体贫困得到解决，完成了消除绝对贫困的艰巨任务。"④

将摆脱贫困作为社会主义国家建设的优先目标，这首先是由中国社会主义制度的内在本质所决定的。社会主义制度旨在彻底解放每一个人，促进每一个人的自由全面发展。邓小平深刻地指出："社会主义的本质，是解放生产力，发展生产力，消灭

---

① 中华人民共和国国务院新闻办公室：《改革开放40年中国人权事业的发展进步》，人民出版社，2018年，第9页。

② 现行标准是指农村居民每人每年生活水平2300元（2010年不变价），现行标准可满足健康生产需要的食物消费，以及同等重要的非食物消费需求。据测算，该标准按2011年购买力平价折算为每人每天2.3美元。同时，现行标准还包括保障义务教育、基本医疗和住房等多维贫困标准，即"两不愁三保障"，稳定实现不愁吃、不愁穿和义务教育、基本医疗、住房安全有保障。

③ 《中国落实2030年可持续发展议程进展报告（2021）》，中国国际发展知识中心，2021年，第1页。

④ 习近平：《在全国脱贫攻坚总结表彰大会上的讲话》，人民出版社，2021年，第1页。

剥削,消除两极分化,最终达到共同富裕。"①习近平总书记指出:"反贫困是古今中外治国理政的一件大事。消除贫困、改善民生,逐步实现共同富裕,是社会主义的本质要求,是我们党的重要使命。"②精准扶贫、精准脱贫既是实践创新又是理论创新,既是对中国的贡献也是对世界的贡献。精准扶贫、精准脱贫从提出到落实再到形成系统的思想,不仅为我国脱贫攻坚事业取得成功提供了指导思想和方向性指引,而且为世界减贫事业提供了中国经验和中国模式,更是以人民为中心的减贫思想的生动实践。

图 22 脱贫攻坚战以来中国农村贫困人口变化情况

资料来源:数据整理自中国国家统计局。

---

① 《邓小平文选》(第三卷),人民出版社,1993年,第373页。
② 中共中央文献研究室:《习近平关于全面建成小康社会论述摘编》,中央文献出版社,2016年,第155页。

而同时期的西方国家却大量出现经济层面的结构失衡与贫富鸿沟扩大的现象。在新自由主义主导的全球化进程中,西方国家出现了经济金融化、产业空心化等弊病,导致其经济的结构性失衡日趋严重。在资本走向世界的同时,利润虽然流向了西方,但获利者主要限于少数国家的少数群体。托马斯·皮凯蒂在《21世纪资本论》中指出,贫富悬殊、两极分化严重始终贯穿近代资本主义国家发展进程[①]。他充分地论证了共同富裕注定是资本主义不可能实现的。这种不平等扩大既是西方国家"资本逻辑"和"市场逻辑"扩张的结果,也是让全球资本变得更加强势和难以控制、造成西方国家一系列困境的重要根源。

资本主义的生产组织和社会运转围绕资本展开,资本主导、"以资为本"的逻辑渗透在西方社会各个领域和环节。这决定了西方国家治理就其根本而言,也是为资本增殖服务、受资本逻辑支配的。市场在经济运行中的自我调节功能并非总是有效的;而当"市场原则"超越经济领域,成为社会运行的主导规则时,则可能严重侵害公平正义,导致社会达尔文主义盛行、不平等加剧等一系列社会弊病。资本主义社会追求资本增殖、实现资本利润率最大化的本质,决定了其不仅要在经济领域贯彻市场原则,还具有将该逻辑拓展到国家和社会生活一

[①] [法]托马斯·皮凯蒂:《21世纪资本论》,巴曙松等译,中信出版集团,2014年,第24~28页。

切领域的倾向。为此,习近平总书记明确指出:"我国的实践向世界说明了一个道理:治理一个国家,推动一个国家实现现代化,并不只有西方制度模式这一条道,各国完全可以走出自己的道路来。"①

从中国特色反贫困理论与西方贫困治理理论对比视角来看。以发达国家为经验对象发展起来的福利国家理论认为,福利国家的兴起与政治民主化以及公民权利的法治化密切相关,民主制度下的多党竞争有利于实现公民的福利权利,社会权利的法治化则为公民普遍的福利权利提供了法律保障。向公民提供基本的福利权利,诸如贫困救济、养老保险、失业保险、住房补助等,已成为现代国家的一项基本职能。那么这些国家所提供的福利措施真的是作用在底层贫困人民身上的吗?人们习惯于认为,发达国家的公民普遍享有社会权利,因此误认为其社会福利的分配具有普遍性和平等性。

然而正如考斯塔·艾斯平在《福利资本主义的三个世界》中指出,政府常常利用福利政策迎合那些能够为选举作出更大贡献的中产阶级,而不是那些缺少资源的底层人口②。事实上,福

---

① 中共中央文献研究室:《习近平关于社会主义政治建设论述摘编》,中央文献出版社,2017年,第7页。
② [丹麦]考斯塔·艾斯平-安德森:《福利资本主义的三个世界》,郑秉文译,法律出版社,2003年,第28页。

利分配能够帮助政治精英稳定和扩大选民基础。民主政治下的政党竞争诱使执政党通过增加公共福利开支,以赢得选举。那些教育水平较高、相对富有、职业更加重要的城市人口,如工人、知识分子、基层官僚等,才是社会福利优先覆盖的对象[①]。

2019年度诺贝尔经济学奖获得者班纳吉和迪弗洛在其著作《贫穷的本质:我们为什么摆脱不了贫穷》中认为,穷人之所以穷是有三方面的原因:第一,避险手段太落后;第二,他们只顾眼前,不做任何长远规划;第三,认知水平的局限性导致他们对不懂的东西有太多偏见。穷人往往缺乏必要的信息,难以作出正确的决策,穷人也经常因为生存而背负了太多的责任,导致无法作出最优的决策[②]。

也正是因为这些原因,解决穷人的问题,更好发挥政府作用才显得格外重要。党的十八大以来,以习近平同志为核心的党中央团结和带领全国人民立足我国实际,将脱贫攻坚置于治国理政的突出位置,"走出了一条中国特色减贫道路,形成了中国特色反贫困理论"[③]。中国创造性提出精准扶贫、精准脱贫基

[①] 谢岳:《中国贫困治理的政治逻辑——兼论对西方福利国家理论的超越》,《中国社会科学》,2020年第10期。

[②] [印度]阿比吉特·班纳吉、[法]埃斯特·迪弗洛:《贫穷的本质:我们为什么摆脱不了贫穷》,景芳译,中信出版集团,2018年,第221页。

[③] 习近平:《在全国脱贫攻坚总结表彰大会上的讲话》,人民出版社,2021年,第12页。

本方略,坚持"六个精准"①,实施"五个一批"②与"十大扶贫工程"③,建立防止返贫监测和帮扶机制等措施,解决"扶持谁、谁来扶、怎么扶"等一系列问题。

实践证明,减贫必须遵循基本规律,坚持走符合自身国情的反贫困道路,因时因地、因人因国,精准施策,靶向治疗。新时代反贫困实践证明,没有党的领导,就没有脱贫攻坚战的全面胜利。"越是进行脱贫攻坚,越是要加强和改善党的领导"。习近平总书记强调,党对脱贫攻坚的领导,必须贯穿于脱贫攻坚决策、实施、考核的全过程。而人民民主专政的社会主义国家本质,又决定了党和国家机关所秉持的"为人民执政"的理念。

中国贫困治理的经验有力挑战了西方的福利国家政策,发展出一种迥异于资本主义福利国家的中国模式。习近平总书记反复强调:"全面建成小康社会,一个也不能少;共同富裕路上,一个也不能掉队。"④贫困治理的中国模式遵循社会主义制度的政治逻辑,充分发挥制度的政治优势,改革与完善贫困

---

① 即扶持对象精准、项目安排精准、资金使用精准、措施到户精准、因村派人精准、脱贫成效精准。

② 即发展生产脱贫一批、易地搬迁脱贫一批、生态补偿脱贫一批、发展教育脱贫一批、社会保障兜底一批。

③ 即干部驻村帮扶、职业教育培训、扶贫小额信贷、易地扶贫搬迁、电商扶贫、旅游扶贫、光伏扶贫、构树扶贫、致富带头人创业培训、龙头企业带动。

④ 中共中央党史和文献研究院:《习近平关于"不忘初心、牢记使命"论述摘编》,中央文献出版社,2019年,第237页。

治理的关键机制,将执政党的政治领导转换为一种实实在在的治理能力。中国在贫困治理方面取得的巨大成就与形成的治理模式,是国家治理现代化的一个生动体现。

国家治理属于政治领域的活动,但政治不是孤立的东西,政治产生和发展的根源是文化传统。从中国文化与西方文化内核对比视角来看,西方文化秉持并继承了近代以来启蒙运动所主张的自由与理性精神。自由代表了西方的普遍价值追求,它是西方道路的深层意识,深刻影响并指引着人们的行为。然而随着国际交往的发展,越来越多的国家与民族逐渐认识到西方民主与价值的内在局限性。西方民主的外衣掩盖不了内在的事实,逐渐显露出其真实的面目,进而导致了西方道路的文化形象危机现象。

以美国为例,棱镜门、民主党邮件门、校园枪击案等事件均显示了美国民主内在的弊端与局限。西方所宣扬的人人平等只限于法律面前人人平等,仅仅是一句政治口号、政治宣言,掩盖不了现实中的不平等,没有任何实质意义。西方社会内部民族矛盾、种族矛盾、宗教矛盾等不断激化,阶级斗争、女权主义斗争、后殖民主义斗争、种族斗争等也不断挑战着西方道路的文化形象。

西方所推崇的个人主义、自由主义具有深刻的内在局限性。没有边界约束的、极端的个人主义、自由主义导致西方社会呈现出多元化、分裂化、矛盾化的发展趋向,削弱了西方主流价值观的影响力和凝聚力。其中,美国通过全球驻军,打击暴力恐怖分子、极端势力与"人道主义干涉"等行动,塑造自身全球警察、全球安全卫士的形象,并按照西方的文化与价值标准来定义民主国家与邪恶国家。文化与宗教是西方道路文化形象的直接塑造,以西方民主制度为榜样与标准,用西方的文化来塑造并影响其他国家,推行历史虚无主义,消解其他国家意识形态的影响力,极力唱衰其他国家。

3.中国传统文化是国家治理的重要支撑

中国特色社会主义文化,源自中华民族5000多年文明历史所孕育的中华优秀传统文化,熔铸于党领导人民在革命、建设、改革中创造的革命文化和社会主义先进文化,根植于中国特色社会主义伟大实践①。无论是孔子的"仁政"、孟子的"民贵君轻",还是荀子"君为舟民为水",都与"以人民为中心"的中国特色国家建构理论一脉相承。

习近平总书记指出:"文化自信,是更基础、更广泛、更深厚的自信。"②"治理"和"全球治理"这两个学界热词,就其最本源

---

① 习近平:《决胜全面建成小康社会 夺取新时代中国特色社会主义伟大胜利——在中国共产党第十九次全国代表大会上的报告》,人民出版社,2017年,第41页。

② 中共中央宣传部:《习近平新时代中国特色社会主义思想学习问答》,学习出版社、人民出版社,2021年,第289页。

的意涵而言,仍然不过是中国儒家传统中所强调的"治国"和"平天下"[①]。在鸦片战争之前,中国取得了辉煌的文明成就,数千年走在世界前列,相继出现了西汉文景之治、隋朝开皇之治、唐朝贞观之治、北宋仁宗盛世等历史上鲜有的政治、经济、文化繁荣的时期。中华大地、中共智慧与中国实践正是习近平新时代国家治理观的独特生成来源。

理论指导实践,实践检验理论。从中国特色社会主义治理理论与西方治理理论对比视角来看,西方治理理论的最鲜明的特点之一是对政府或国家中心论的批判,表现出"去国家化"或"国家回退"的倾向。甚至有些论者明确表现出限制甚至排斥政府的态度,主张"没有政府的治理",摒弃以国家为中心形成的对抗式的、狭隘的统治或管理模式。为有效应对所谓"国家失效"的局面,美国里根政府、英国撒切尔政府上台以来奉行"自由市场"和"私有化"政策,"收缩"国家成为当时的主流思潮。

冷战结束后的第三波全球化浪潮中,西方国家挟多方位优势向发展中国家积极推行类似主张。前苏东地区、拉美等地的国家按照新自由主义开出的方案进行社会转型和制度改革后,并没有像有些人期许的那样走向西方发达国家式的繁荣安定,反而陷入经济与政治上的混乱。而对于西方发达国家本

---

① 卜永光:《中西方国家治理逻辑的分析与比较——兼论西方国家治理困境的成因与镜鉴》,《国外社会科学》,2022年第1期。

身,在信息产业红利带来一段繁荣后也再次陷入经济增长乏力的状态,并在21世纪初发生了波及全球的金融危机,经济问题与社会问题的叠加进一步导致政治上的割裂状态。

与此相比,中国以自己文化上的成熟和政治上的智慧,提出"构建人类命运共同体",呼吁"让多边主义的火炬照亮人类前行之路"[1],以"中国之治"的经验开出了解决"世界之乱"的药方。中国共产党基于社会主义的价值追求,积极推动中国传统国家治理体系的整体现代转型,以有效的国家制度建设,打破"历史周期率",为中国经济社会的现代化构建适宜的政治秩序,为民族复兴奠定坚实的现代政治制度基础。

六、小结

制度优势是一个国家的最大优势,制度竞争是国家间最根本的竞争。自2020年全球新型冠状病毒肺炎疫情暴发以来,由于国家建构的显著差距,西方国家无力兼顾经济发展与疫情防控。全球经济持续下行,国际政治环境云谲波诡,民粹主义泛滥,社会运动逐渐走向低龄化和暴力化,西方治理模式既无法妥善处理好国内矛盾,也无助于世界的和平和发展,造

---

[1] 习近平:《让多边主义的火炬照亮人类前行之路——在世界经济论坛"达沃斯议程"对话会上的特别致辞》,人民出版社,2021年,第12页。

成国内积怨爆发,国际秩序混乱。

在西方国家治理陷入系统性困境的时代背景下,中国的国家治理并未陷入"政府失败"论的困境,没有遵循新公共管理学派提出的"市场式政府""参与式国家"等改革药方,而是通过中国共产党紧紧依靠中国人民发扬自力更生精神,独立自主地探索符合本国国情的国家治理和建设道路,建立了独立完整的国民经济体系,有效地支撑了政治独立、维护了主权安全,从而确保了国家治理不受外来势力影响和干涉。

中国特色社会主义制度和国家治理体系与"雅尔塔体系""华盛顿共识"的历史劣迹,以及现如今美国等西方国家单边主义的恶劣行径及对国际体系造成的巨大裂痕形成了鲜明的对比。中国共产党在现代国家建构上是以马克思主义为指导、植根中国大地、具有深厚中华文化底蕴、深得人民拥护的制度和治理体系,是具有强大生命力和巨大优越性的制度和治理体系,是能够持续推动拥有14亿人口的大国进步和发展、确保拥有5000多年文明史的中华民族实现"两个一百年"奋斗目标,进而实现中华民族伟大复兴的制度和治理体系。

第五章 经济全球化治理与产业政策重塑

早在 15 世纪，地理大发现揭开了全球化的序幕：1492 年哥伦布发现美洲新大陆，1498 年达·伽马绕过非洲好望角到达印度，随之而来的贸易活动促使世界开始紧密地联系起来。18 世纪 60 年代工业革命带来的生产力大爆炸和交通运输方式革新更加深刻地改变了全球交往方式。20 世纪下半叶，随着科学技术日益突破信息传播的地理界限，以跨国公司为标志的新一轮全球化再次掀起高潮。

一、市场经济的偷猎者：西方无序自由贸易

西方发达国家通过世界市场迅速奠定了资本主义市场经济发展的基础。大工业巨大的扩张力促使市场必须不断扩大，但是"市场的联系和调节这种联系的条件，越来越采取一种不以生产者为转移的自然规律的形式，越来越无法控制"①。资本主义生产方式完全依靠价值规律调节，虽然推动了国际经济交往的发展，形成了资产阶级主导的全球国际分工，但同时也产生了巨大的副作用，导致"盲目地"生产。由资本逻辑统治的经济全球化就是为了寻求剩余价值的一种"畸形"的经济秩序，

---

① 《马克思恩格斯选集》（第二卷），人民出版社，2012 年，第 461 页。

所以资本主义经济全球化本身具有无序性和盲目性[①]。

西方发达国家希望最大限度地使资本无规则的流通,不受任何约束和制约,资本主义本身就隐含资本霸权的内涵逻辑。资本主义生产方式以自由竞争作为社会经济发展的原则。自由竞争的资本主义生产方式呈现出生产要素的全球无序流动状态。在资本主义生产中,社会分工"使独立的商品生产者互相对立,他们不承认任何别的权威,只承认竞争的权威"[②]。对于资本主义生产方式而言,任何对生产要素自由流动有限制的社会关系都应该被排斥,这种完全无视社会调节和社会监督的生产方式,其结果一定是生产要素完全听从于"竞争权威"。加之价值规律调节的滞后性,资本主义自由竞争的市场经济将会导致国家之间的恶性竞争。世界货币危机和生产危机开始频繁呈现。

资本主义正是凭借着商业、货币消灭了与之不符的一切,其结果也就导致了人与人之间的世界性联系就是"金钱的关系"。人们对货币和价值的盲目追求促使了大范围投机现象的出现。被货币奴役的"资本主义共同体",直接导致了货币拜物教,全球范围的投机活动开始兴起,加快了资本主义的瓦解速度。如

[①] 胡键:《资本的全球治理:马克思恩格斯国际政治经济学思想研究》,上海人民出版社,2016年,第39页。

[②] 付文军:《面向〈资本论〉:马克思政治经济学批判的逻辑线索释义》,人民出版社,2018年,第29页。

果不对资本的全球流动加以管理,那么就会造成更严重的经济危机。

贸易是承载资本流动的物质条件,传统的国际贸易理论同样服从于资本积累的客观规律,为强化资产阶级的工业化力量并不断为开辟世界市场提供便利条件。比较优势可谓是国际贸易理论的基石之一,从大卫·李嘉图到伊·菲·赫克歇尔和贝蒂·俄林,比较优势理论及其变体一直在国际贸易理论中处于核心地位。待到新兴贸易理论出现以后,比较优势理论仍然是基准的贸易理论模型。

正是因为比较优势有利于先发国家的资本积累,故而一直被用来描述与指导生产的国际分工与构建世界经济格局。发达国家对发展中国家的示例作用导致发达国家对工业化道路的"强制最终解释权",加上新自由主义经济学与比较优势理论共同构造的后发优势与经济趋同的"幻觉",使得广大后发国家纷纷基于比较优势开展国际贸易并融入世界经济,与先发国家的需求一拍即合。然而这种最初从几百年商业殖民主义实践基础上发展出来的贸易理论是一个循环往复的"贫穷的理论",后发国家一旦服从安排就只能专注于生产力增长缓慢的行业,从而被锁定在幼稚状态,专业化于贫困[①]。

[①] [美]迈克尔·赫德森:《国际贸易与金融经济学:国际经济中有关分化与趋同问题的理论史》,丁为民等译,中央编译出版社,2014年,第117页。

(一)新自由主义经济学已成祸乱之源

新自由主义经济学基于比较优势理论,提倡贸易自由化。然而贸易是自由的,资本却是有国界的。双方能在自由贸易中同时受益的前提是市场主体地位的对等,但西方国家的公司早已发展成为大型垄断资本主义公司。在不对等的自由贸易中,发达国家的垄断资本主义战胜了发展中国家的自由资本主义,即发展中国家的民族产业被发达国家挤垮,发展中国家最后只能沦为附庸,比较优势所节约的成本也大部分被发达国家掠夺。毕竟,在殖民时代,宗主国永远不会比殖民地发展得更为缓慢。现实也是如此,过去几十年来参与经济全球化的穷国不仅未能通过比较优势实现与富国的趋同,反而落入了各式各样的"发展陷阱",在国际经济格局上形成"中心–外围"结构,使后发国家不得不依附于先发国家从而丧失赶超的机会。

从现实来看,仅有的几个后发国家实现经济赶超的案例都是未严格遵守比较优势理论参与国际分工与贸易的经济体。行至今日,当发达国家即使保持着不对称国际贸易格局中的优势地位,却仍面临经济发展减速下行的困境,更遑论继续引领世界生产力的发展。与此同时,广大发展中国家仍然被比较优势理论所构筑的国际分工与经济格局所束缚,落入"比较优势陷阱"而不能自拔,无力从根本上突破发展瓶颈。原始市场经济也造成了当今全球经济治理的难题,世界市场呈现出严重的无政府状态,引发了全球经济秩序混乱,"贸易战""关税战"等恶性竞争现象频发。在此背景下,传统国际贸易理论的局限性已越来越凸显,其不但在合理性与正义性方面受到挑战,并且在实践上影响和制约了经济全球化的健康发展[1]。

(二)全球价值链的碎片化和断裂

资本的集中推动了社会化大生产的发展,经济全球化程度日益加深。伴随社会生产力水平提高,工业化程度加深,生产资料日益节省,"各国人民日益被卷入世界市场网"[2]。机器大工业和经济全球化始终如影随形。在工业发展到一定阶段的时候,就会出现商业资本向国外输出,进而将其他国家的土地资产转变为工业资本。通过这种垄断或者是资本输出的经济交往方式推动工业不发达国家开启工业化进程。资本主义经济全球化将不发达国家不断卷入世界市场中,使不发达国家逐渐地完成向资本主义生产方式的变革。资本主义让"一切社会关系的接连不断地震荡"。资本主义的文明创造出巨大的生产力,改进了生产工具、交通工具,"于是就把一切民族甚至最野

---

[1] 周文、冯文韬:《经济全球化新趋势与传统国际贸易理论的局限性——基于比较优势到竞争优势的政治经济学分析》,《经济学动态》,2021年第4期。

[2] 马克思:《资本论》(第一卷),人民出版社,2004年,第874页。

蛮的都卷入文明的漩涡里了"。资本主义经济全球化就是剥削的全球化,不发达国家进入资本主义世界体系之后就是被剥削的开始。

自20世纪90年代以来,伴随着生产技术的快速迭代,尤其是信息通信技术的日新月异,企业得以将生产流程延伸到国境之外,以跨国公司为主体的全球价值链国际生产分工形式不断成熟。在此背景下,国际分工格局也逐渐由产品间分工模式拓展至产品内分工模式,全球价值链分工体系逐渐形成。国际分工格局的重大转型已经出现,全球价值链分工模式已经成为经济全球化与国际分工的新常态。从全球价值链分工的视角来看,全球价值链主要由跨国公司主导,在低技术制造业(纺织服装等)和高技术的汽车、电子等行业中全球价值链渗透率更高[1]。在全球价值链中,国际分工形态发生了深刻变化,分工的边界从传统的"最终产品"收缩至"产品生产环节和阶段",国际生产日趋碎片化。通过中间产品贸易,各国之间基于上下游投入产出关联形成相互依赖的分工合作格局。

资本主义国家对外政策的根本目的是维护和拓展资产阶级的整体利益。发达资本主义国家(如美国、日本)的企业总是看准和占据附加值高的活动环节,确保产品的大部分价值归他

---

[1] Aguiar De Medeiros, C. and N. Trebat, "Inequality and Income Distribution in Global Value Chains", *Journal of Economic Issues*, 51(2), 2017.

们所有，然后只将低附加值活动环节外包出去，以产品的少量价值吸引具有一定比较优势的发展中国家嵌入。在全球价值链里，围绕与创新、融资以及市场营销相关的监管、控制知识产权的竞争中，发达国家一直占据主导地位。与发展中国家相比，由于开放的缘故，发达国家从全球价值链中获利更大。也就是说，发达国家占据着全球价值链的中高端环节，而发展中国家则处于价值链环节的中低端位置。

但是自2008年金融危机以来，全球价值链出现了扩张停滞，甚至是萎缩的趋势，同时贸易增速进入低迷阶段。贸易增长放缓具有两方面因素：一方面是周期性因素，金融危机引起的投资和需求疲软导致贸易增长减速，尤其是占世界贸易体量1/3的欧元区受金融危机的冲击，进口需求下降显著；另一方面是结构性因素，贸易增速低于经济增速这一"反常"现象说明贸易对经济增长不再敏感，这主要源于中间品贸易放缓和全球价值链的萎缩。与之对比，全球价值链高速增长的政治、经济、技术因素正逐渐消失，新型冠状病毒肺炎疫情暴发对供应链的冲击使得全球化生产雪上加霜。

应该清醒地知道，全球价值链体系绝不是平等互利基础上的国际分工。在该体系下，各国逐渐分化为"三个世界"：第一世界（美国）掌握着规则设计、标准制定和国际货币发行等环节，凭借强大的科技、金融和军事等优势获取最多的价值增值，处于全球价值链的最高端;第二世界(其他发达国家)占据研发设计、品牌营销和高端设备制造等环节,也能取得大量的价值增值,处于全球价值链的中上端;而第三世界(广大发展中国家)由于缺少工业设计、工业生产和产品销售的技术和知识,只能负责原料开采、低端制造和加工组装等环节,其获得的价值增值最小,处于全球价值链的最低端。且这一利益的获得背后所付出的是本国巨大的资源、环境成本和廉价劳动力。在这个体系下,"一切发展生产的手段都转变为统治和剥削生产者的手段"[①]。

(三)西方掠夺性贸易阻隔了文明进步的通道

从生产力发展的角度来看,资本主义为经济全球化的形成与发展创造了物质基础。正如马克思描述的那样,资产阶级一方面为人类的普遍交往发明了工具,另一方面发展了生产力,为人类社会创造了物质基础。在马克思关于经济全球化思想的论证中,表面上看经济全球化的形成与发展是以世界交往为条件,以世界市场为载体,各国在经济上呈现出相互依赖的状态。但是从本质上来看,资本主义在逐利的推动下开创了大工业时代,开启了经济全球化的历史进程,推动了世界各国生产力的

[①] 马克思:《资本论》(第一卷),人民出版社,2004年,第743页。

飞跃式发展,然而经济全球化进程的开启也为资本主义走向全球,在全球范围内的掠夺、扩张奠定了基础,这种暴力式发展其实是建立在不发达民族与国家的"痛苦"之上。也就是资本主义在推动经济全球化发展的同时,也为世界带来了灾难和发展困境,这是一个"双刃剑"式的进程。

资本主义内在矛盾是生产社会化与生产资料私有在资源配置效率上的不协调,是市场经济的局限性所在。其具体表现是:在消费上是产能过剩,有效需求不足;在生产上是个别企业中生产的有组织性与市场的无序竞争;在阶级关系上是雇佣者与被雇佣者之间的内在矛盾。冷战格局解体之后,美国凭借超级大国的强大实力成为国际政治经济秩序与全球治理结构的主导力量,加之发达资本主义国家联盟维护国际政治领域的霸权主义与强权政治,奉行世界经济领域的弱肉强食、赢者通吃的不公平逻辑,以力量大小、实力强弱取代正义与公平,固守你输我赢、以邻为壑的传统零和博弈思维与做法[①]。西方国家习惯了长期优越的国际地位和国际姿态,担忧新兴国家的崛起会以其在国际秩序和国家话语中曾经对待其他国家的方式来对待他们,于是竭尽所能地维护现有体系,倾其所有地干扰和阻止新兴国家的发展崛起和谋求话语的计划。

---

① 周文:《人类命运共同体的政治经济学意蕴》,《马克思主义研究》,2021年第4期。

事实上，殖民掠夺才是资本主义经济全球化的早期表现，更是资本主义粉饰太平的本质体现，是血腥的原始资本积累。"资本来到世间，从头到脚，每个毛孔都滴着血和肮脏的东西。"[1]资本的原始积累有两种形式，资产阶级在国内利用多种手段使生产者和生产资料分离，如圈地运动等；在国外使用暴力，获取金银、廉价劳动力，开辟原料产地、产品市场，残暴生硬地对不发达国家进行殖民侵略，建立海外"奴隶贸易"。奴隶贸易使"商业冒险精神达到了狂热"，为资本主义发展带来了巨额的金钱[2]。

经济全球化传播了资本主义的精神、文化，影响了人们的思想和生活。受资本主义的文化影响，"赚钱"成为人类"唯一目的"。人和人之间除了赤裸的利害关系就只剩下了"冷酷无情"的金钱交易[3]。经济全球化过程中"半野蛮人维护道德原则，而文明人却以发财的原则来对抗"，出现了文明向野蛮人类道德的退化。资本主义在推动经济全球化的过程中对落后国家的经济进行剥削，同时也对人民生活进行了全方位的残害。

此外，经济全球化使资本主义的基本矛盾扩展到全球，并推向更高的阶段，经济全球化越发展，资本主义的周期性经济

---

[1]《马克思恩格斯文集》(第五卷)，人民出版社，2009年，第871页。
[2]《马克思恩格斯文集》(第五卷)，人民出版社，2009年，第870页。
[3]《马克思恩格斯文集》(第二卷)，人民出版社，2009年，第33页。

危机就越会一次比一次加深。资本主义生产盲目追求产品的交换价值,致使社会陷入混乱,由于殖民地国家成为资产阶级宗主国的附属,一国的危机会迅速地波及其他国家。如19世纪中叶英国经济危机迅速波及法国、美国和其他国家,危机表现为经常性地停滞。恩格斯对19世纪的经济史有过深刻的认识,经济危机每"十年一次"[1]。

当西方建构起以维护其霸权利益为主旨的世界政治经济体系,将全球各个角落都卷入其主导的全球化进程,并借助其建构的西方中心主义的话语体系和高水准的物质生活的示范效应,极力向全世界推销其制度模式和价值观念时,使西方建构的霸权秩序逐步内化为一种心理秩序,导致非西方社会往往既无法挑战西方建构的霸权体系,更无力质疑和抗拒西方文化中心主义的话语体系,从而使"普世价值"神话的制造和传播成为可能。

"普世价值"是一种将西方文化中心主义和西方文明优越论合理化、绝对化的话语建构。延伸到政治领域,西方的政治体系就成为实现、维护体现人类尊严的所谓"普世价值"的正当制度安排,只要没有采纳西方自由民主体制的国家就会被简单地贬斥为专制体制。第二次世界大战以来,随着一大批殖民地

---

[1] 《马克思恩格斯全集》(第25卷),人民出版社,2009年,第404页。

半殖民地获得独立,并致力于现代国家的建构。简而言之,在西方的一元价值体系下,非西方社会与西方社会的政治体制差别,就是传统与现代、落后与进步的区别。

二、经济全球治理的现实困境

在发展到垄断阶段的当代西方,作为经济活动主体的是少数规模巨大、组织结构复杂的资本。在此基础上形成的少数寡头按照自身要求塑造社会面貌,主宰市场与社会。西方寡头不遗余力地通过高校、基金会、媒体、智库、政策研讨团体等塑造民意,影响政府决策,使新自由主义主张的小政府、大社会、放松管制等理念深入人心。在西方国家,金钱向来是政治的润滑剂,资本与权力的勾连早已不是什么秘密。寡头们经常使用巨额资金通过聘请政府官员、捐款、游说等途径影响政府决策。

(一)资本霸权肆虐

20世纪90年代,伴随着苏联解体后在该地区出现的各主权国家转轨,财富开始加速向私人手中集中。在乌克兰,私有化加快了财富的重新分配,为保障已有财产的合法性和不断扩张,财富很快与权力结合,形成寡头政治。就乌克兰的政治现实而言,寡头不仅掌握了国家经济资源,还组建了政党,通过亲自担任或"俘获"政府官员及最高拉达议员等方式,来保护和扩大自己的利益,从而使乌克兰政治体系更趋向寡头化。

寡头圈子往往可以决定国家利益,权力寻租被视为寡头集团与当权者之间"普遍而正常"的交易,腐败问题自然随之出现[1]。再以美国为例,选举和游说两大领域是金钱泛滥的主战场。美国每次选举中全部候选人、无党派政治组织的全部活动花费高达30亿美元![2]

政党是现代政治中最重要的主体,世界上绝大多数国家均由政党主导进行国家治理[3]。在西方政治学理论中,衡量一国政治实现现代化的重要标准是该国实行竞争性的多党制。在这种模式下,不同政党通过周期性的选举获得行政和立法机构的席位与政权,进而推行相关政策。但从西方的实践来看,竞争性多党制的弊端十分突出。首先,新的政党上台后往往很快推翻之前政党推行的内外政策,提高了国家治理的成本。雅各布·哈克等指出:"当今美国经济和政治领域实行的是赢者通吃规则。"[4]政党之间缺乏协商,长久竞争容易造成政策难以推行,

---

[1] [美]戴维·霍夫曼:《寡头:新俄罗斯的财富与权力》,冯乃祥等译,上海译文出版社,2018年,第287页。

[2] [美]托马斯·戴伊等:《民主的反讽》,林朝辉译,新华出版社,2016年,第193页。

[3] 王长江:《政党论》,人民出版社,2009年,第15页。

[4] [美]雅各布·S.哈克、保罗·皮尔森:《赢者通吃的政治》,陈方仁译,格致出版社,2015年,第231页。

使国家治理危机陷入无解状态,极大地内耗了国家的人力、物力与财力。其次,多个政党存在和竞争的目的似乎就是为了赢得选举,完全忽视了推进国家治理现代化、改善民生等更为重要的目标。处理政治问题的强烈倾向更多是影响国内权力平衡,而不是促进国家利益。

在政党竞争需要巨额资金的情况下,西方绝大多数政党已经沦为寡头的代言人,代表普通民众利益的政党寥寥无几。此外,西方政党中少数寡头拥有过大影响力,多数群体利益受损,加上全球化下大量发展中国家的强有力竞争和多元文化冲击,西方出现了严重的经济不平等、阶级对立、种族冲突、国家认同危机等问题。面对内忧外患,多数政党束手无策,只能相互攻击、推卸责任、转移矛盾。近些年,美国共和与民主两党政治对峙越来越激烈,而欧洲大量激进政党登上政治舞台,持温和路线的中间政党则遭到冷遇。结果是,国家错失了发展机遇,使广大民众长期处于贫困之中,寡头依然沉迷于财富和权力的博弈。

(二)大国对抗博弈加剧且信任缺失

在全球价值链分工阶段,分层式生产和任务贸易使国际生产关系的联系变得更为紧密。由于全球经济治理是在"世界政府"缺失的情况下,各国政府、国际机构/组织等主体对世界经济相关事务的协调与管理,其本质是在世界经济基础之上形成法律和政治的上层建筑的过程。第二次世界大战后经济全球化的深入和全球经济治理的发展,所形成的以贸易协定为载体的国际经贸规则体系,构成了当前世界经济基础的上层建筑,其核心正是 WTO 多边贸易规则体系。2008 年金融危机的爆发,世界范围内贸易保护主义抬头,引发了各方政策的对立。世界经济复苏的压力,加上 WTO 多边回合的停滞,各经济体开始从 WTO 转向区域和双边优惠贸易协定。在多边谈判无望的情况下,美国率先启动了区域贸易协定谈判,期望获取区域层面的货物和服务市场开放。

区域贸易自由化给域内成员带来贸易增长,巨大的贸易转移效应会使域外经济体丧失原本的市场份额,并减少其在全球价值链分工中的参与度。基于这一担忧,越来越多的、原本坚持多边立场的发达经济体(如欧盟和日本)和发展中经济体,也开始转向区域/双边贸易协定谈判,这反过来又导致全球经济治理下上层建筑构建的停滞。同时,分散型的区域/双边规则严重缺乏统一适用性,众多规则之间时有混乱交错。2008 年起,经济全球化结束了第二次世界大战以来的增长势头,2017 年全球贸易占世界 GDP 的比重,从 2008 年的峰值下滑到 2000 年左右的水平。

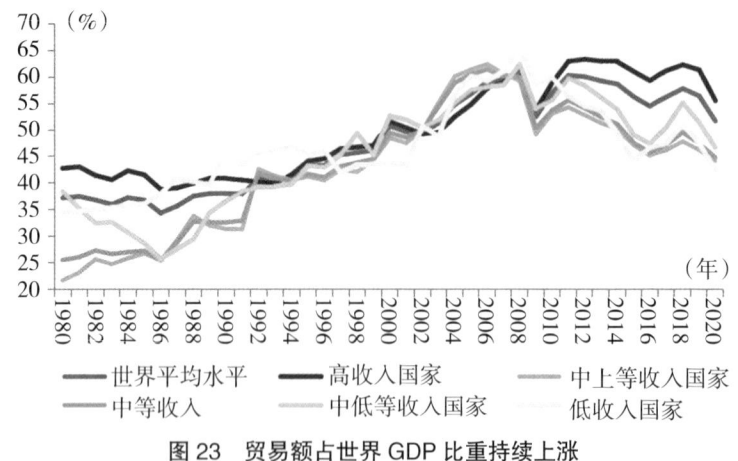

图 23 贸易额占世界 GDP 比重持续上涨

资料来源：数据整理自世界银行数据库。

对全球价值链扩展带来的"就业"和"利益分配失衡"等问题，奥巴马政府采取的是修补方式，但没有完全放弃多边体系。而特朗普政府则完全抛弃全球经济治理，采取了单方面措施。他认为全球化摧毁了美国的中产阶级，导致工厂倒闭、工人失业，就业向海外劳动力更廉价的国家和地区转移。自 2017 年 1 月特朗普上任以来，在"美国优先"的策略主导下，美国在经济上采取贸易保护主义，在政治上奉行孤立主义政策，先后退出了跨太平洋伙伴关系协定、巴黎气候协定、联合国教科文组织、伊核协议和联合国人权理事会，与包括中国、欧盟在内的世界各国陷入贸易摩擦和冲突，掀起了声势浩大的"逆全球化"浪潮[①]。

2017年底发布《国家安全战略》，2018年美国发起的涉及巨大贸易规模的301调查、232调查等措施，标志着美国率先启动了对世界经济所谓的"再平衡"，战略目标是"基于本国利益来调整甚至是重塑全球价值链的格局，重振美国经济并增强其在全球价值链分工中的地位"，实现路径是"基于美国优先采取单边行为的同时，通过协调欧盟、英国、日本等主要发达经济体，展开对国际经贸规则的重构"，这进一步加剧了全球经济治理的困境。

从美国联合欧盟和日本发布声明、加快与所谓的"志同道合"伙伴的贸易谈判等实际行动来看，美国对国际经贸规则重构已经基本形成了"协调的单边主义"趋势。"协调的单边主义"具有两个明显的特征：

一是，特朗普政府近年来对外贸易谈判的出发点是基于"美国优先"的原则，磋商或谈判的发起基本是美国的单边行为，议题也基本是由美国预先设定，且目标是实现美国利益的最大化。

二是，在单边发起与欧盟、日本等主要经济体的谈判时，美国主要目标是协调欧盟和日本在重大国际经贸规则方面的立

[①] 周文、包炜杰：《经济全球化辨析与中国道路的世界意义》，《复旦学报》（社会科学版），2019年第3期。

场,且往往选择欧盟、日本与美国的利益和政策导向相重叠的部分,作为协调的主要议题,目的是共同针对特定贸易伙伴、特定议题开展国内规则或习惯做法的国际协调。

美国"协调的单边主义"的政治经济学逻辑是,利用WTO多边贸易体系的"滞后性",通过对国际经贸规则的重构来改变上层建筑,以反作用于世界经济基础,试图基于自身国家利益来改变和重塑全球价值链分工格局。其本质是正式将全球经济治理转为美国主导的"排他性"区域化治理,在所谓"志同道合"的贸易伙伴组成的区域内,基于"对等和公平的原则"形成系统的、新的国际经贸规则。对区域外经济体则采取"零和博弈",即违背多边贸易规则义务,单方面地人为提高国外产品的进口壁垒,以贸易为"卡口",扰乱国际贸易和投资格局,实现资本回流和贸易增长,其结果是将全球经济治理拖入"排他性"区域化困境,严重阻碍了WTO多边贸易规则体系的改革进程。

三、人类命运共同体:推进新型经济全球化的中国方案

2013年3月23日,习近平在莫斯科国际关系学院发表题为《顺应时代前进潮流,促进世界和平发展》的演讲时指出:

"这个世界,各国相互联系、相互依存的程度空前加深,人类生活在同一个地球村里,生活在历史和现实交汇的同一个时空里,越来越成为你中有我、我中有你的命运共同体。"[①]当代全球治理体系正处于深刻变革的历史进程之中,人类命运共同体是对当前世界背景下,"人类向何处去"提出的治世之道,是为了实现全球经济、政治、社会、生态等多方面共同发展的中国方案。尤其是2020年初新型冠状病毒肺炎疫情全球性大暴发,全球经济受到冲击,让人们更加认识到人类社会是一个命运共同体。

(一)照亮人类前行之路:锚定经济全球化的正确发展方向

当今世界面临百年未有之大变局与新型冠状病毒肺炎疫情全球大流行交织叠加,世纪疫情加速百年变局演进,经济全球化动力减弱,保护主义、单边主义抬头,全球经济复苏阴霾笼罩,国际格局发生深刻调整,世界加快进入动荡变革期。经济全球化是人类社会不可阻挡的世界历史潮流,然而20世纪80年代以来的西方新自由主义主导的全球化已经给世界经济发展带来诸多问题,传统比较优势理论存在严重缺陷,过度金融

---

① 《习近平谈治国理政》(第一卷),外文出版社,2018年,第272页。

化和去工业化加剧资本主义结构性危机,从而引发世界经济增长乏力、全球发展严重失衡、国际垄断资本剥削加深的恶果①。综观世界各国的治理模式,政党都是治理国家不可缺少的工具。

资本主义社会的政党往往囿于个人利益、集团利益和短期利益,不能站在全体人民的立场,无法着眼于整个国家的长远利益,导致治理低效甚至无效。而中国共产党有机地嵌入国家与社会,将国家与人民有机链接,实现党的领导与国家治理体系有机统一,塑造了强大的治理能力,取得了良好的治理效能。以中国共产党为中心的政党治理模式不仅超越了西方资本中心治理模式,也突破了原有的国家中心治理模式,实现了政党、国家与社会的有机统一,充分激发了不同主体的治理智慧,最终凝聚成强大的治理合力。

虽然当前出现了"逆全球化""去全球化"的现象,但从马克思恩格斯对人类历史发展规律的洞察来看,这只是新自由主义全球化正在缓缓落幕,人类命运共同体正应运而生。所以,经济全球化出现停滞和暂时性倒退,给中国带来的既是机遇又是挑战。中国不仅要完善自身经济建设积极应对,同时也要发挥大国担当,推动全球经济向"新型全球化"发展。而无论是稳

---

① 周文:《中国道路:现代化与世界意义》,浙江大学出版社,2021年,第150页。

定全球价值链体系,还是形成新的贸易组织和贸易关系,都离不开强大的国家治理能力。中国共产党具备世界一流的制度创设与制度创新能力,也具备世界一流的治理体系与治理能力。中国共产党胸怀造福世界的实践使命,顺应世界历史发展潮流与世界人民向往美好生活的价值追求,积极抵抗逆全球化"浊浪",主动承担大国责任担当,积极发挥大国作用,贡献中国力量,"引导好经济全球化走向"[1]。

当前,面对包括国际贸易体系转型和新型冠状病毒肺炎疫情在内的世界百年未有之大变局,我们要如党的十九届四中全会公报所指出的,"必须坚持党政军民学、东西南北中,党是领导一切的,坚决维护党中央权威,健全总揽全局、协调各方的党的领导制度体系,把党的领导落实到国家治理各领域各方面各环节"[2],还要加强党的领导和建设,使得党能够带领全国各族人民勠力同心,在发展自己的基础上,与世界各国人民一道,建设一个共商、共建、共享的全球政治经济新秩序。中国共产党坚持贯彻落实历史唯物主义的方法论,稳步推进全球联系范围的扩大化、经济联系的密切化和世界历史的整体化。中国共产党的领导,不仅是我国党和国家事业不断发展的"定海神

---

[1] 习近平:《共担时代责任 共促全球发展——在世界经济论坛2017年年会开幕式上的主旨演讲》,《人民日报》,2017年1月18日。

[2] 《中共中央关于坚持和完善中国特色社会主义制度 推进国家治理体系和治理能力现代化若干重大问题的决定》,《人民日报》,2019年11月6日。

针",更能成为坚定全球化正确发展方向、担当构筑美好世界重任的"中流砥柱"。

世界多极化同经济全球化的发展是同步的,当前世界不再是过去"一超多强""美苏争霸"的时代,而是要实现各国同舟共济,共同发展。在经济全球化遇到挫折时,加强国际宏观经济政策协调,同各国合作共同防止全球经济衰退。如2020年新型冠状病毒肺炎疫情暴发对全球生产和需求造成全面冲击,中国积极同各国沟通协作,"加大力度向国际市场供应原料药、生活必需品、防疫物资等产品","继续实施积极的财政政策和稳健的货币政策,坚定不移扩大改革开放",为世界经济稳定作出贡献[1]。

为了实现未来真正的、普惠的、全球共同参与的经济全球化,还需要中国处理好同资本主义发达国家之间的关系,不断强化合作,协商共建。以习近平同志为核心的中国共产党人,深刻把握世界市场发展规律,始终站在历史正确的一边,锚定经济全球化的正确发展方向,引领人类进步潮流构筑美好世界,为推进新型全球化和人类文明形态进步贡献中国方案与中国智慧[2]。习近平总书记在中国共产党与世界政党领导人峰

---

[1] 习近平:《携手抗疫 共克时艰——在二十国集团领导人特别峰会上的发言》,人民出版社,2020年,第5页。

[2] 周文、李超:《中国共产党推进新型经济全球化的宏大视野、使命担当和核心理念》,《学术研究》,2022年第2期。

会上,发出了世纪之声:"今天,人类社会再次面临何去何从的历史当口……选择就在我们手中,责任就在我们肩上。"[①]中国共产党坚定顺应世界市场中的经济全球化趋势,同时坚持与各国政党共同努力,正视并处理国际经济秩序当中的包容性不足问题,帮助解决世界市场环境在自由贸易和贸易保护之间无谓摇摆的对外难题。

对此,李克强在第十三届夏季达沃斯论坛开幕式上的致辞中深刻指出,经济全球化作为社会生产力发展的客观要求和科技进步的必然结果,世界各国应当坚持经济全球化大方向,健全权利公平、机会公平、规则公平的制度安排,更好适应和引导经济全球化,实现互利共赢、平衡普惠发展。尽管当前全球化看似面临种种困境,但从更为深层的视角来看,全球价值链与供应链已愈发将各个国家联结成为一个经济统一体。长期来看,经济全球化作为历史大势和时代潮流的经济规律依然闪耀着真理性的光辉。

(二)以高水平对外开放推动世界生产力再上台阶

支撑经济全球化的经济基础在本质上是生产力的发展。在过去的全球化过程中,全球生产力持续增长的动力在很大

---

① 习近平:《加强政党合作 共谋人民幸福——在中国共产党与世界政党领导人峰会上的主旨讲话》,人民出版社,2021年,第3页。

程度上是由外延型扩大再生产所提供的，而世界市场范围的扩大为这种增长方式源源不断地提供着生产要素和产品需求。工业革命以来，在逐利资本的推动下世界市场打破了一个又一个国家或地区间的界限，最终在新自由主义的推动下将边界几乎扩展到地球上人类活动的每一个角落。

然而资本的过度扩张终究给世界发展带来了恶果。

一方面，自由流动的国际金融垄断资本最大限度地攫取世界范围内劳动剩余价值，大大加剧了经济脱实向虚的趋势。结果发达国家内部资本有机构成进一步提高，而劳动工资在收入分配中的占比进一步下降，导致劳动力再生产质量下降，国内劳动力素质上升速度再也无法跟上资本积累的速度，从而形成"工资降低——劳动力素质降低——工资更低"的恶性循环，经济越来越空心化，经济风险和不确定性越来越大。最后造成西方发达资本主义国家分享了经济全球化的主要发展果实，而对应的广大发展中国家成为被剥削的对象。

另一方面，西方发达资本主义国家面对新自由主义全球化所产生的恶果与危机无能为力，故意操纵逆全球化思潮将新自由主义全球化的恶果与代价转移给他国与世界，企图让他国与世界为西方发达资本主义国家的错误与代价再度买单。西方发达资本主义国家甚至还乘机利用逆全球化的混乱局面为掩饰，企图以逆全球化契机排斥广大发展中国家参与的世界多边贸易体系而打造发达国家集团的内部自由贸易联盟,以逆全球化之名重塑新资本主义全球化之实①。

此外,西方发达国家从发展中国家提取经济剩余和吸引优秀的人才流入,从而以更低成本满足经济发展所需的高质量劳动力人口规模②。但是这种做法会导致发达国家内部高质量劳动再生产恶性循环的进一步加剧,同时外围国家人力资本也因此难以完成积累,产业、经济无法向更高水平转型升级。最终将从整体上导致全球价值创造能力下降、生产力水平停滞。

囿于一域的国家建构和政治制度设计并非国家治理全部内容,超越民族、超越国家的"天下为公、四海一家"的人类命运共同体打造亦是其题中之义。人类命运共同体作为中国极力倡导之理念,发轫于中国古代"天下大同"的世界情怀和共治目标;发生于全球非常态化危机处置和科技革命发展问题应对的合作践诺。中国古代先贤已有"达则兼济天下"的共享理念;"先天下之忧而忧,后天下之乐而乐"的济世忧怀意识;"老吾老以及人之老,幼吾幼以及人之幼"的互助情怀;"各美其美,美人之美,美美与共,天下大同"的世界人文关切。正是优秀治理传统的浇铸,命运共同体意识才得以从民族命运共同体、国家命

---

① 周文:《人类命运共同体的政治经济学意蕴》,《马克思主义研究》,2021年第4期。

② 翟东升:《货币、权力与人:全球货币与金融体系的民本主义政治经济学》,中国社会科学出版社,2019年,第219页。

运共同体、区域命运共同体到人类命运共同体的嬗变。

　　文明的发展不仅需要本国历史积淀,还需从别国汲取有益营养;命运共同体作为终极形态,是要达到"你中有我、我中有你、休戚与共、和谐共生"的世界大同局面。人类命运共同体就是要"建设持久和平、普遍安全、共同繁荣、开放包容、清洁美丽的世界"[①]。提高发展质量是未来的经济全球化中世界各国共同努力的方向。从当前世界经济发展的趋势来看,能够有效提高生产效率进而形成内涵型增长的路径主要有两条,即传统工业化发展路径和创新驱动发展路径。前者主要是针对广大的发展中国家,尤其是那些尚停留在前工业时代,经济发展程度较低的边缘国家。这些国家一旦敲开工业化的大门,结构转型毋庸置疑会释放出生产力发展的更大上升空间,带来新一轮的增长。

　　对于已经实现工业化的国家来说,创新是提升技术和生产能力唯一的动力源泉,对于追求工业化转型的后发国家而言,创新是使产品找到国际市场入口、形成竞争能力,以及扭转产业劣势为优势必不可少的手段。从生产力与生产关系的角度来看,创新分为科学技术创新和生产组织形式与制度的创新,后者暗示生产组织形式以及相关制度没有标准答案,只要能

---

① 习近平:《共同构建人类命运共同体》,《人民日报》,2017年1月20日。

够适应生产力变化的国际贸易模式就是最好的国际贸易模式。因此,面对经济全球化新趋势,应当更加包容地看待多元的国际贸易发展模式。中国始终秉承开放包容理念,坚持合作共赢发展,坚定不移地维护多边主义国际秩序,旗帜鲜明地反对单边主义、保护主义,以更大力度扩大开放的姿态推动构建国内国际双循环相互促进的新发展格局。

(三)让经济全球化的红利为世界人民共享

全球治理体系的变革和更加公正合理的国际政治经济秩序的建立是由全球人民共同参与、共同建设与共同分享的基础上。"什么样的国际秩序和全球治理体系对世界好、对世界各国人民好,要由各国人民商量,不能由一家说了算,不能由少数人说了算。"[①]面对全球治理,中国作为世界上最大的发展中国家,是全球经济动力源泉之一,一定要发挥大国作用,积极参与全球治理,推动国际秩序朝着更加公正合理的方向发展。全球治理体系的变革将经济全球化发展推向一个新阶段,更好地回答了"世界怎么了"和"我们怎么办"的时代拷问。全球治理回答了经济全球化如何发展的问题。

加强各国合作,积极推动全球治理体系变革。全球经济治

---

① 习近平:《在庆祝中国共产党成立95周年大会上的讲话》,人民出版社,2016年,第20页。

理如何开展,是马克思恩格斯经济全球化思想背后的一个隐含之问,是在"世界市场""民族国家""生产要素自由流动"形成之后,必然要解决的应然命题。

第一,各国应该积极地融入全球治理,参与全球规则制定。当前,发达国家干预发展中国家经济发展的实例比比皆是,依靠政治手段对其他国家企业和投资行为进行干涉。只有在公平合理的世界市场规则与和平稳定的国际政治经济秩序下,各国经济才能得以顺利运行和健康发展。中国共产党倡导缩小并消除发展鸿沟,实现全球发展红利分配的公平正义。中国共产党呼吁世界各国政党与政治组织,携手应对国际市场"马太效应"愈演愈烈的挑战,客观承认与严肃对待世界市场存在的发展鸿沟与低端锁定等现实问题,更多倾听与关注世界后发国家和各国贫困人民的诉求,进而平衡世界南北格局,提高世界上发展中国家与广大劳动者在参与全球化红利分配时的话语权和份额,推动构筑更加公正对等、和平稳定与共治共享的国际政治经济新体系。

第二,全球治理意味着一个合作社会的生成。各国之间要建立的是一种"健康的互相依赖的关系"[①]。人类命运共同体蕴含着共商共建共享的全球经济治理新理念、开放包容发展的世

---

① [美]托马斯·弗里德曼:《世界是平的:21世纪简史》,湖南科学技术出版社,2008年,第1~5页。

界市场新理念、和平发展与和谐发展的全球竞争新理念以及推动全球生产力高质量发展的目标新理念,可以有效破解资本主义全球化难题、破除不公正不合理的全球政治经济秩序,积极参与全球治理体系变革,构建开放、包容、普惠、均衡、共赢的新型全球化,建设更加公正合理的政治经济秩序。

第三,当前,发达国家在全球范围仍然占主要地位,"穷国更穷,富国更富"的现象仍然没有得到改善。经济全球化是开创世界历史的力量,但是塑造世界历史的是政治多极化。所以,面对着"和平与发展"的时代主题,各国政府应该开展积极广泛的对话合作,协调现有的全球资源与重建国际间的经济秩序是全球治理的根本任务。在国际格局的改变势在必行的情形下,顺应历史潮流、时代潮流、民心所向,中国共产党、中国政府和中国人民正是致力于推动国际治理格局的发展,提出了不同于以上种种旧有思维下的所谓"方案"。主张各国之间要积极对话,不仅强调经济合作,还要涉及政治、文化、社会生态等多个领域,同时,"积极参与制定海洋、极地、网络、外空、核安全、反腐败、气候变化等新兴领域治理规则"[1]。

---

[1] 《习近平在中共中央政治局第三十五次集体学习时强调 加强合作推动全球治理体系变革 共同促进人类和平与发展崇高事业》,《人民日报》,2016 年 9 月 29 日。

四、中国如何重塑产业政策

习近平总书记指出:"新发展格局是根据我国发展阶段、环境、条件变化提出来的,是重塑我国国际合作和竞争新优势的战略抉择。"①当前,经济全球化遭遇逆流,新型冠状病毒肺炎疫情使世界经济陷入衰退,全球产业链供应链受到冲击,传统的国际经济循环明显弱化、受阻,我国经济参与国际大循环短期受到明显抑制。亚当·斯密曾指出:"分工的程度,因此总要受交换能力大小的限制,换言之,要受市场广狭的限制。"② 2020 年 5 月,习近平总书记在中共中央政治局常务委员会会议上指出:"要深化供给侧结构性改革,充分发挥我国超大规模市场优势和内需潜力,构建国内国际双循环相互促进的新发展格局。"③

(一)构建新发展格局

我国具有超大规模性的综合优势,有着超大人口规模,超

---

① 中共中央党史和文献研究院:《十九大以来重要文献选》(中),中央文献出版社,2021 年,第 664 页。
② [英]亚当·斯密:《国民财富的性质和原因的研究》,郭大力等译,商务印书馆,2001 年,第 16 页。
③ 《中共中央政治局常务委员会召开会议 中共中央总书记习近平主持会议 分析国内外新型冠状病毒肺炎疫情防控形势 研究部署抓好常态化疫情防控措施落地见效 研究提升产业链供应链稳定性和竞争力》,《人民日报》,2020 年 5 月 15 日。

大消费市场,以及拥有全世界最齐全的工业门类和规模最大、最完整的产业链供应链体系。大国经济拥有规模经济优势和分工优势,为市场交换和消费提供广阔空间。西方主流经济学强调资源配置,核心是效率,目的是财富生产,忽视了消费作用。习近平总书记指出:"近年来,中国市场和资源两头在外的发展模式已经悄然改变,外贸依存度由2006年的67%下降到2019年的近32%,经常项目顺差同国内生产总值比率由2007年的9.9%降至现在的不到1%。2008年国际金融危机发生以来,中国国内需求对经济增长的贡献率有7个年份超过100%,国内消费成为经济增长的主要动力。"[1]构建新发展格局说明社会主义市场经济的优越性体现为既重视财富生产,又重视交换和消费的正向反馈作用,形成良性循环[2]。

同时,形成以国内大循环为主体、国内国际双循环相互促进的新发展格局,是我国应对新发展阶段机遇和挑战、贯彻新发展理念和重塑我国国际合作与竞争新优势的战略抉择。2019年8月,中央财经委员会第五次会议指出:"要以夯实产业基础能力为根本,打好产业基础高级化、产业链现代化的攻

---

[1] 习近平:《构建新发展格局 实现互利共赢——在亚太经合组织工商领导人对话会上的主旨演讲》,《人民日报》,2020年11月20日。
[2] 樊纲:《双循环:构建"十四五"新发展格局》,中信出版集团,2021年,第5页。

坚战。"[1] 2019 年 12 月召开的中央经济工作会议进一步强调："要健全体制机制，打造一批有国际竞争力的先进制造业集群，提升产业基础能力和产业链现代化水平。"[2]党的十九届五中全会则指出："要提升产业链供应链现代化水平，推进产业基础高级化、产业链现代化，提高经济质量效益和核心竞争力。"[3]

实践表明，一味依赖政府主导型或一味依靠市场推动型的发展策略，均难以有效解决中国国内产业链循环体系的构建和产业链的有序分工转移。我们要充分利用世界资本升级现有产业集群形成新的产品集群分工，开发培育一批空间集聚、上下游紧密协同、产业链集约高效、规模庞大的战略性新兴产业链及高端制造产业链集群，为实现国内国外市场的充分对接等提供新机遇。

---

[1] 《习近平主持召开中央财经委员会第五次会议强调 推动形成优势互补高质量发展的区域经济布局 发挥优势提升产业基础能力和产业链水平》，《人民日报》，2019 年 8 月 27 日。

[2] 《中央经济工作会议在北京举行》，《人民日报》，2019 年 12 月 13 日。

[3] 《中共十九届五中全会在京举行》，《人民日报》，2020 年 10 月 30 日。

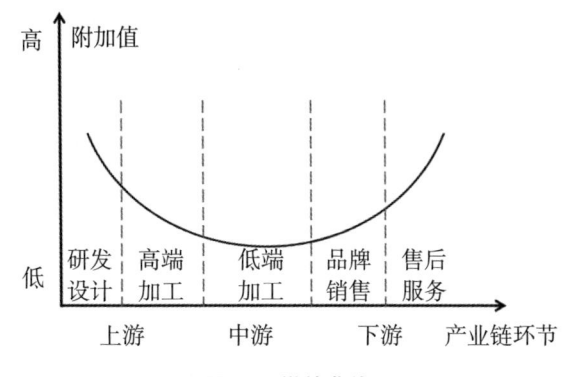

图 24　微笑曲线

资料来源：作者自主绘制。

经济全球化的重要特征是国际分工或者国际贸易转向产品内分工、产品内贸易。某种产品的生产往往无法在一个企业、一个国家内部全部完成，而是必须在全球布局产业链。"一带一路"倡议是为"世界经济向何处去"提供一种新的"全球化的形式"，是各国合作，共同管理"经济全球化"的新方案。2013 年 9 月，习近平在访问哈萨克斯坦时提出了"丝绸之路经济带"，同年 10 月，在访问印度尼西亚时又提出了"21 世纪海上丝绸之路"，并在周边外交工作座谈会上第一次将二者结合在一起，提出共建"一带一路"合作倡议。

当前由于科学技术的发展，经济全球化的发展更为紧密，但是伴随着全球经济出现的诸多问题，如发达国家和发展中国家贫富差距的加大，税法的完善和现代国家的贸易保护机制的成熟等。国家间的经济交往难度反而有所增加。为此，我们要构建全球互联互通伙伴关系,实现共同发展繁荣。"一带一路"合作倡议符合国际社会的根本利益,彰显了人类共同理想,习近平总书记指出:"推动经济全球化朝着开放、包容、普惠、平衡、共赢的方向发展。"[1]"一带一路"着眼于推动新一阶段的全球化和缩小各国发展差距,为经济全球化发展提供新的方案和动力。

中国在推动区域化经济发展中贡献大国力量,展现出大国风采,肩负起大国担当,积极为"一带一路"的经济建设提供物质支持和沟通平台。2019年6月,世界银行发布的《"一带一路"经济学:交通走廊的机遇与风险》研究报告指出,"一带一路"倡议旨在通过中亚和南亚将中国与欧洲连接起来,内容涉及港口、铁路、公路、桥梁建设和其他投资。如果中国"一带一路"倡议得到全面落实,可以加快数十个发展中国家的经济发展,将使相关国家760万人摆脱极端贫困、3200万人摆脱中度贫困,将使参与国贸易增长2.8%至9.7%、全球贸易增长1.7%至6.2%。2020年和2021年,中欧班列累计开行年均在1万列以上,保障了我国和"一带一路"合作伙伴的产业链供应平稳运行。

---

[1] 习近平:《决胜全面建成小康社会 夺取新时代中国特色社会主义伟大胜利——在中国共产党第十九次全国代表大会上的报告》,人民出版社,2017年,第59页。

"一带一路"倡议本质上是开放和灵活的,所代表的发展机会和平台本身就有国际公共产品的属性。2013年中国提出"丝绸之路经济带"倡议,建立起"五通"模式——政策沟通、道路联通、贸易畅通、资金融通、民心相通,并且尽可能地提供公共产品和一个经济交流平台,欢迎他国搭乘中国发展的"便车",展示出"中国积极融入世界经济发展的姿态"。加强各国对话,实现多领域、全方位的沟通合作,为"一带一路"的经济建设提供更好的社会环境保障。解决经济全球化中的发展问题,各国合作并不能只局限于经济领域。

2017年2月10日,联合国社会发展委员会第55届会议协商一致通过"非洲发展新伙伴关系的社会层面"决议,将推进"一带一路"倡议等便利区域互联互通的举措和"构建人类命运共同体"理念首次写入联合国决议中。为了推动"一带一路"沿着"高质量发展方向不断前进"[1],中国同各国共同谋划,开展政治、文化、社会、生态、卫生服务等多领域、全方位的沟通合作。第一,架设各国民间交往的桥梁,加强人文交流和民间纽带,深化教育、科技、体育、卫生、智库、媒体以及包括实习培训在内的能力建设等领域务实合作。第二,鼓励不同文明间对话和文化交流,促进旅游业发展,保护世界文化和自然遗产。第三,各国

---

[1] 习近平:《齐心开创共建"一带一路"美好未来:在第二届"一带一路"国际合作高峰论坛开幕式上的主旨演讲》,人民出版社,2019年,第3页。

共同致力于生态、环境、社会领域合作,在气候变化、自然资源、环境问题上,实现经济、社会、环境三大领域综合、平衡、可持续发展。

(二)把握一个核心:突破"卡脖子"瓶颈

西方国家针对中国高科技产业和本土高科技跨国企业发起的技术创新封锁和科技创新自主能力遏制策略,其根本目的就是维持美国在全球科技创新体系中的绝对领导地位,进而攫取超越其他国家的发展利益,从而维护美国"唯一超级大国"的经济霸权。将重点产业链和战略新兴产业体系的关键核心技术创新领域掌握在中国本土企业手中,不仅关乎中国能否继续在全球产业链和供应链体系中维持正常出口能力,更关系到中国经济能否实现安全发展。中国力主构建国内产业链主导的经济循环体系发展战略及其针对产业链的"卡脖子"关键核心技术创新领域自主突破策略,必然会带来对国外关键装备、关键零配件、关键材料等高技术含量产品的进口替代行为,对发达国家主导的全球价值链分工和利益分配格局造成重大冲击。

随着我国科技创新逐渐向"无人区"迈进,科学研究的不确定性和风险性越来越强。"面向世界科技前沿、面向经济主战场、面向国家重大需求、面向人民生命健康"的重大科技创新所涉及的学科范围更宽,系统性更强,复杂性更高。在迈向第二个百年奋斗目标的新征程中,中国面临着"融合科学"的新范式、"三跑并存"的创新格局和美国"小院高墙"科技封锁战略等新挑战和新要求。进入 21 世纪,信息、生物、能源、先进材料与制造等前沿技术领域呈现交叉融合和群体性跃升态势,不同学科的交叉融合很有可能在物质结构、生命起源、宇宙演化和意识活动机理等重大前沿问题方面取得突破[①]。

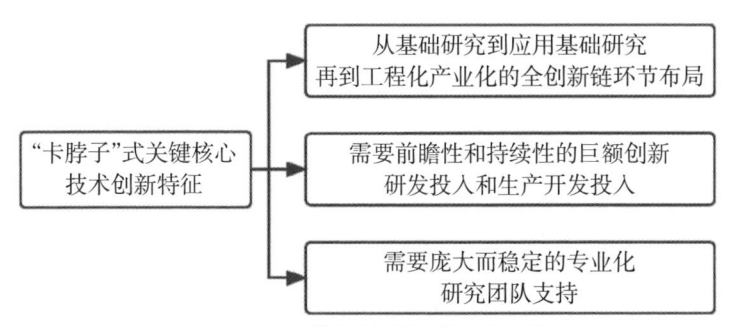

图 25 "卡脖子"式关键核心技术创新特征

资料来源:作者自主绘制。

长期以来,我国制造业发展过多依赖于通过加工组装和终端集成模式切入国际产业分工体系,忽略了产业基础领域研发制造能力的提升,导致核心零部件、关键元器件、关键基础材料的供给对外依赖严重,基础工艺与世界先进水平存在较大差距。据统计,我国在关键零部件、元器件和关键材料上的总体自

---

① 蔡跃洲:《中国共产党领导的科技创新治理及其数字化转型——数据驱动的新型举国体制构建完善视角》,《管理世界》,2021 年第 8 期。

给率只有30%~40%，例如，工业机器人制造所需的高性能伺服电机和高精密减速器市场主要被欧、美、日企业占据，工业母机生产所需的电主轴、直线电机和精密轴承等高度依赖进口，新型显示产业关键基础材料相关的核心专利技术主要被国外企业掌控。可以说，产业基础薄弱已成为制约我国制造强国建设的重大瓶颈。

表6　部分中国亟待攻克的核心技术

领域	描述	领域	描述
操作系统	手机系统没有独立自主产品	光刻机	国产只能提供90纳米光刻技术
激光雷达	高端不成熟	芯片	国内芯片制造工艺落后国际同行两代
锂电池隔膜	处在进口替代的前期	航空发动机短舱	缺乏与航空发动机匹配的短舱
工业软件	由外资企业主导	触觉传感器	尚处于实验室阶段
航空钢材	高端钢材与世界领先水平仍有较大差距	高端电容电阻	大陆只占据中低端市场
光刻胶	半导体光刻胶壁垒高，几乎被美、日垄断	手机射频器件	95%由欧美厂商主导
数据库管理系统	缺乏世界级基础软件企业	透射电镜和扫描电镜	目前国内暂无透射电镜生产商
掘进机主轴承	主轴承完全依赖进口	超紧密抛光工艺	国内缺乏关键设备

资料来源：《科技日报》系列报道。

基于创新驱动与创新引领战略使我国迈向世界科技强国前列，将成为未来较长一段时期的重要战略转向，而"十四五"

时期是我国从科技创新大国迈向世界科技创新强国前列的关键机遇期与战略抉择期。在渐进式的改革过程中,在我国从科技弱国走向科技大国最终走向科技强国的发展道路上,显著的制度优势无疑是社会主义制度优势。国家治理能力强,则具有强大的资源动员能力,能够高效地集合资源,并充分调动广大人民群众的积极性,形成整体力量,集中力量办大事。正如邓小平指出的:"社会主义同资本主义比较,它的优越性就在于能做到全国一盘棋,集中力量,保证重点。"①

新型举国体制,将我国有限的经济社会资源面向关系国家安全与国计民生的重要产业的关键核心技术突破与"卡脖子"技术突破等领域进行充分优化配置,不断创新体制机制及重大科技专项项目的治理,以重大战略性创新工程为抓手,以新型研发机构(国家实验室、国家科技创新中心)为组织载体,引入市场竞争机制,以新型举国体制调动各级政府、全社会、全行业与微观市场组织集中攻关,突破关键核心技术受制于人以及"卡脖子"问题,以新的体制机制实现新型举国体制下各类创新主体的激活效应,实现重大原创性科技成果从 0 到 1 的不断涌现,为当前供应链、产业链与创新链的安全性、引领性、协同性、颠覆性与原创性提供制度支撑与机制支持。

---

① 《邓小平文选》(第三卷),人民出版社,1993 年,第 16 页。

技术创新活动势必要求企业投入大量的人力、物力和财力，而研发成果的不确定性会促使企业减少投入，甚至不进行技术创新活动。此时政府采取政府补贴等产业政策，可以为企业提供一定的风险保障和风险补偿。"卡脖子"技术的技术复杂度高、市场研发周期长、不确定性程度大，这就需要政府通过制定各类产业政策来引导各类创新主体、各类知识团队与各类创新研究中心开展跨部门、跨团队、跨领域、跨学科的联合攻关与合作。

（三）培育两大主体：龙头企业和专精特新企业

科技自立自强能力特别是企业的自立自强能力是突破产业链"低端锁定"、提升全球价值链地位的关键。实现创新驱动的关键变量是以知识、组织和制度为构成要素的能力发展。近年来，我国虽然出现了一批像华为、比亚迪、三一重工、联影医疗等创新能力较强的企业，但从整体上来看，我国企业技术创新能力离现代化强国建设的目标要求还有很大差距。这就需要我们加强引导更多企业走创新驱动和差异化竞争发展道路，不断深化技术创新和转型升级，加大优质高端产品的供给，改变参与全球价值链的方式，从而推动制造业优化供给结构，提高供给质量并进而提升全球产业竞争力。

党的二十大报告中明确指出："实施产业基础再造工程和

重大技术装备攻关工程,支持专精特新企业发展,推动制造业高端化、智能化、绿色化发展。"[1]很多影响行业发展走向,甚至起到行业引领作用的重大创新都是由龙头企业参与完成的。龙头企业或"产业引领型"新型研发机构在整个新兴产业从萌芽到发展过程中起到产业链"链主"职责,注重工程知识和共性技术的研发,具备科技成果快速转化、产业化的全链条综合型创新功能,能够促进大量中小微企业围绕着自己形成合理的竞合关系,并通过横向扩展和纵向延伸,构建良性运转的产业生态体系,进而实现产业链、创新链和政策链之间的有机融合。在此期间,龙头企业不仅承担着大规模生产与销售的职责,也承担了绝大部分开发改进工作。针对"跟跑"领域的"卡脖子"关键核心技术的突破与补短板问题,我们要鼓励龙头企业在率先进行的数字化转型中,基于自己的架构创新与技术平台,打造面向全行业或跨行业的产业互联网平台,完善和拉长企业自身产业链和创新链。

切实推动龙头企业为核心组建以企业为创新需求主体、创新活动投资和管理主体、创新成果运用主体的新型举国体制,制定"关键核心技术攻关项目资助"政策,鼓励和扶持龙头企业

---

[1] 习近平:《高举中国特色社会主义伟大旗帜 为全面建设社会主义现代化国家而团结奋斗——在中国共产党第二十次全国代表大会上的报告》,《人民日报》,2022年10月26日。

利用全球顶尖智力资源实施攻关突破。根据企业需求精准施策，对辖区重点企业可采用"一企一策"为其成长配套税收、人才、金融、科技等服务，提高政策精准度，如优先安排在科创板、创业板和主板等上市融资。在激发企业家精神方面，要建立容错机制，加强对企业家的保护，推动全社会参与创新发展，充分发挥企业家精神在组织创新资源上的作用，提高企业参与市场竞争的活力。

"专精特新"企业泛指具有"专业化、精细化、特色化、新颖化"特征的企业。其中，专业化主要强调生产技术或工艺的专业性、产品用途的专门性和细分市场的专属性；精细化主要强调生产和管理的精细性、技术或工艺的精深性以及产品的精致性；特色化主要强调技术或工艺的独特性、产品或服务的特色性；新颖化主要强调研究开发的创新性、产品或服务的高技术性[1]。2021年7月30日，中共中央政治局召开会议，提出要开展补链强链专项行动，加快解决"卡脖子"难题，发展"专精特新"中小企业。2022年2月28日，中央全面深化改革委员会第二十四次会议强调要支持引导掌握关键核心技术的"专精特新"企业深化改革、强化创新，加大培育力度。2021年3月，国家"十四五"规划纲要将培育"专精特新"中小企业作为推动现代

---

[1] 董志勇、李成明：《"专精特新"中小企业高质量发展态势与路径选择》，《改革》，2021年第10期。

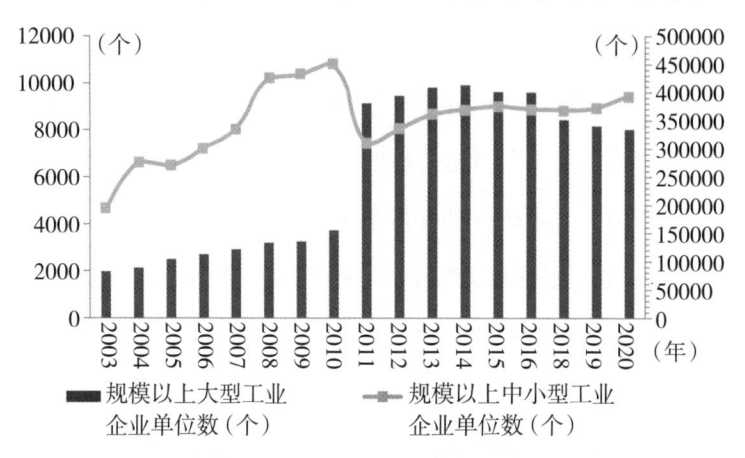

产业体系建设和实现产业链供应链现代化水平的重要抓手。

图 26 我国规模以上大型与中小工业企业数量增加呈减速态势
资料来源：数据整理自中国工业统计年鉴。

从上述数据可以看出，我国规模以上中小工业企业总体上进入发展瓶颈期，其中既有全球经济下行带来外需环境恶化的因素，又有数字技术带来产业发展格局变化的因素，但就其自身发展而言，其不能适应当前经济社会发展要求、转型能力不足且转型步伐滞后是主要原因，这也是其他中小企业普遍面临的问题。因此，未来我国增强中小企业盈利水平，发挥好中小企业增长拉动和就业带动作用，关键在于推动中小企业适应当前经济发展变化，加快中小企业转型升级，创新引领中小企业朝"专精特新"方向发展，提升企业内生增长能力。

"专精特新"企业精耕某一领域，是高品质、高信誉的象征，加强"专精特新"企业发展有助于有效发挥优质企业品牌的"国家名片"作用。德国制造业竞争力的重要支柱就在于拥有一大批极具发展活力的"专精特新"企业,其中包括数量居世界首位的大量"隐形冠军"群体。这些企业长期聚焦于制造业细分领域,不断加强自主研发和深度创造,为下游客户提供最优质的产品与服务。根据相关数据,我国专精特新"小巨人"企业的平均研发强度为 6.4%,平均拥有发明专利近 12 项[①]。

总体来看,我国大多"专精特新"企业开展自主技术创新的起步时间较晚,比较发达国家的一些"百年老店"而言,其技术沉淀和研发积累相对不足。尽管近几年"专精特新"企业的研发投入持续加大,但是在制造业基础领域和一些核心细分领域,其技术开发仍存在基础薄、聚焦差、层次低的问题,自主研发和原始创新能力较弱。还有一些"专精特新"企业受制于资金、人才、观念等因素,尚未设立独立的研发机构,过多依赖技术引进,习惯于在价值链低端徘徊,专注高端细分领域开展深度技术攻关的意愿和决心不强。

这就需要我们完善"孵化—培育—扶持—引导"递进式培育机制,推动"专精特新"企业实现从初创孵化到成长发展,再到成熟壮大的生命周期递进。围绕国家制造重点领域技术路

---

① 韩鑫:《解码"小巨人"的成长秘诀》,《人民日报》,2021 年 1 月 29 日。

线图和"卡脖子"清单等，对具有"专精特新"发展和突破关键核心技术潜力的企业早发现、早培育，强化扶持、有效引导，推动技术、资金、人才等关键要素资源向其集聚，形成规模效应。

与此同时，针对中小企业的"数字鸿沟"问题，政府和行业组织应主动推动行业大数据平台建设和企业数据共享机制，培育具有较强服务能力的数字化服务平台，引导企业将业务向云端迁移，探索数字赋能产业转型升级路径，对产业集聚区采用平台化服务，充分利用政府公共数据降低中小企业"数字鸿沟"，促进中小企业的信息化、数字化、智能化升级，带动中小企业提质增效，推动传统中小企业转化为"专精特新"中小企业，进而成长为"小巨人"企业，推动经济高质量发展。

五、小结

经济全球化是社会生产力发展的客观要求和科技进步的必然结果。"中国之治"打破了西方宣扬资本主义道路是唯一正确现代化道路的西方中心论，也打破了西方文明企图压制世界多样文明的文明优越论，更打破了宣扬资本主义文明将会终结历史的历史终结论。中国道路突破了"国强必霸"的西方逻辑，回归全球化的价值属性，努力构建人类命运共同体。面对"全球增长动能不足""全球经济治理滞后""全球发展失衡"

的现实，中国率先提出"新发展格局"与"一带一路"倡议，秉持共商共建共享的全球治理观，旨在推动建设开放型世界经济，与世界分享发展成果，通过经贸与人文的交流将世界打造成真正意义上的"人类命运共同体"。

西方部分发达国家为保持领先地位，通过实施严格的技术出口管控、关键核心零部件限售、阻碍中国企业并购科技公司、"长臂管辖"等方式，切断对我国的高技术供应。为了解决产业发展上的"卡脖子"问题，我们不仅要有进军世界 500 强的大企业，而且也需要有大量优质中小企业，尤其是一批深耕专业领域、聚焦关键技术的"专精特新"企业。要不断健全产业政策长效支持机制，创新产学研合作方式，采取"揭榜挂帅"、众包众筹等方式，既要在技术层面加大攻关力度，也要把源头和底层的东西搞清楚，从而真正实现制造强国的伟大目标。

第六章
世界戏剧:中国究竟需要什么样的产业政策

西方主流经济学理论的古典经济学、新古典经济学、新经济理论等虽然在看待政府与市场关系的问题上各执一词，但他们一致认为政府与市场之间始终是此消彼长、相互替代的关系。而产业政策作为政府实现一定政策目标调控国家经济发展的重要手段，不同经济学流派对其争议不断。但是近年来，一些西方学者也开始放弃原有的立场和观点，分别从国家竞争力、推动创新等方面，阐述产业政策在现代经济发展中的有效性。

一、统筹发展与安全的动态性平衡

产业政策是各国普遍推行的经济政策，但在不同历史阶段、不同经济制度下的产业政策，其政策实施范围、手段和效果具有显著的不同。产业政策按其形成的理论基础可以分为两派，即市场不足论和经济发展论。"经济不足论"者认为产业政策实施的主要目的是弥补市场失灵，主张政府干预可以更好发挥市场的作用；"经济发展论"者把产业政策形成的理论依据放在经济赶超发展的需要上，主张政府干预可以发挥后发优势，加快国内经济发展的速度。因此，"市场机制存在缺陷"和"后起国家实现赶超发展"被认为是各国政府推行产业政策的两个主要理论依据。

(一)走好中国特色产业发展之路

中国在改革开放的实践过程中,始终坚持走中国特色社会主义道路,坚持社会主义市场经济改革,坚持走中国特色的产业发展之路。习近平总书记深刻指出:"我国宪法确认了中国共产党的执政地位,确认了党在国家政权结构中总揽全局、协调各方的核心地位,这是中国特色社会主义最本质的特征,是中国特色社会主义制度的最大优势,是社会主义法治最根本的保证。"[①]

历史已证明,任何伟大的事业想在中国取得成功,必须坚持党的领导。"党委领导、政府负责、社会协同、公众参与、法治保障的社会管理体制",也为科技体制的改革和发展指明了方向。中华人民共和国成立以来,中国共产党的集中统一领导从根本上奠定了我国在科技创新领域乃至经济社会发展等方面全方位后发赶超的制度基础。中国共产党用伟大治理成果雄辩地证明,党的领导是中国社会发展进步的根本保障。只有毫不动摇地坚持和完善党的领导,笃定自信地走中国特色社会主义道路,才能团结带领人民进行伟大斗争、推进伟大事业、实现伟大梦想。

---

① 习近平:《中国共产党领导是中国特色社会主义最本质的特征》,《求是》,2020年第14期。

一方面，后发国家实现赶超离不开国家层面集中统一的组织管理，甚至也离不开中央政府的强力推动。从发展经济学的视角来看，传统的农业国在全方位落后的条件下，如果按照自由放任的方式发展，根本无法形成任何优势，最终必然陷入低水平的"贫困陷阱"。唯有通过国家的集中统一管理和有效组织，才有可能将要素禀赋配置到重点领域，迅速形成优势，进而扩大优势范围实现赶超。要做到这一点，必须要有一个强有力的中央政府。这一点可以从不少国家实现赶超崛起的成功经验中得到印证。例如，德国在第一次世界大战前的崛起，很大程度上归功于"铁血首相"俾斯麦近 20 年的执政，在 19 世纪中后期成功实现由农业国向工业强国的转变，到第一次世界大战前，德国已跻身世界主要工业和科技强国之列，诞生了西门子、克虏伯、奔驰等世界著名科技企业。第二次世界大战后，日本、韩国等国家实现经济振兴和科技产业的发展，也离不开中央政府的统一组织管理和大力推动。

另一方面，在新自由主义消极国家观招致恶果的现实背景下，中国共产党创新性地继承了马克思的国家理论，致力于构建有为政府与有效市场有机结合的现代化经济体系，将政府和市场的关系作为我国经济体制改革的重点与核心问题，市场经济体制与社会主义制度深度融合，以充分合理发挥国家政府职能。中国国家治理具有独特的结构构成，"呈现为执政党通过政治领导,在组织和意识形态层面深刻塑造并融入中国特色的政府体系而成的集中统一的党政结构"①。这种党政治理结构及其功能实现,是中国治理有效的深层原因。

世界发展的实践充分表明:"治理一个国家,推动一个国家实现现代化,并不只有西方制度模式这一条道,各国完全可以走出自己的道路来。"②这将激励广大发展中国家打破"西方中心论"的精神枷锁,在维护本国主权安全的基础上,大胆开创符合本国国情的国家治理现代化道路,进而更快更好地实现本国的现代化。

方向决定道路,道路决定命运。脚踏中华大地,传承中华文明,走符合中国国情的正确道路。正如习近平总书记所指出的:"人类历史上没有一个民族、一个国家可以通过依赖外部力量、照搬外国模式、跟在他人后面亦步亦趋实现强大和振兴。那样做的结果,不是必然遭遇失败,就是必然成为他人的附庸。只要我们既不走封闭僵化的老路,也不走改旗易帜的邪路,坚定不移走中国特色社会主义道路,就一定能够把我国建

---

① 王浦劬、汤彬:《当代中国治理的党政结构与功能机制分析》,《中国社会科学》,2019 年第 9 期。
② 中共中央文献研究室:《习近平关于社会主义政治建设论述摘编》,中央文献出版社,2017 年,第 7 页。

设成为富强民主文明和谐美丽的社会主义现代化强国。"[①]

（二）自立自强：瞄准未来国际竞争制高点

"十四五"规划在打造新兴产业链、扩大战略性新兴产业投资等方面进行了决策部署，发展战略性新兴产业是构建现代产业体系和推动经济高质量发展的重要内容[②]。战略性新兴产业是关系国家安全、产业安全、关键技术突破以及产业制高点，乃至国家竞争优势获取和国家战略目标实现的具有全局性影响的产业，具有层次性、区域差异性、动态性，以及地位战略性、影响全局性、技术前瞻性、市场风险性、发展可持续性、产业生态性、区域竞争性等主要特征。

战略性新兴产业发展的支撑体系主要用于解决支撑创业、匹配产业生命周期、实现产业发展模式以及提升产业和区域竞争力等方面的问题，即某国或某区域系统化地支撑战略性新兴产业发展所需的一系列宏观和微观环境、技术条件、要素条件和制度供给等。可以说，支撑体系建设关系战略性新兴产业的创生和发展，关系新旧动能的顺畅转换及现代产业体系构建的进程。

[①] 《中共中央关于党的百年奋斗重大成就和历史经验的决议》，新华社，2021年11月16日。

[②] 《中共中央关于制定国民经济和社会发展第十四个五年规划和二〇三五年远景目标的建议》，人民出版社，2020年，第13页。

习近平总书记指出:"在日趋激烈的全球综合国力竞争中,我们没有更多选择,非走自主创新道路不可。"[①]从长远来看,我国还特别需要发展强大的基础研究,以建立起国家创新发展的根本科研优势。欧美的基础研究是近现代科技发展的直接源头。坚持创新成果的生产力转化方向,特别是作为我国知识产权的最重要源头,双一流大学及科研院所每年产生数以万计的知识产权,但转化率明显低于欧美,很多专利束之高阁,成为无用的专利,甚至一些企业称呼自己的研究院为"美容院",不能产生现实的生产力。

切实提高科技成果的转化率,一方面要借鉴美国硅谷的高科技创新模式,大力发展风险投资行业,跨越科技转化为生产力的"死亡之谷";另一方面要建设统一的知识产权线上线下交易市场,通过创新制度供给,缩短知识产权的商业化周期,并配合有效的竞争性政策,助力战略性新兴产业在市场竞争中跨越"达尔文之海"[②]。

因此,我国应从构建强有力的产业政策体系着手,加快发展战略性新兴产业,为产业高质量发展赢得主动权。具体而言,在创新主体支撑方面,可以从国家创新体系构建、一流学科建

[①] 中共中央文献研究室:《习近平关于科技创新论述摘编》,中央文献出版社,2016年,第35页。

[②] 一般指科学研究到实际产品的转化鸿沟。

设、企业研发平台搭建、产学研合作、成果转化等入手,解决产业发展的科技源头问题;在生产要素支撑方面,可以从人才储备、融资体系、要素倾斜、自然禀赋、基础设施等入手,强化产业发展的要素保障;在相关产业及配套支撑方面,可以从配套产业链、关联产业、中介服务机构等入手,优化产业发展的生态系统环境;在需求条件支撑方面,可以从国际国内需求、组织市场、商业模式等入手,培育和激发市场需求;在政府政策方面,可以从规划布局、科研投入、教育及科研政策、知识产权、创业政策等入手,加强制度和政策供给;在机会窗口方面,可以从把握技术、市场、环境、政策四大机会窗口入手,助力战略性新兴产业发展。同时,基于不同生命周期,立足技术和市场的核心组合,精准构建不同发展阶段战略性新兴产业发展的支撑体系。

(三)开启全面建设社会主义现代化国家新征程

党的十九大报告将坚持以人民为中心作为新时代坚持和发展中国特色社会主义的基本方略。党的二十大报告指出要深入贯彻以人民为中心的发展思想[1]。习近平总书记深刻地指出:"人民对美好生活的向往,就是我们的奋斗目标。"[2]立场是

---

[1] 习近平:《高举中国特色社会主义伟大旗帜 为全面建设社会主义现代化国家而团结奋斗——在中国共产党第二十次全国代表大会上的报告》,《人民日报》,2022年10月26日。

[2] 《习近平谈治国理政》(第一卷),外文出版社,2018年,第424页。

检验一个政党、一个政权属性的试金石。习近平总书记在庆祝中国共产党成立 100 周年大会上指出:"江山就是人民、人民就是江山。"[1]人民立场是中国共产党的根本政治立场,是马克思主义政党区别于其他政党的显著标志[2]。人民在历史比较中把权力委托给中国共产党,但人民依然是国家权力的主体。习近平总书记强调:"国家一切权力来源于人民,任何一项伟大事业要成功,都必须从人民中找到根基,从人民中集聚力量,由人民来共同完成。"[3]

反观近代以来西方世界的兴起就是一部西方国家殖民他国、剥削他国人民、奴役他国民众的悲惨历史,因此西方世界的兴起是一部饱含血泪与悲痛的暴力统治史。中华民族自古爱好和平,中国近代以来的现代化道路是和平崛起的现代化道路,是互惠互利、合作共赢的发展道路。资本主义文明遵循"以资本为中心",以资本增殖逻辑为导向,其发展是为了满足和服务于少数统治阶级的利益和特权,而不是为了维护广大劳动民众的利益。生产的最高目的是获取利润,至于带来的恶

---

[1] 习近平:《在庆祝中国共产党成立 100 周年大会上的讲话》,人民出版社,2021 年,第 11 页。

[2] 习近平:《在庆祝中国共产党成立 95 周年大会上的讲话》,人民出版社,2016 年,第 18 页。

[3] 中共中央党史和文献研究院:《习近平关于"不忘初心、牢记使命"论述摘编》,中央文献出版社,2019 年,第 140 页。

性后果和社会代价,则不在资本的视野之内。统治阶级对无产阶级的极端剥削和剩余价值的最大限度无偿占有,使工人越来越贫穷,资本家越来越富有,由此产生了贫富分化悬殊、两极分化严重、中产阶层塌陷、社会阶级矛盾日益尖锐等一系列问题。

与资本主义文明形成鲜明对照的是,中国所创造的人类文明新形态是坚持人民至上,始终把人民对美好生活的向往作为奋斗目标的崭新文明。中国共产党是伟大的马克思主义政党,"始终代表最广大人民根本利益,与人民休戚与共、生死相依,没有任何自己特殊的利益,从来不代表任何利益集团、任何权势团体、任何特权阶层的利益"[①]。中国共产党自成立之初,就始终把人民放在心中最高的位置,始终坚持为人民利益和幸福而不懈奋斗。不论在革命时期,还是在社会主义建设探索和改革开放的新时期,党制定的一切路线、方针和政策,一切奋斗、牺牲和创造都是为了实现和维护最广大人民的根本利益。

中国共产党成立百年来,始终坚持依靠人民创造历史伟业,尊重人民的首创精神,始终坚持全心全意为人民服务的根本宗旨,站稳人民立场,坚持走群众路线,维护社会公平正义,践行以人民为中心的发展思想,把实现好、维护好、发展好最广大人民的根本利益作为党一切工作的最高标准,把人民群

---

① 习近平:《在庆祝中国共产党成立100周年大会上的讲话》,人民出版社,2021年,第11~12页。

众是否满意作为检验党的一切工作成败得失的第一标准。

习近平总书记强调:"我们追求的发展是造福人民的发展,我们追求的富裕是全体人民的共同富裕。"①习近平新时代中国特色社会主义思想,坚持人民至上,坚持以人民为中心的发展思想,要求始终牢记江山就是人民、人民就是江山。这就深刻阐述了人类文明新形态的根本性质。这一文明形态不是归属于任何利益集团的,不是服从于任何权势团体的,不是服务于任何特权阶层的,而是文明创造为了人民,文明发展依靠人民,文明成果由人民共享。

同时,习近平总书记也指出:"推动发展、安居乐业是各国人民共同愿望。为了人民而发展,发展才有意义;依靠人民而发展,发展才有动力。世界各国应该坚持以人民为中心,努力实现更高质量、更有效率、更加公平、更可持续、更为安全的发展。"②这一文明新形态是中国共产党领导建设的文明新形态,党代表中国最广大人民根本利益,在中国长期执政,这就决定党能够超越狭隘的利益羁绊和短视的执政行为,为天下谋、为长远谋③。

---

① 汪晓东等:《在高质量发展中促进共同富裕》,《人民日报》,2022年3月1日。
② 习近平:《在中华人民共和国恢复联合国合法席位50周年纪念会议上的讲话》,新华社,2021年10月25日。
③ 陈学明等:《走向人类文明新形态》,天津人民出版社,2022年,第6页。

大国治理的后盾是人民群众，实现国家治理现代化决不能背离人民的美好生活向往和人民的共同意志。儒家"大同"理想与"天下"观念等传统文化中的优秀部分，开始迅速与马克思主义追求共产主义的指导思路相结合，转变为中国追求现代化发展以及塑造人类文明新形态的内在驱动力。人民至上、生命至上的执政理念与我国国家制度和国家治理体系优越性的有机结合，使得我国成为新冠肺炎疫情发生以来第一个恢复增长的主要经济体，在疫情防控和经济恢复上都走在世界前列，充分彰显了我国创造的人类文明新形态的崭新内涵和巨大优势。

二、实体经济与新型工业化

党的二十大报告提出："坚持把发展经济的着力点放在实体经济上，推进新型工业化。"[①]所谓"实体经济"，包括农业、工业、交通通信业、商业服务业、建筑业、文化产业等物质生产和服务部门。美国的发展经验证明，制造业是国家繁荣的关键产业，而制造业恰恰是实体经济的核心。那么在我国语境下如何

---

① 习近平：《高举中国特色社会主义伟大旗帜 为全面建设社会主义现代化国家而团结奋斗——在中国共产党第二十次全国代表大会上的报告》，《人民日报》，2022年10月26日。

认识实体经济呢？

实体经济是相对虚拟经济而言的。一段时间里，人们似乎认为现代经济就是以虚拟经济为主的经济形态，证券、股票、房地产等是现代经济的象征。然而虚拟经济只从事直接从钱到钱的简单过程，最大的问题是它本身不生产物质财富。世界经济的发展证明了靠虚拟经济发展可以赚钱，但实现不了现代化，所产生的只能是经济泡沫，而不是财富。正如党的二十大报告中所指出："没有坚实的物质技术基础，就不可能全面建成社会主义现代化强国。"[①]对我国而言，当前实体经济发展面临严重问题。我国已经成为一个实体经济大国，但是我国实体经济发展"大而不强"，供给质量不高，无法满足消费结构的转型升级需要，存在实体经济结构不平衡问题。这种不平衡主要体现在三个方面：一是作为实体经济核心的制造业的供需结构失衡；二是作为实体经济主体的工业与服务业之间结构失衡；三是整体实体经济发展与金融房地产业发展的结构失衡。

因此，理顺实体经济与虚拟经济的关系，实现以制造业为核心的实体经济转型升级迫在眉睫。在这背后，从我国国家主体性出发，至少要处理好五个方面的关系：

---

① 习近平：《高举中国特色社会主义伟大旗帜 为全面建设社会主义现代化国家而团结奋斗——在中国共产党第二十次全国代表大会上的报告》，《人民日报》，2022年10月26日。

一是处理好实体经济转型升级、政府与市场的关系。实体经济转型升级既离不开市场发展，更离不开政府引导，尤其是政府主导的产业政策对产业结构调整具有重要的引导作用。

二是处理好实体经济转型升级与所有制结构的关系。国有经济是我国公有制经济的主要实现形式，以国有企业改革为核心的所有制改革对引领服务实体经济转型升级必将产生重大影响。

三是处理好实体经济转型升级与收入分配结构的关系。收入分配制度改革会影响区域结构、部门结构、城乡结构和居民可支配收入差距的状况，这些都会从根本上影响国民经济中的投资结构、产业结构、消费者支出结构等。因此，实体经济转型升级与收入分配制度同样密不可分。

四是处理好实体经济转型升级与供给侧结构性改革的关系。供给侧结构性改革是从供给侧切入对市场机制、产业组织、产业结构、区域结构作出系统性调整，实体经济转型升级应是题中之义。

五是处理好实体经济转型升级与全球化的关系。我国的经济发展离不开全球市场。因此，必须顺应全球化新特点新趋势推动我国经济转型。

在理顺上述关系的基础上，加快建设"制造强国"和"创新型国家"，归根到底，创新是引领发展的第一动力，创新首先集中于制造业领域,只有以制造业创新带动国家创新体系建设,才能真正建设好现代化产业体系,实现社会主义现代化强国目标。

三、高技术产业发展

今天,"人类还未走出世纪疫情阴霾,又面临新的传统安全风险;全球经济复苏仍脆弱乏力,又叠加发展鸿沟加剧的矛盾;气候变化等治理赤字尚未填补,数字治理等新课题又摆在我们面前"[1]。因而新时代推进国家治理现代化,必须顺应中国人民的历史选择,坚持走好中国特色社会主义道路。

(一)数字化产业升级转型

数字化转型对企业而言,是一个既关乎当下生死、又关乎长远发展的关键命题。党的二十大报告着重强调:"加快发展数字经济,促进数字经济和实体经济深度融合,打造具有国际竞争力的数字产业集群。"[2]中国经济已由高速增长阶段转向

---

[1] 习近平:《携手迎接挑战,合作开创未来——在博鳌亚洲论坛2022年年会开幕式上的主旨演讲》,新华网,2022年4月21日。

[2] 习近平:《高举中国特色社会主义伟大旗帜 为全面建设社会主义现代化国家而团结奋斗——在中国共产党第二十次全国代表大会上的报告》,《人民日报》,2022年10月26日。

高质量发展阶段,数字经济具有高创新性、强渗透性、广覆盖性等优势,成为中国经济高质量发展阶段的新引擎,民营企业数字化转型在以数字化培育新动能、以新动能推动新发展方面发挥了重要作用。企业数字化转型的重要价值,就是以数字技术和数据资源的联通性帮助企业超越自身资源能力局限,实现内外部多方利益主体的协同协作和动态优化,放大转型的价值效益并反哺各参与方。具体体现在:围绕质量变革,以数字化带动要素精细化配置,提升实体经济供给体系质量;围绕效率变革,以数字化带动全要素生产率提高和物流、资金流、数据流高效运转,提升要素的投入产出回报;围绕动力变革,以数字化带动新基建的网络化协同效应和消费升级、服务升级、产业升级,提升我国产业结构层级和在国际产业链中位置[1]。

2022年1月12日,国务院印发《"十四五"数字经济发展规划》,数字经济继农业经济、工业经济后,成为主要经济形态。"十四五"时期是中国建设制造强国、构建现代化产业体系和实现经济高质量发展的重要阶段。人工智能与不同产业领域的融合度不断加强,不论是在传统产业,还是在新兴产业,人工智能技术或产品都得到了不同程度的应用。投入要素如劳动力对全要素生产率的贡献日趋变小,制造业亟须注入新

---

[1] 《2022中国民营企业数字化转型调研报告》,全国工商联经济服务部、腾讯研究院,2022年,第7页。

的发展动能。人工智能能够将个性化、智能化等生产体系应用到产业中,不仅能够促进制造业组织变革,而且能够重塑劳动力就业结构,提升制造业生产率,进而推动制造业加快转型升级①。

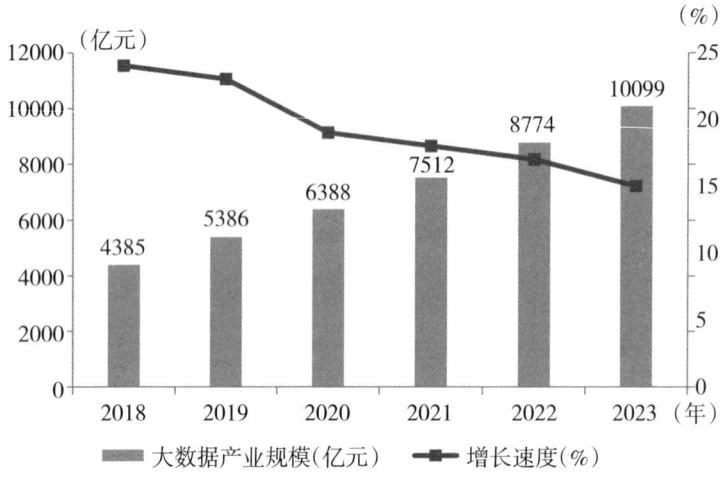

图 27　2018—2023 年中国大数据产业规模

资料来源:数据整理自金融数据和分析工具服务商(wind)数据库。

当前时代,国家已成为主导科技发展的决定性力量。在当前的信息时代,科技创新正在推动更多人才投身到科技事业或具有高技术含量的新兴产业中来。不断扩展的科研队伍、科研机构和科研经费需求,成为一种普遍的发展趋势。而且,知识大爆炸和学科交叉、学科融合的加剧,使"大科学"成为科技

---

① [法]埃里克·谢弗尔、[美]大卫·索维:《产品再造:数字时代的制造业转型与价值创造》,彭颖婕、李睿译,上海交通大学出版社,2019 年,第 46 页。

发展的重要趋势。这常常表现出投资强度高、多学科交叉、配置昂贵且复杂的实验设施设备、研究目标宏大等特征。

此外,需要长期积累、难以快速看见应用成效、难以基于市场规律来发展的基础研究,其科研规模也在不断扩大。这类大科学研究和大量基础研究,所需投入的资源和组织力度越来越大,远非一般社会组织或个人所能驾驭,迫切需要国家力量的持续支撑。科技活动本身对国家的依赖在不断加深。在新一轮工业革命、建设现代化经济体系背景下,推进制造强国建设,需要面向新技术发展趋势,推动互联网、大数据、人工智能和制造业深度融合;推动现代服务业发展,促进制造和服务的融合与协同发展;支持传统产业转型升级,推动传统产业的存量重组、增量优化和动能转换;培育若干世界级先进制造业集群,构建和增强我国制造业的集群优势或产业配套优势。

现代经济增长理论中把对经济增长和经济结构变迁产生广泛影响的技术定义为通用技术。通用技术的典型特征包括几乎可以运用到人类经济的所有领域,能有效提高生产效率,并且在该技术进步的同时能够催生其他领域的新的技术形成良性循环等。在全球化的今天,国家竞争日益集中在高新技术领域,谁率先掌握核心科技,谁就具有更强大的话语权和竞争力。国家高度依赖新科技来发展更先进的生产力并从而直接提升国际竞争力。因此,国家往往主动制定科技规划、实施科技政策、发展科技机构,建立新型科技体制,为国家治理体系注入越来越多的优质科技资源。

表7　四种通用技术与人类社会的发展

通用技术	时间	发明人/决定性的改进者	作用	影响
蒸汽机	1776年	詹姆斯·瓦特等	提供了机器的动力,人类物质加工、处理能力提升	机械化
电动机	1821年	迈克尔·法拉第等	允许动力源和使用者分离,改善人类物质加工能力	电气化
计算机和互联网	1945年	冯·诺依曼	实现机器计算和信息传输,改善人类的信息处理能力	信息化、自动化
人工智能	2006年	杰弗里·辛顿等	一些领域让机器识别规律,优化解决方案的智能	智能化

资料来源:作者自主制作。

对于高技术企业而言。一是鼓励企业加快技术研发、培养关键技术团队。鼓励企业开展自主研发和技术创新,构建助力研发"补血机制",对企业科技计划项目配套奖励,增加企业研发费用补贴专项。鼓励企业打造自身的高水平研发团队,引进和培养技术型人才,进行新产品的设计与研发,避免由于关键技术依赖于国外所导致的产品研发设计环节中断风险。二是推动产业链智能化,鼓励企业加快数字化转型。大力推动5G、互联网、数字经济等信息化建设,鼓励企业灵活实施数字化转型战略,利用自身的比较优势找准链条上深化合作的战略契合点,逐渐向价值链两端发展。加快与新基建无缝衔接,推动科技创新与人工智能、工业互联网、物联网等新型基础设施深度融合。三是强化全产业链生产能力,实现研发设计制造一体化。对于可自主实现设计生产线能力的龙头企业,充分利用制造业产业链在技术溢出、生产管控、市场协同方面的柔韧性,打造原材料采购、研发设计、产品生产加工、营销等全产业链,推动企业实现自主设计与生产。

(二)蓄势待发:抢占新一轮国际分工的制高点

溯始于20世纪90年代的全球化浪潮推动了国际分工的主导形式"产业间分工→产业内分工→产品内分工"的演变,世界贸易从传统的最终产品贸易向中间产品贸易转变,构成了高效运转的全球产业链、供应链和价值链,促进了各参与国的产业升级与经济发展。在全球价值链分工条件下,发达国家不仅在技术和资本密集型产业上具有绝对主导优势,分工的细化和深化还使其进一步控制着劳动密集型产业中的相对高端环节。这一新型国际分工形式在促进世界经济繁荣和世界财富急剧增长的同时,也引发了一些矛盾和问题,对发展中国家而言更是如此,突出表现为全球价值链分工中的"机会不均等和分工地位不平等"问题。

改革开放,特别是加入世界贸易组织以来,中国凭借资源禀赋、人口红利等要素优势以及国家的优惠政策,大量吸引国外直接投资、产业转移和外包订单,深度参与到制造业全球价值链网络之中,并一举成为"世界工厂"。在"以市场换技术"的过程中,通过引进、模仿、消化和吸收发达国家先进技术,完成自身技术的不断累积,实现了产业和贸易的转型升级。

但是同时也应该看到,从整体而言,中国在全球价值链中高端要素嵌入不足、附加值低,许多产业的核心技术仍然面临被"卡脖子"的危险,一定程度上被国际大买家所俘获和控制,缺乏制造业转型升级的主动性和可持续性,深陷技术引进依赖和国际分工地位的"低端锁定"之中,被压制在原材料和劳动力等低端要素供应商的外围角色。中国正处于产业结构调整与制造业转型升级"爬坡上坎"的关键时期,已经遇到了一定的瓶颈,继续沿袭单一嵌入传统全球价值链低端的老路将难以为继,迫切需要寻求新的动能来实现中国经济由高速增长向高质量发展的转型升级。

在前一轮全球价值链分工演进过程中,中国虽然抓住了机遇并取得了开放发展的巨大成就,但"低端嵌入"发展模式带来的"有出口而无产业、有产业而无技术、有技术而无产权、有增长而无利益"等现象也引来了诸多诟病。在过去10年时间中,计算机、通信及电子设备工业附加值的年平均增长率达到12.6%,医药增速达到12.3%,而中国大量的产能却在纺织、钢铁等低附加值行业。

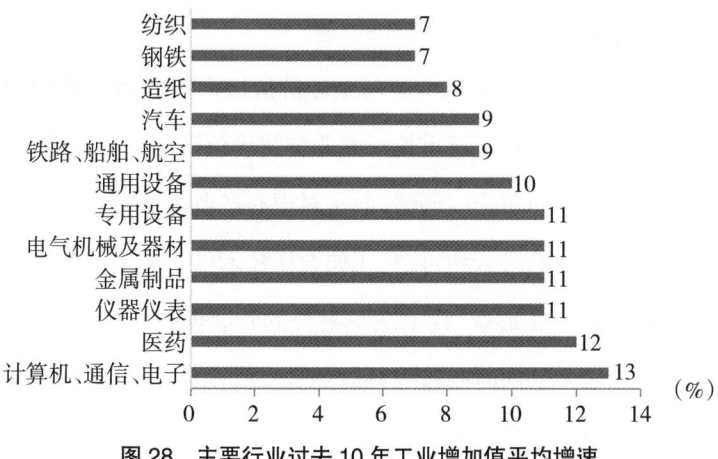

行业	增速(%)
纺织	7
钢铁	7
造纸	8
汽车	9
铁路、船舶、航空	9
通用设备	10
专用设备	11
电气机械及器材	11
金属制品	11
仪器仪表	11
医药	12
计算机、通信、电子	13

图 28　主要行业过去 10 年工业增加值平均增速
资料来源：数据整理自中国工业统计年鉴。

一方面，与以往以最终产品为界限的传统国际分工形式相比，全球价值链分工改变的主要是产业组织范式，并未在本质上改变产业发展的安全稳定等问题。而且在复杂的全球投入产出关系下，各国产业间已经形成了"你中有我，我中有你"的交织状态，全球价值链较少面临因外部冲击而发生"断裂"的风险。在此条件下，效率自然成为人们更关心的问题。然而伴随近年来逆全球化思潮、贸易保护主义、单边主义、霸权主义等的不断抬头，全球价值链面临的"断裂"风险等安全稳定问题逐渐进入人们的视野。有研究者就此指出，未来跨国公司在布局全球价值链时，将不仅考虑效率，还会考虑产业链供应链的安全稳定[①]。当然,这不仅是跨国公司需要慎重考虑的,也是各国从产业安全角度必须高度重视的问题。

另一方面,数字技术会对全球价值链产生显著的重构效应。所谓的全球价值链重构,并非传统价值链的简单收缩、扩张或者区域空间布局的调整,而是对现有产业组织范式进行颠覆性和革命性的改造和再造。比如数字技术催生的诸如数字价值链等新兴产业形态、线上线下融合的发展模式、建立在数字技术基础之上的即时制造等,都将使全球价值链的组织形态和治理范式与以往产生显著区别。

同时,在新的组织形态和治理范式下,工艺流程、产品、功能、链条的惯常划分逻辑将被打破,使全球价值链攀升的传统路径难以具有普遍适用性和指导意义。例如,"微笑曲线"赖以成立的价值创造环节与价值创造高低之间的基本逻辑关系,在数字经济条件下也并非总是成立。有研究指出,"微笑曲线"在数字经济条件下可能会变成"悲伤曲线";也有研究认为,"微笑曲线"在数字经济条件下会变得更加"深凹"和"陡峭"。虽然两种观点截然不同,但至少说明数字经济条件下"微笑曲线"所揭示的传统升级路径可能已经面临无法适用的巨大挑战,需要重新考量数字经济条件下全球价值链的攀升路径。

---

① 邢予青:《中国出口之谜:解码"全球价值链"》,生活·读书·新知三联书店,2022年,第213页。

因此,高端生产要素与优势向"一带一路"沿线国家以外继续延伸,通过国际投资、海外兼并重组等方式,有效提升对海外经济要素的整合能力和掌控高度,获取发达国家的技术、品牌、营销网络等战略性资产,构建自己主导的生产、服务网络。同时,以发展技术密集型制造业为主,通过加大研发、品牌、营销建设力度实现内生性的转型升级。

从长远来看,全球化仍然是不可逆转的趋势,最终应在全世界范围内进行资源配置,构建稳定的价值链、供应链和产业链体系。正如党的二十大报告所指出的:"深度参与全球产业分工和合作,维护多元稳定的国际经济格局和经贸关系。"[1]凭借在本土以及区域市场纵深腹地价值链分工体系的构建,在不断的分工演变进程中,中国部分制造业具备了成熟的生产能力和较强的研发能力,也积累了较好的价值链治理经验,逐渐实现其价值链分工相关活动在全球范围的延伸或拓展。

(三)打造新型产学研合作培养模式

党的二十大报告指出:"加强企业主导的产学研深度融

---

[1] 习近平:《高举中国特色社会主义伟大旗帜 为全面建设社会主义现代化国家而团结奋斗——在中国共产党第二十次全国代表大会上的报告》,《人民日报》,2022年10月26日。

合,强化目标导向,提高科技成果转化和产业化水平。"①新修订的《中华人民共和国科学技术进步法》紧跟《纲要》"加快建设科技强国"的发展目标与"完善科技体制改革"的革新举措,着力构建"产学研相结合的技术创新体系",创新性提出了"新型举国体制",强化国家对于科学技术研究的支持力度,"完善高效、协同、开放的国家创新体系""促进各类创新主体紧密合作"。从《中华人民共和国科学技术进步法》的修订精神来看,未来我国将更好发挥政府在协同创新中的引领作用,在物质支持层面,进一步加大财政投入力度;在组织协调层面,激发市场活力,促进各类创新主体紧密合作、创新要素充分有序流动。

诺贝尔化学奖得主罗杰·科恩伯格指出,"在过去的一个世纪中,大家熟知的生物医学的重大进展:X 射线、抗生素、无创影像、基因工程的发展等,都有一个共同之处,都是来自个人的努力"。科技原创离不开个人的自由思考和智慧积累。我国的科技体制改革和发展,在强调国家主体和国家作用重要性的同时,有必要特别关注、保护、鼓励社会及其个体在科学研究和技术发明中的聪明才智和积极性,最大限度地扩大科研人员自主权,激发他们的科技创新和科技治理积极性,为科技创新提供

---

① 习近平:《高举中国特色社会主义伟大旗帜 为全面建设社会主义现代化国家而团结奋斗——在中国共产党第二十次全国代表大会上的报告》,《人民日报》,2022 年 10 月 26 日。

可持续发展的不竭源泉。2018年,习近平总书记强调:"创新之道,唯在得人;得人之要,必广其途以储之。"[①]近年来,国家深化科技体制改革、不断放开科研自主权,这也正在为我国科技人才的发展创造新的战略空间。

一方面,产学研合作可以帮助企业开拓新市场或形成差异化以抵御竞争压力,因而市场竞争可以提高企业参与产学研合作创新的动力。与企业自身创新的渐进性、应用性特征不同,高校和科研机构的创新成果普遍具有更强的激进性和突破性[②],因而许多研究发现企业参与产学研合作的重要目的在于,借助产学研合作的突破性创新成果开拓全新的细分市场或形成竞争对手难以模仿的差异化优势。当市场竞争程度上升,企业更可能寄希望于开拓新市场或形成差异化以在激烈竞争中脱颖而出,而这意味着企业更加需要产学研合作创新。

另一方面,随着基础研究、应用研究、技术开发的边界越来越模糊,创新已经进入协同融合和数据开放共享的新时代,迫切需要通过"有组织的"新型举国体制的创新来实现,突破传统的学科壁垒,充分整合自然科学、社会科学和人文科学等多学科领域,形成贯穿基础研究、应用研究和产业化的全链条。打破

[①] 习近平:《在中国科学院第十九次院士大会、中国工程院第十四次院士大会上的讲话》,人民出版社,2018年,第19页。

[②] Wirsich, A., et al., "Effects of University-Industry Collaboration On Technological Newness of Firms", *Journal of Product Innovation Management*, 33(6), 2016.

大学院系设置过于专业化、学校教育与生产实践相脱节的现状,在新型科研机构设立、经费投入、项目设置、数据共享、人才培养等方面,探索符合新型大国科技发展之路。

科技是第一生产力,人才是第一资源,创新是第一动力。人才是自主创新的关键,顶尖人才具有不可替代性。国家发展靠人才,民族振兴靠人才[1]。2022年4月21日,习近平总书记给北京科技大学老教授回信强调:"民族复兴迫切需要培养造就一大批德才兼备的人才。希望你们继续发扬严谨治学、甘为人梯的精神,坚持特色、争创一流,培养更多听党话、跟党走、有理想、有本领、具有为国奉献钢筋铁骨的高素质人才,促进钢铁产业创新发展、绿色低碳发展,为铸就科技强国、制造强国的钢铁脊梁作出新的更大的贡献!"[2]为此,教育部出台了"强基计划"等针对基础学科的支持政策,自2012年以来认定建设1189个基础学科一流专业,大力培养在基础学科领域有天赋、有潜力的青年英才[3]。新科技发展背景下,教育部还推进新工科、新医科、新农科、新文科建设和学科交叉培养体系改革,重点培养产

---

① 习近平:《深入实施新时代人才强国战略 加快建设世界重要人才中心和创新高地》,《求是》,2021年第24期。
② 《习近平给北京科技大学的老教授回信强调 发扬严谨治学甘为人梯精神 培养更多具有为国奉献钢筋铁骨的高素质人才》,《人民日报》,2022年4月23日。
③ 怀进鹏:《为加快建设世界重要人才中心和创新高地贡献力量》,《人民日报》,2022年1月26日。

业和区域发展急需的基础研究人才。

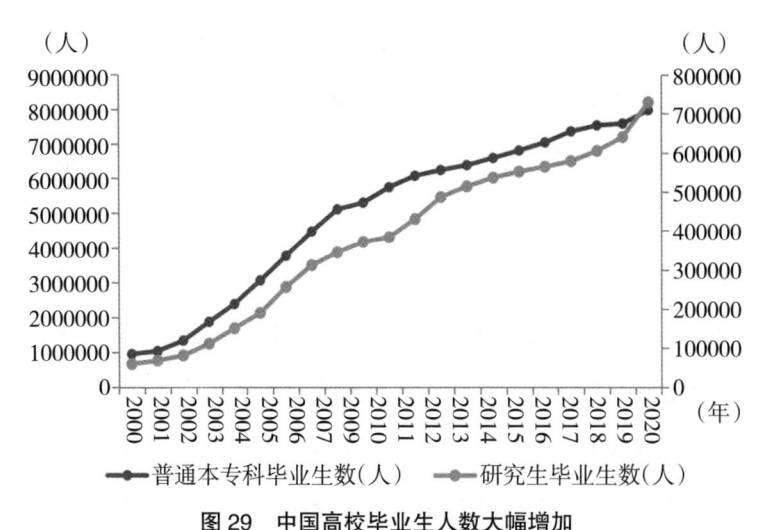

图 29 中国高校毕业生人数大幅增加

资料来源:数据整理自中国教育统计年鉴。

从国内高等教育情况看,2020 年我国普通高校毕业生人数和研究生毕业人数分别为 797.2 万人和 72.8 万人,分别是 2000 年的 8.4 倍和 12.4 倍。2020 年底,我国科技人力资源总量达 11234 万人,连续多年居世界第一,比 2012 年增长了 4529 万人。我国研究与试验发展(R&D)人力规模也处于全球领先地位,2020 年 R&D 人员全时当量为 523.45 万人年,比 2012 年增加 198.77 万人年,年均增长率约 6.15%。R&D 人力投入强度也逐年增长,2020 年万名就业人员中 R&D 人员数已达 70 人,与西方发达国家的差距逐渐缩小[①]。我国的人口优势正从单纯的"人口红利"向高素质人口转型,工程师红利逐渐凸显。

以培养新时代数字化人才为例,这需要我们统筹各方力量,打造国家鼓励、高校支持、企业参与的新型产学研合作培养模式。具体来看:

第一,由相关部委委托专业院校联合一批数字化转型创新创业标杆企业作为实践教学基地,通过财政补贴或税收优惠引导企业加大对现有人才队伍数字素养与数字技能的在职培训。着力打造基于"研发+生产+供应链"的数字化产业链生态圈,鼓励科研机构、科技企业与传统企业、金融机构等共享技术创新成果与专业人才资源,对技术入股者提供个人所得税政策优惠和数字化转型科研奖励金个人所得税优惠,以及住房生活补助、子女教育和家属医疗等方面的优惠政策,最大限度激活现有数字化人才的创新内生动力,并以其示范效应带动更多数字化专业人才的培养和成长。

第二,高等院校需要打造一批具有现代数字化技术能力的师资队伍,将数字化技术融入现有的课程体系,培养学生的数字化能力和素养。通过校企共建产学研协同创新平台和人才培养基地等手段,开展"订单式教育",为企业数字化转型提供经

---

① 中国科协调研宣传部、中国科协创新战略研究院:《中国科技人力资源发展研究报告(2020)》,清华大学出版社,2021年,第5页。

过系统化培养的定制型科班人才。

第三,企业积极与高校合作,通过实践教学平台和实验教学项目,开展数字化行业跨专业仿真实训,并举办专业数字化技能大赛,培养新型数字化人才。面对企业数字化转型所需的专家型高端技术人才,打破年龄、资历、身份界限,设立专项人才特殊补贴。切实推进政策联合、主体联合、资源联合、服务联合,为在更深层次上推动教育和产业互补互融探索新路径、提供新方案,推动高端人力资源的跨界流转与开放共享,实现人才和产业的良性互动。

四、维护和促进市场公平有序竞争

国家治理的法治化,就是要看政党、国家和社会这些治理主体是否在法治化的轨道进行国家治理,政权的行使是否都受到宪法和法律的约束,是否采用法治代替人治。一个关键性的标志就是能否建立高质量的营商环境。在传统观念中,一个地区的商业吸引力取决于其在土地、资源、补贴等方面的优惠政策,但是随着时间的推移,企业所享受的红利会逐渐消失,真正能够影响企业长久发展的是当地的产业配套、营商环境、行政效率、政府服务等软性因素。

(一)打造一流营商环境

从长远来看,一个地区实现高质量发展的前提是拥有高质量的营商环境,优良的营商环境有助于企业更好地发挥自身生产力。在当前深化改革、全面开放、推动我国经济高质量发展的进程中,营造国际一流营商环境已经成为我国经济防范危机、应对衰退、突破困境、稳健前行的战略目标和重要举措。为完善市场化、法治化、国际化的营商环境,习近平总书记在第二届中国国际进口博览会开幕式讲话中反复强调要"放宽外资市场准入,继续缩减负面清单,完善投资促进和保护、信息报告等制度"[①]。

高质量营商环境的第一个要素就是公平,公平是效率的保证,市场需要有着公平竞争的氛围。缺少公平的市场竞争往往意味着要素市场扭曲、产品市场调节信号失效、内生产能集中机制失灵以及研发创新动力缺乏等。这就是哈耶克所说的:"自由,只服从于法律,而不是其它。"[②]为此,党的二十大报告指出:"优化民营企业发展环境,依法保护民营企业产权和企业家权益,促进民营经济发展壮大。""56789"这个组合是对我

[①] 习近平:《开放合作 命运与共——在第二届中国国际进口博览会开幕式上的主旨演讲》,新华社,2019年11月5日。

[②] [英]弗里德里希·奥古斯特·冯·哈耶克:《通往奴役之路》,王明毅等译,中国社会科学出版社,2015年,第86页。

国民营企业社会价值最常见的凝练性概括:贡献了全国50%以上的税收、60%以上的国内生产总值、70%以上的技术创新成果、80%以上的城镇劳动就业以及90%以上的企业数量和新增就业。2012—2021年,我国民营企业数量从1085.7万户增长到4457.5万户,10年间翻两番,民营企业在企业总量中的占比由79.4%提高到92.1%[1]。

2020年7月,习近平总书记在企业家座谈会上的讲话中指出,要实施好《中华人民共和国民法典》和相关法律法规,依法平等保护国有、民营、外资等各种所有制企业产权和自主经营权,完善各类市场主体公平竞争的法治环境,做到一视同仁,完善公平竞争环境[2]。"十四五"规划指出,构建高水平社会主义市场经济体制,要"激发各类市场主体活力。毫不动摇巩固和发展公有制经济,毫不动摇鼓励、支持、引导非公有制经济发展"[3]。这一系列政策旨在为民营企业发展创造公平的市场环境。但是我们仍然应该注意到,国有企业在获得融资优势的同时也承担着较多的税负和社会责任。

---

[1] 林丽鹂.《民营企业数量10年翻两番——从2012年1085.7万户增长到2021年4457.5万户》,《人民日报》,2022年3月23日。

[2] 习近平:《论把握新发展阶段、贯彻新发展理念、构建新发展格局》,中央文献出版社,2021年,第358页。

[3] 《中共中央关于制定国民经济和社会发展第十四个五年规划和二〇三五年远景目标的建议》,新华社,2020年11月3日。

相反，民营企业在资本和劳动力要素获取处于劣势的同时，在政府补贴以及税收等方面获得相应的"倾斜"。习近平总书记结合在浙江任职时期的实践经验，科学分析了国有经济与民营经济相辅相成的发展历程。他指出："民营经济的发展为浙江国有企业改革乃至整个宏观领域的改革提供了动力源泉。民营经济的发展不仅没有陷国有经济于绝境，反而为国有经济的改革与发展创造了优越的外部条件，实现了不同所有制经济的相互融合、相得益彰、共同发展。……民营经济的一些市场属性对国有企业在客观上有着很大的影响，起着促进观念更新的作用，制度参照的作用，市场开拓的作用，参与改制、分流人员的作用。"[①]

实际上，对标国际一流水平，我国在很多方面还存在较大差距，由于各类专项补贴申报流程复杂、材料冗繁，或是民营企业家对于各类政策了解不足，或是市场主体遭遇不公待遇等原因，政策落地难，存在隐形政策壁垒。近年来广受诟病的企业市场退出障碍、企业融资难融资贵等问题均源于此。突破这些难点，打造国际一流营商环境，需要长期不懈的探索和努力。2018年以来启动的新一轮优化营商环境改革，是以企业等市场主体为中心而展开的。面对新时代经济结构调整所带来的新要求，

[①] 习近平：《干在实处 走在前列——推进浙江新发展的思考与实践》，中共中央党校出版社，2006年，第85~86页。

2019年10月8日，国务院通过并颁布了《优化营商环境条例》，该条例从2020年1月1日起正式实施，这是我国首部关于优化营商环境的行政法规，为国内创建良好有序的营商环境提供了有力的法治保障。优良的法治化营商环境既能为非公经济企业经营活动减少阻力，也能为企业聚集人才、技术、资金等经济要素提供充足的基础条件。

营商环境的优化主要从"放管服"三个维度进行。其中，"放"指的是简政放权，降低市场准入门槛；"管"指的是创新监管，促进公平竞争，主要是对企业的信用监管；"服"指的是高效服务，营造便利环境，包含线下政务服务和线上数字政府建设。"放管服"的着力点在于增强市场主体的获得感。

2016年，浙江省基于"四张清单一张网"提出"最多跑一次"改革，并随后在全省范围内掀起了改革热潮，试图创新体制机制，将服务理念上升至治理理念，以构建整体性政府。"最多跑一次"改革自实施以来，政府效率明显提高、撬动全面深化改革成效初显、整体性政府改革模式基本形成，在为企业获得政务服务创造便利条件的同时，亦为优化营商环境提供了制度基础，全面提升了浙江省营商环境质量，连续两年在"万家民营企业评营商环境"中位居全国第一[①]。"互联网+"政务服务能够

---

① 《万家民营企业评营商环境》，中华全国工商业联合会，2021年。

降低企业制度性交易成本、提升政府效率、加强政务服务精准供给。浙江省大力实施"数字经济"一号工程,推动数字化变革,已初步建成"掌上办事之省""掌上办公之省"。借此东风,浙江省全面推开"互联网+"政务服务,"一网通办"加速形成。《2020年中国政府网站绩效评估报告》显示,浙江省政务服务能力绩效高居全国第一[①]。

海南作为我国最大的经济特区和自由贸易港,于2021年11月1日起正式施行《海南自由贸易港优化营商环境条例》,期望通过本地优化营商环境条例更好地解决本地营商环境存在的问题,以立法的形式对一些有效的改革举措加以固化,最终在营商环境方面对标国际上自由港的先进水平。为有效推进营商环境建设,切实了解市场主体面临的各种问题,海南省成立了优化营商环境工作专班,上线了营商环境问题受理平台,构建了高效畅通的政企沟通渠道。

《海南自由贸易港优化营商环境条例》明确规定,海南省原则上不再新设涉企准入许可,并全面推行极简投资审批制度。为提供标准化、便利化的政务服务,海南省统筹推动全省政务系统信息整合对接,实现全省政务服务事项无差别、同标准、便利化办理。比如,在进行不动产登记时,不动产登记机关

---

① 《2020年中国政府网站绩效评估报告》,清华大学公共管理学院与国家治理研究院,2020年。

正逐步实现与税务、公安、民政、社保等部门以及金融机构等单位的信息共享,实现不动产登记、交易、缴税并行办理,同时可通过将相关材料并行推送至供水、供电、供气等企事业单位,实现不动产登记与水、电、气变更的联动办理,大大简化和缩减相关事项的办理流程和时间。

高质量营商环境的第二个要素就是良好的知识产权保护制度。随着我国经济发展进入新常态,经济增长模式正处在由要素驱动、投资规模驱动向创新驱动转变的重要机遇期,创新日益成为维持和驱动中国经济可持续发展的决定性因素。在大众创业、万众创新和"互联网+"时代,创新对经济发展的引擎作用更加突出,我国实施知识产权战略的形势更加紧迫。知识产权保护是营造良好市场环境、创新环境和激发绿色技术创新活力的重要外部制度保障。

在助力创新发展的制度中,知识产权保护成为影响创新的关键性因素[①]。2021年9月,国务院印发的《知识产权强国建设纲要(2021—2035年)》明确指出,知识产权保护要更加严格,加快推进知识产权改革,更好发挥知识产权制度激励创新的基本保障作用。根据《二〇二一年中国知识产权保护状况》白皮书显示,我国知识产权保护社会满意度创新高,2021年已达

---

① 黎文靖、彭远怀、谭有超:《知识产权司法保护与企业创新——兼论中国企业创新结构的变迁》,《经济研究》,2021年第5期。

到80.61分[①]。世界知识产权组织发布的2021年全球创新指数报告显示,中国排名第12位,较上年上升2位,连续9年保持创新引领积极态势。

研发活动获得的知识产权存在外部性问题,即企业很难阻止其他企业模仿其知识产权,而政府加强知识产权保护则减少了外部性问题,降低了企业知识产权被侵犯的风险,提高研发投入的期望收益,从而鼓励企业进行更多的研发投入。当一个城市的知识产权保护缺乏,或者是知识产权保护力度较小,对侵权行为打击力度不够时,技术创新主体的创新活动和产出就不能得到有效保护。一方面,竞争者很快就会对创新进行模仿,导致创新主体的利润减少,使得企业等创新主体开展创新活动的意愿不断下降;另一方面,创新主体申请的发明专利不仅得不到有效保护,反而会让专利技术泄露给竞争者。一个城市知识产权保护力度越大,越能提高模仿者的模仿成本,侵权行为的发生概率就会下降。只有在知识产权保护较为充分的市场环境下,企业创新成果才不容易被竞争对手模仿或侵犯,创新活动才能够顺利转化为竞争优势和商业价值。

创新驱动发展战略的有效实施必然离不开与之相适应的知识产权制度。中国知识产权制度建设起步较晚,直到1982

[①] 《二〇二一年中国知识产权保护状况》,《光明日报》,2022年4月28日。

年,中国才通过了第一部《商标法》。1984年,中国的第一部中国知产保护法律才获得通过。1990年,中国才有了第一部《著作权法》。知识产权部门要会同相关部门建立知识产权保护联系机制和工作联动机制,定期开展打击知识产权侵权行为的专项行动,严格知识产权执法,缩短知识产权纠纷案件处理时间,改善知识产权司法保护环境,提高对知识产权侵权行为的处罚力度,不断提高知识产权司法保护水平。

在这个方面,我国知识产权保护法治化工作水平已经得到进一步提高。2021年,我国修改出台知识产权相关法律法规2部;发布知识产权保护相关司法解释4条;出台实施知识产权保护相关政策文件20余个。与此同时,中国的创新鼓励政策以选择性产业政策为主,但企业往往会出于寻求扶持目的,策略性地进行创新信息操纵,从而导致了大量"伪高新企业"与"专利泡沫"的产生,不仅无法改善信息环境,反而会因为大量的政策迎合行为加剧创新信息困境。

中央和地方政府一方面以立法、执法及制定法规文件等"硬规制"政策保护知识产权;另一方面也要使用官方媒体宣传将知识产权保护的执行意愿和政策倾向传递到企业,通过这类"软促进"方式推进国家创新能力建设。2021年,针对知识产权保护重大专题宣传报道总量超10万篇次,新媒体平台相关话题参与人次近40亿[①]。大力重视官方媒体对知识产权的宣传力度,以作为政策与法律制度的补充,形成鼓励创新与保护知识产权的风气,提高知识产权违法风险,降低知识产权保护的维权成本与难度,从而激励企业提升自主创新的数量和质量。

(二)新型举国体制:点式突破与链式创新

在中美贸易冲突不断升级的背景下,主要发达经济体展开了新一轮的政府补贴竞争,中国面临着补贴政策转型的客观现实,"撒胡椒面""一刀切"式补贴已无法满足新阶段的发展需要。如何更好地发挥政府补贴的精准效应,对补贴进行结构性优化,为企业营造公平竞争的政策环境等是迫切需要回应的重大问题。科技创新型举国体制要求市场在科技资源和创新要素配置中起决定性作用,并更好发挥政府在维护创新环境中的作用。

从企业生命理论来看,为了在市场中存活,实现从无到有的突破并逐步扩大规模,成长期企业与成熟期和衰退期企业相比,一般有比较强烈的动机进行新产品开发等创新活动,创新活力足[②]。但是成长期企业经营风险程度高,市场外部投资

[①] 《二〇二一年中国知识产权保护状况》,《光明日报》,2022年4月28日。
[②] 余典范、王佳希:《政府补贴对不同生命周期企业创新的影响研究》,《财经研究》,2022年第1期。

者出于对风险程度的考虑,较少会选择对成长期企业进行投资,这增加了该阶段企业的融资难度。政府补贴有效弥补了企业创新意愿与自身资源间的缺口。补贴也给成长期企业创新活动提供了低成本的试错机会,分担了成长期企业较高的创新风险。

企业进入成熟期后,生产经营模式、组织结构等日趋成熟,政府补贴的注入可能并不会改变企业的研发投入决策。而当企业进入衰退期时,组织结构僵化、对市场需求敏感度不足以及缺乏创新意识,企业自身创新意愿下降,外部资源也无法转化为创新活动投入。也就是说,产业政策应该更多地体现为"扶上马,送一程",而非干扰市场、逆市场而行。应尽量减少"锦上添花""与市场争利"的补贴行为,将优势资源集中于创新能力强的企业,充分发挥创新阶段企业与市场的主导作用。

从市场失灵理论与政府失效理论来看,微观创新主体,尤其是中小企业缺乏创新积极性和相应创新能力。此时,政府的及时"补位",有助于弥补市场失灵;有助于解决创新资源错配、创新资源使用效率过低等问题[①]。对于维护国家安全及社会稳定中涉及的科技创新问题具有重要的支持和引导作用。当然,这种"补位"的方式是多元化的,在试图弥补市场失灵的

---

① 杨思莹:《政府推动关键核心技术创新:理论基础与实践方案》,《经济学家》,2020年第9期。

过程中,干预不足或干预过度均可能导致另一种失灵——政府失效。"权力寻租"、利益集团操纵、民众"搭便车"、缺乏对政府及官员的严格监督和科学考核等均可能造成政府失灵[①]。

在社会主义市场经济条件下,要避免"市场失灵"与"政府失效"问题,建设中国特色社会主义科技强国,需要"政府"与"市场"优势互补,在党的领导下协同发力。有为"强政府"与有效"强市场"的"双强"新格局是推动我国科技事业发展的制度保障,更好地促进政府与市场"双轮驱动",科学统筹、协同攻关攻克关键核心技术及"卡脖子"技术。一方面,真正发挥市场在科技资源和创新要素配置中的决定性作用,给予市场主体自主创新的空间,激发其内生动力及潜在能力,充分尊重和发挥创新主体的主观能动性。另一方面,政府在维护科技创新市场环境方面应避免"缺位"或"越位",须做到"到位"。进一步加强知识产权保护,打造高精尖国家实验室,人工智能、量子通信、航空航天等技术的协同攻关,保证创新主体的有序竞争、市场竞争机制的完善与维护。

[①] [美]查尔斯·沃尔夫:《市场或政府:权衡两种不完善的选择》,马洪、孙尚清主编,中国发展出版社,1999年,第39页。

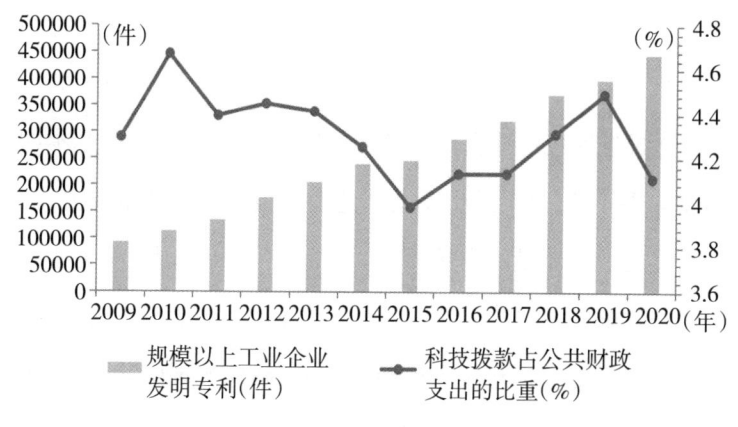

图 30　企业创新与政府产业政策支持齐头并进

资料来源：数据整理自中国科技统计年鉴。

（三）强化绿色产业政策的支持力度

自中国经济发展进入"新常态",传统依靠高耗能、高资源投入的粗放式增长方式已无法持续,绿色发展才是实现中国经济高质量发展的必然选择。为此中国政府先是提出了可持续发展战略,而后创新性地提出了绿色发展理念,应对生态环境的巨大挑战。党的十八大把污染防治作为三大攻坚战之一,党的十八届五中全会把绿色发展理念作为五大发展理念之一,党的二十大报告更是强调全方位、全地域、全过程加强生态环境保护。党中央把环境治理提升到如此高度,凸显了其对污染防治的重视。

就对外层面而言,中国不断为世界建设贡献中国智慧和中国方案。如习近平总书记在中国共产党与世界政党高层对话会上指出:"我们要努力建设一个山清水秀、清洁美丽的世界。"①推进绿色产业发展,是当前我国经济转型升级的基本内涵和首要任务,是推进生态文明建设的根本途径和重要方式,也是美丽中国建设的本质要求。2021年2月,《国务院关于加快建立健全绿色低碳循环发展经济体系的指导意见》指出:"建立健全绿色低碳循环发展的经济体系,确保实现碳达峰、碳中和目标,推动我国绿色发展迈上新台阶。"今后,我国必须走绿色产业发展道路,大力发展绿色经济。

图 31　我国经济发展单位 GDP 能耗持续下降

资料来源:数据整理自中国国家统计局网站。

2022年4月10日,《中共中央国务院关于加快建设全国

---

① 习近平:《携手建设更加美好的世界——在中国共产党与世界政党高层对话会上的主旨讲话》,人民出版社,2017年,第6页。

统一大市场的意见》(以下简称《意见》)公布,其中两个与"双碳"紧密相关,即建设全国统一的能源市场、培育发展全国统一的生态环境市场[①]。具体来说,是要依托公共资源交易平台,建设全国统一的碳排放权、用水权交易市场,实行统一规范的行业标准、交易监管机制。推进排污权、用能权市场化交易,探索建立初始分配、有偿使用、市场交易、纠纷解决、配套服务等制度。推动绿色产品认证与标识体系建设,促进绿色生产和绿色消费。

《意见》将能源和生态环境市场纳入要素和资源市场,提出了"结合实现碳达峰碳中和目标任务,有序推进全国能源市场建设""健全多层次统一电力市场体系"等改革举措,必将对落实"双碳"战略部署,加快绿色低碳发展,推动经济社会发展全面向绿色发展转型起到重要作用。节能、节水,包括集约生产、自然循环利用、低碳发展等,实质上都是绿色产业发展的主要内容。而绿色产品、绿色工厂、绿色供应链、绿色园区等关联措施,更是绿色产业系统的重要内容。传统制造业发展对化石燃料等能源资源存在着显著依赖性,不仅造成巨大的环境污染,还将自身锁定在低端产业领域。

在制造业价值链攀升初期,因煤炭资源丰富且市场准入门

---

① 《中共中央国务院关于加快建设全国统一大市场的意见》,人民出版社,2022年,第10页。

槛较低,煤炭消费量占比不断上升,经济体处于以高能耗、高排放为主要特征的工业快速发展阶段,工业结构调整是基于保障能源供给缺口来满足能源需求,能源结构没有得到优化甚至可能进一步恶化。在此阶段不仅新能源开发成本过高无法实现对传统能源的替代,而且节能减排技术还没有取得实质性突破,可能会存在进口方绿色技术吸收能力不足的问题。

随着新经济发展及社会绿色意识的提高,制造业价值链攀升到成熟阶段,能源结构向低能耗低排放的方向调整,在此阶段进一步通过绿色技术创新等多种途径降低能源生产成本、提高能源利用效率、降低能源消费碳排放强度、减少污染成本[①]。经济发展是否高质量、是否绿色取决于产业发展是否高质量、是否绿色,如果产业不能坚持绿色高质量发展,经济的发展方式必然是粗放的,这种粗放的发展方式带来的负面效应将直接危及人类的前途命运。绿色产业共同体着眼于生产关系层面的调整,以适应生产力发展,实现人与资本和谐相处,既能实现生产力的发展和人民物质财富的增加,又能达到保护环境的目的。

2020年3月,中共中央国务院印发了《关于构建现代环境治理体系的指导意见》,指出要构建导向清晰、决策科学、执行

---

① 史丹:《绿色发展与全球工业化的新阶段:中国的进展与比较》,《中国工业经济》,2018年第10期。

有力、激励有效、多元参与、良性互动的环境治理体系。环境治理体系建设是国家治理体系建设的重要组成部分，是建设美丽中国的迫切需要，是完善生态文明制度体系的重要任务，是统筹山水林田湖草系统治理的根本要求，是实现生态环境事业高质量发展的必然选择。可以看到，随着环境污染治理投资总额的不断增加，中国的突发环境事件次数持续下降，彰显了中国环境治理的巨大成效。

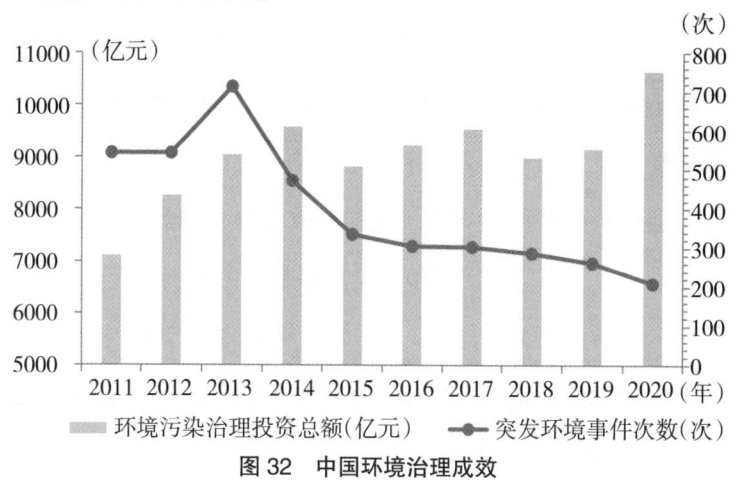

图 32 中国环境治理成效

资料来源：中华人民共和国生态环境部统计公报。

中国实行绿色发展正是对生态环境挑战的回应，通过坚持绿色发展，注重解决人与自然和谐问题，建设天蓝地绿水清的美丽中国。这就要求进一步完善主体功能区布局和生态安全屏障，提高能源资源开发利用效率，有效控制能源和水资源消耗、建设用地、碳排放总量，减少主要污染物排放总量。同时，生产方式和生活方式向绿色、低碳方向迅速转变,在全社会推行生态文明主流价值观,使得生态文明建设水平与全面建成小康社会相得益彰。

五、小结

在美国宣称美中竞争已经进入"极限竞争"时代并不断营造美中全面战略对抗的氛围的背景下,美国智库新美国安全中心最新的报告显示:为了有效应对中国挑战、增强和延续美国的经济竞争力和世界技术领先地位,美国政府必须在国家新产业政策战略的指导下,更加有效地参与到具体的重要产业活动中。当下的中美竞争是全球最复杂的大国博弈,反映的是国家利益的博弈问题,那么在如此复杂的局势下,中国究竟应该制定怎么样的产业政策,才能如期建成社会主义现代化强国,屹立在世界东方?

中国人民并不愿意走弱肉强食、贫富悬殊、社会矛盾丛生的资本主义现代化道路。中国未来的产业政策应当是能够兼顾长期、全局与多维的发展目标。在党的领导下,深度融合政府宏观调控与市场自由选择的双重优势,优先实施普惠性的产业政策,让产业政策有更为广泛的潜在受益对象。我们要在考虑经济效益、社会效益、环境效益三位一体的情况下重点发展战略性新兴产业,加快企业数字化转型,打造一流的营商环境,以高级生产要素对接融入全球价值链,努力构建现代产业体系并推动经济高质量发展。

附录

贸易摩擦,无助于保持产业优势

近年来,中美贸易摩擦沸沸扬扬、不断升级,引起全世界关注。针对中美贸易摩擦,中国相继主动提出相关举措包括加大进口、提升市场开放度等。这些措施一定程度上呼应了美方所谓"实现公平和对等贸易"的诉求。但是美方变本加厉,不断滋事,指责中国的产业政策和贸易政策,甚至抛出《中国贸易破坏性的经济模式》的文件,对中国经济模式指指点点。项庄舞剑,意在沛公。中美贸易摩擦的核心并不在产业政策,而是美国出于发展的焦虑,表现出的霸凌行为。因此,中国的任何应对都不可能解决美国的焦虑,更不会从根本上解决美国的真正忧虑:如何保持美国产业的核心竞争力。解铃还须系铃人,美国的问题只能从美国自身寻求解决之道。

一、壁垒越坚固,市场越缩小

历史是最好的教科书。让我们看看美国是如何利用产业政策发展经济,以及美国挥舞高额关税大棒给世界经济带来了怎样的灾难性影响。

回溯美国的产业发展史可以发现,美国的产业政策有着深刻历史根源,是确保其经济崛起和超越英国的利器。按照瑞士经济史学家保罗·贝洛赫的说法,美国是"现代贸易保护主义的发源地和堡垒"。在产业政策的扶持下,美国从落后的农业国家一举成为世界第一大工业国。尽管现在的美国政府声称不喜欢产业政策,但产业政策实质上伴随了美国200多年。

不仅如此,美国政府还一直通过高额关税对"幼稚产业"实施保护、对战略产业发展予以扶持。1820年至1931年,美国平均关税税率高达35%~50%。为克服1929年经济大萧条,美国还进一步强化关税保护。1930年6月,美国通过《斯穆特—霍利关税法》,有900多种工业品和70多种农产品的关税得以提高。其中,农产品平均的关税水平从20%提高到34%,应纳进口关税税率从38.2%增至55.3%。

当时,美国的举措引发世界范围内的"蝴蝶效应"。各国保护主义愈演愈烈、壁垒日益坚固,国际市场由此缩小,世界贸易出现螺旋式收缩。本是挣脱萧条泥潭的举措,却产生了越来越大的负面影响。1929年至1933年,世界贸易额从350亿美元下降到120亿美元,全球贸易量降幅达25%,且接近50%的降幅是由贸易保护而直接导致的。贸易保护主义带来的恶性竞争,推动了全球经济的下行。

为尽快扭转这一被动局面,美国与西方27个国家不得不达成多个双边贸易协定，对64%的应税进口商品作出关税减让，使税率平均降低44%。但亡羊补牢为时已晚，世界经济由于深陷泥沼而无法自拔。包括美国在内，各国经济迟迟找不到出路。直到第二次世界大战，美国经济才因战争带来的刺激而最终走出困境。正因为这个教训，第二次世界大战结束后，美国开始大力推行自由贸易。

殷鉴不远。现在美国又悍然不顾世界经济发展潮流，再次动用关税措施。效果如何呢？最新数据显示，美国的贸易逆差比特朗普上台时还要高。其中，美国和中国的贸易逆差，只增长了0.9%；美国与墨西哥贸易逆差，增长了10.5%；美国与加拿大贸易逆差，暴增了39.7%。

二、"对等贸易"只是表面借口

中美贸易摩擦只会更加坚定中国做好自己事的信念。

改革开放40多年来，我们通过"技术换市场"以及有效的学习和超越，得以不断增强自主创新能力。但是在关键技术、核心技术上，中国与美国依然有较大差距。无论是从美国的发展经验还是从中美贸易摩擦趋势来看，强化自身的科技创新实力、实现核心技术自主可控，对中国来说愈发紧迫。从一定程度来说，真正提升自主科技实力，特别是提升关键技术和核心技术的自主创新能力,是对美国贸易制裁措施的有力回应。

针对中美贸易摩擦,中国目前提出的举措包括加大进口、提升市场开放度等。这些措施一定程度上呼应了美方所谓"实现公平和对等贸易"的诉求,但不会从根本上解决美国的真正忧虑:如何保持美国产业的核心竞争力。

按照经济学的互通有无原理,要从根本上削减对华贸易逆差,美国放松高技术出口管制是最直接有效的办法。但长期以来,美国宁可保持几千亿美元的对华贸易逆差,也不放松对华高技术出口管制。可见,对美国来说,保持产业竞争优势是比实现中美贸易平衡更加重要的政策目标。

目前,中国政府从国家战略层面规划了提升产业实力和科技竞争力的现实路径,这其实是美国发动贸易战的真正原因。从这个角度来看,现在美国把贸易政策当产业政策来用,而中国强调从贸易角度出发来解决贸易问题,事实上双方是存在错位的。由此,中美贸易摩擦的走向和结果,还有待进一步关注。但简单来说,解铃还须系铃人,美国的问题只能从美国自身寻求解决之道。

三、破除西方迷信和过度自卑

美国方面还宣称,中国的社会主义市场经济不是真正的市场经济,市场经济不应该有产业政策。这一错误观点是具有诱导性的,必须予以准确阐释。

首先,市场经济没有产业政策不是历史真相。在历史发展中,欧洲财富的扩散乃至整个西方资本主义的发展,都是一系列市场竞争政策作用的结果。

其次,"中国经济的非市场性质"概念是臆断。事实上,没有所谓市场经济的标准定义,也没有一个放之四海而皆准的市场经济标准。美国可以再次强大,但不能以损人的方式让"美国优先"。美国把自己的经济模式作为所谓市场经济的样板,更是典型的一元中心论。

从语义上讲,社会主义市场经济不是市场经济,也犯了逻辑学的错误。它跟"白马非马论"一样,是强盗逻辑或者说是诡辩。改革开放40多年来,中国努力探索符合中国国情的市场经济道路,并且不断取得巨大成就。正是社会主义市场经济体制让中国从站起来、富起来走向强起来,这是中国不同于西方的优势。从这个意义上说,宣称"社会主义市场经济不是市场经济",本质上反映了美国"不能容忍"中国的经济体制优势。当然,社会主义制度和市场经济的结合是前无古人的伟大创新,许多问题还需探索,还需不断深化改革。所以,要坚持改革开放不动摇,要以开放促改革。

最后,中国崛起尤需中国理论。西方理论难以解释中国现象,也不能解决中国问题。随着中国日益走近世界舞台的中央,必然会产生与全球化时代利益主体的剧烈碰撞。面对越来越多的重大问题,需要展开高水平的讨论,需要提出有效对策。近年来,世界经济有过好几次的重大波动,经济学家都没有很好预测,甚至还出现了一些误判。

在经济学界,一些人只相信西方世界才是色彩斑斓,中国永远只能是陪衬;还有人只愿意跟在美国主流经济学的后面"鹦鹉学舌",只习惯于在西方的囚笼里跳舞,不断用中国的素材来验证西方的命题。这种被动和束缚,是非常不利于维护中国国家利益的。

此外,对于中美贸易摩擦有两种倾向必须引起注意:一种是把问题归咎于所谓中国的高调宣传所致;另一种是各种各样的"盛世危言",认为中美贸易摩擦,中国没有胜算,绝对承受不起。在网络上,此类言论受到了一些人的追捧。这再一次提醒我们,有必要破除对西方话语、西方理论的迷信以及对自身的过度自卑。

华为事件是美国对中国高科技企业的政治追杀
——警惕西方遏制中国策略变化

一、华为事件不是孤立的

现在美国故意说成是法律纠纷,狼子野心昭然若揭,背后真实意图却是美国对中国高科技产业发展的打压。美国希望通过打压中国具有代表性的高科技企业,来摧毁中国发展高科技工业的信心。目的只有一个,那就是阻断中国高科技企业崛起,遏制中国进军高科技领域,保持西方在该领域的绝对优势。或者说,保持美国的科技优势。

2018年12月1日,加拿大偏听偏信美国一面之词,在孟晚舟女士于温哥华转机之时逮捕了她。由此引发华为事件沸沸扬扬,备受全球关注。现在又变本加厉,不顾中国政府的一再交涉,美国司法部宣布了对华为公司、有关子公司及其副董事长、首席财务官孟晚舟的23项指控。

美国如此歇斯底里地迫害华为这样的高科技企业,这令中国人始料不及,也震动了全球。看来美国下了将华为全力打压下去的战略决心,更不在乎这样做会对国际规则造成多大冲击,产生什么后果。

这一事件让人再次联想到,中兴公司被美国高额罚款,京东老总刘强东在美国陷入性侵丑闻旋涡,现在又是对华为的起诉及首席财务官孟晚舟被逮捕。现在来看,这一连串的事件,并不是孤立的。

二、西方傲慢唱不衰中国

回顾中国改革开放40多年来的历程,西方总是用傲慢与偏见不断唱衰中国。中国经济崩溃论、危机论、硬着陆论等,从来没有消失过。特别是党的十八大以来,此类论调再次形成一个高潮,然而却又是屡屡误判。事实上,不管西方如何判断,都挡不住中国经济发展的步伐,因为中国经济发展的事实摆在那里。

中国崛起标志着西方主导全球地位的终结,同时也表明一个运用多种不同方式塑造的新型世界的崛起。因此,只要中国继续保持大国崛起,"唱衰中国论"都会存在。因为中国崛起更有可能造成主导世界400多年之久的"西方中心主义"演变成东、西方之间的大均衡。对于新中国70多年来取得的伟大成就,我们不能奢望西方必然给予鲜花、鼓励和掌声。在资源有限、利益高度竞争的国际系统中，西方国家尤其是美国往往给中国指责、非难、挑剔，甚至遏制。对此，我们应该有心理准备。

三、西方遏制中国策略发生了变化

一段时间以来，美方动用国家力量抹黑和打击特定的中国企业，企图扼杀企业的正当合法经营，背后有很强的政治企图和政治操弄。应该说，采用种种不正当手段打压中国公司华为的做法，暴露了一些人见不得人的阴暗心理，但注定是搬起石头砸自己的脚。显然，这一事件不是华为本身有什么问题，而是因为中国的某些高科技已经引领世界。现在美国故意说成是法律纠纷，狼子野心昭然若揭，背后真实意图却是美国对中国高科技产业发展的打压。美国希望通过打压中国具有代表性的高科技企业，来摧毁中国发展高科技工业的信心。目的只有一个，那就是阻断中国高科技企业崛起，遏制中国进军高科技领域，保持西方在该领域的绝对优势。或者说，保持美国的科技优势。

不过，美国想通过这种莫须有的手段达到遏制中国的目的，恐怕无济于事。历史证明，逆历史潮流者必被历史所淘汰。在看清了美国为首的西方国家真实面目之后，我们应该未雨绸缪，做好应对危机的准备。

显而易见的是，虽然中国目前在技术领域与美国相比，还有明显的差距，但中国正在迎头赶上，全力缩小这一差距。而且美国的这一举措很可能适得其反：会前所未有地激发中国所有国有和民营高科技企业的创新热情。在新中国成立之时，美国也曾对中国实施严厉的禁运，妄图以此扼杀新中国。毛泽东在《别了，司徒雷登》中对美国人说："封锁吧，封锁十年八年，中国的一切问题都解决了。"[①]果然，中国用短短几十年时间就走完西方用几百年才完成的道路，建立了初步完整的工业体系。

　　现在美国人又故技重演，但这显然又是美国的严重误判。中华民族是一个绝不屈服的民族，面对封锁，中国的科研人员更会因此发愤努力，苦练内功，从中激发出空前的创新攻关热情。封锁是倒逼中国尽快形成完善的创新体系和完整的研发制造产业链。过去"两弹一星"是如此，航天技术也是如此；超级计算机是如此，量子通信也同样是如此……如今美国将中国视为唯一的挑战者，对中国实施极为严苛的技术封锁。尽管美国每年都出现巨额对华贸易逆差，但美国就是在高科技产品禁止对华出口这一问题上毫不动摇，一以贯之。他们以为只要不让中国接触到这些高科技，中国就会在封锁中沉沦下去。毛泽东说过："中国人民有志气，有能力，一定要在不远的将来，赶上

---

① 《毛泽东选集》（第四卷），人民出版社，1991年，第1496页。

和超过世界先进水平。"在高科技领域,中国企业同样不会束手就范。假以时日,中国一定能够在全球高科技领域占据应有的地位,这是任何力量都无法阻挡的。

四、中国超越是大趋势

今天的中国今非昔比,有70多年社会主义建设的伟大成功实践,积累了相当丰富的加工制造技术经验,同时也通过自力更生获得了在高科技领域的突破,一批中国企业更是开拓进取,涉入芯片、通信等顶尖领域,打破了美国等西方国家垄断高科技的局面。当然,事实上高科技的世界,越来越不可能由一个国家、一个公司完整地完成一件事情。人类信息社会未来的膨胀是无限大的,任何一个市场机会都不可能由一个国家、一家公司独立完成,需要有众多国家合作、千万个公司共同承担。应该说,在世界发展进程中,中美两国的利益关联不断加深,中美两国历史上的务实合作也给两国企业和民众带来了真正的实惠。

正是因为中国人相信美国的伟大,让中国人忽略了美国背后的政治谋略。华为事件让更多的中国人看出,美国是不会再给中国太多的时间来发展自己的民族工业。因为正在崛起的高科技企业已威胁到美国的优先。因此,未来中国在对外开放进程中除了专注在国际贸易规则框架内与美国博弈外,更应该注意美国背后的动作,保护好中国的高科技企业,保护好中国的科技人才,因为他们是中国崛起的希望。

当然中国不希望与美国发生冲突,只想好好一心一意全力建设自己的国家,发展自己的经济。中国发展不是错误,因为只有中国发展好,世界才会更好。但是在美国眼里,只要中国有超越美国的势头那就是犯罪。

时至今日,面对美国的一系列做法,国内一些人仍然执迷不悟,觉得美国人可能是对的。只能说这很傻很天真,是该清醒的时候了。对此,我们想再次借用毛泽东在《别了,司徒雷登》中的话提醒:"中国还有一部分知识分子和其他人等存有糊涂思想,对美国存有幻想,因此应当对他们进行说服、争取、教育和团结的工作,使他们站到人民方面来,不上帝国主义的当。"[①]

[①] 《毛泽东选集》(第四卷),人民出版社,1991年,第1496页。

国家赶超离不开产业政策指引

产业政策如何在国家赶超中发挥指引作用？有种论调提出，产业政策是穿着马甲的计划经济，应当废除任何形式的产业政策。对此，更多理性的学者指出"一味反对产业政策是不负责"，经济升级和转型发展需要产业政策的支持。

我们知道，经济学不是哲学，理论的自洽性不能简单地依靠逻辑推演和模型演绎；经济学是致用之学，不能盲目相信乃至套用所谓西方理论的说法，而要看实际的做法与经验得失，从历史中吸取教训、寻求答案。

事实上，当今所有的发达国家在赶超时期都积极采取了干涉主义的工业、贸易和技术政策，以促进幼稚产业的发展。有产业政策未必成功，但没有产业政策，经济发展必然不成功。

一、英国的变革：从出口羊毛到成为帝国

英国作为现代自由放任学说的思想发源地，被一些人视为没有采用国家干预政策而发展起来的国家。但透视历史，我们可以发现，这不是事实。

很长一段时间里,英国是一个相对落后的国家。1600年前,英国从欧洲大陆进口技术,依靠向当时更先进的"低地国家"出口羊毛及少量低附加值的羊毛纺织品获取收益。爱德华三世是有意致力于发展英国羊毛纺织业的功臣。为树立榜样,他本人甚至只穿英国的纺织品,建立羊毛贸易中心,禁止进口羊毛纺织品。后来的都铎王朝更是进一步采取了一系列促进英国羊毛纺织业发展的政策。

1719年,笛福写出了《鲁滨逊漂流记》这样一部闻名世界、影响很大的文学名著,成为英国现实主义的开端之作。但很少有人注意到,他也写过一部经济学著作《英国商业计划》。书中具体描述了英国如何从一个高度依赖向"低地国家"出口羊毛的国家,变成世界最强大的羊毛加工国家。因此,如果《鲁滨逊漂流记》可视为英国向海外扩张和从事殖民掠夺的蓝图,那《英国商业计划》就算是规划英国如何成为帝国的具体行动纲领。

正是有着这样的蓝图和行动纲领,1721年英国立法改革确立了以提升制造业为目标的产业政策。其基本原则是,必须保证厂商在国内免受国外制成品的竞争,必须保证制成品的自由出口,并尽可能给予奖励和补贴。

正是有了此后50多年的产业政策推动,最终夯实了英国的工业领先地位。之后,亚当·斯密在《国富论》中才开始鼓吹自由贸易,希望英国通过自由贸易将优势地位转化为更多的全球获利,而不是真心帮助后发国家搭建所谓发展梯子。恰恰相反,英国此时需要的是剪后发工业国或农业国的"羊毛"而已。

二、美国的崛起:从零星工业到 GDP 第一

美国从 1776 年建国至今只有 200 多年的历史。今天,美国的 GDP 总量位居世界第一,而其人口大约只是世界的 5%。事实上,美国的腾飞是很晚的事情,一直到 19 世纪末至 20 世纪初才挤上发达国家的列车。

美国立国之初,不少学者建议应该依赖农业、放弃制造业。但现实情况正好相反,美国在工业发展的过程中,产业政策发挥了重大的作用。

在英国统治下,美国不被允许使用关税保护新兴工业,并禁止出口与英国相同的产品。殖民当局甚至对美国生产什么产品,也作出了具体的规定。当英国的权贵听说美国正在出现新兴工业时,给出的意见是"英国殖民地就是一个马蹄钉也不允许生产"。当然,英国的政策比这个评论还是略微仁慈点,允许美国有零星的工业,但绝对不允许有高技艺制造产品。

美国的智者并不甘心于这种格局。1791 年,汉密尔顿向美国国会递交《制造业的报告》。他呼吁,美国要有一个庞大的计划来发展工业,并应该保护自己的幼稚产业免受外来竞争,直

到它能自立之时。为此,他提出了一系列发展工业的政策措施,包括关税、补贴、发明奖励、生产标准和交通基础设施等。

应该说,汉密尔顿为美国的崛起提供了指引,也为美国现代经济发展创造了条件。因此,他被称为塑造现代美国的人。而如果当初美国采纳托马斯·杰斐逊的建议,可能至今只是一个弱小的农业国或者所谓"自给自足的农业经济体"。

今天,美国新能源产业、信息产业、生物产业及航空航天产业等,都得到了政府政策的鼎力支持。尽管美国人自己很少讲产业政策,但只要看看美国总统的国情咨文和预算报告,就不能否认美国实际上存在着产业政策。

当然,也确实有不少学者将市场原教旨主义奉为圭臬,美国人也自诩"自由主义的灯塔"。这种思潮正让美国社会深受其害。今天的美国,工业持续失血、实体经济逐渐被抽空,经济疲软和蓝领阶层大量失业,引发贫富对立、种族矛盾。也正是在这种背景下,才促成了特朗普的"逆袭"成功。

三、苏联的经验:从遍地凋零到工业强国

20世纪初期,苏联经济可以说是遍地凋零。好在实行了新经济政策等一系列政府主导战略,逐步扭转了这一格局。到斯大林时期,更是通过政府主导将产业政策优势发挥到极致,实

现了重工业的优先发展，由此奠定了苏联强大的工业和国民经济基础。

至1940年，苏联的生铁达到1500万吨、钢达到1830万吨、煤达到1.6亿吨、石油达到3100万吨、商品谷物达到3830万吨、棉花则为270万吨，其工业产量占当时世界工业总产量的17.6%，成为世界第二大工业国。可以说，正是由于一系列产业政策的推动，苏联仅用20多年时间就迅速发展为可与美国比拼的工业强国，并让西方世界在半个世纪时间里为之战栗。

然而到20世纪末期，苏联放弃了道路自信，转而在解体之后由俄罗斯等国走上了资本主义发展模式的行进之路。可结果并不令人满意，甚至状况越来越糟糕。

四、中国的腾飞：从"一穷二白"到世界第二大经济体

新中国成立之初，面临着"一穷二白"的局面，甚至连一个螺丝钉都无法独立生产，更不用说完整的工业体系。但正是依靠一系列产业政策，通过独立自主、自力更生，我们建立起了完善的工业体系和国民经济体系。特别是改革开放40多年来，我国经济发展迅速，从一个贫穷落后的弱国变成世界第二大经济体，并且还保持了较好的发展节奏和趋势。这里面，产

业政策功不可没。

举例来看,现在中国高铁正稳步走向世界,高铁的全部核心技术和有关知识产权均被我们掌握。在国内,我们正在把高速铁路建往四面八方,总里程已占全球的70%。中国高铁产业的腾飞,与2004年1月通过的中长期铁路网规划密切相关。试想如果没有国家的高铁发展产业政策,而是任由市场自行发展,我们的高铁网络不知何时才能建成。

哈佛大学教授罗德里克有句经典告诫:相同的经济学,不同的经济政策。当我们认真梳理历史和当下变化时,可以更清醒地意识到中国道路和中国经验的价值所在。

现有产业政策确实在某些方面、环节存在与现实不相适应的地方,需要通过深化改革予以相应调整。这样做的目的是提高产业政策的精准性、有效性,既推动战略性新兴产业蓬勃发展,又注重新技术和新业态,全面改造提升传统产业,实现新动能发展壮大、传统动能焕发生机。从这个意义上说,笼统和绝对地拒绝乃至反对产业政策,对于认识和解决新常态下的中国经济问题并无裨益。

总之,对于一个国家特别是大国的经济发展而言,产业政策和宏观调控不仅非常有必要,而且还将发挥越来越重要的作用。助推"中国制造2025",我们需要的是"建设性"的意见,而非"颠覆性"的判断;需要更多、更适宜的产业政策,而不是相反。

美国在产业政策上搞"州官放火"

近年来,中美贸易摩擦持续升温。同时,美国不断滋事,对中国的产业政策横加指责。但历史是最好的教科书,让我们看看美国是如何利用产业政策发展经济,挥舞关税大棒给世界经济带来灾难性影响。

一、美国曾带给世界的灾难

回溯美国的产业发展史,我们发现,美国的产业政策有着深刻的历史根源。美国第一任财政部部长汉密尔顿就是早期的产业政策倡导者。他于1791年向美国国会提交了涵盖钢铁、铜、煤、谷物、棉花、玻璃、火药、书籍等众多产业的制造业发展计划,从而开启了美国政府通过产业政策推动工业化的正式篇章。他认为如果遵从比较优势理论,美国基础薄弱的制造业必然会被冲击,而美国的产业只能被限制在农业范畴。因此他认为政府可以通过征收高额进口关税,极端情况下可以禁止进口,来保护国内刚起步的制造业。

正是在产业政策的扶持下,美国从一个典型的落后农业国家,一举成为世界第一工业国。第一次世界大战前夕,美国的工业产量居世界首位,占全球工业总产量的32%,钢、煤、石油和粮食产量均居世界首位。虽然在当今学术界不少学者将市场原教旨主义奉为圭臬,但在19世纪,美国却没有执行这一套理论。相反,在美国工业发展的过程中,产业政策发挥了重大作用。

不过现在,美国总想抹杀这一事实。难怪很多人说,美国最好的产业政策就是让全世界相信美国没有产业政策。

美国政府一直通过高额关税对幼稚产业实施保护和战略产业发展扶持,仅1820—1931年,美国平均关税税率就高达35%~50%。在美国高关税的领头羊作用下,英国、意大利、德国、法国、丹麦、俄罗斯、日本、西班牙等发达国家在不同历史发展阶段也纷纷效仿。结果,高关税产生的蝴蝶效应,打击了全球经济的稳定,也成为1929—1933年世界经济危机的导火索。从1929—1933年,世界贸易额从350亿美元下降到120亿美元,美国以及12个西欧经济体名义GDP增速在1930年、1931年分别下滑5%、7%。对美国自身而言,其进口额从44亿美元降到了14.5亿美元,出口则从51.6亿美元降到了16.5亿美元,物价下降了33%,失业率上升到25%。可以说,美国的贸易保护主义是搬起石头砸了自己的脚。

为尽快扭转这一被动局面。1945年,美国与西方27个国家共达成了32个双边贸易协定,对64%的应税进口商品作了关税减让,使税率平均降低了44%。第二次世界大战结束后,美国才大力推行自由贸易。殷鉴不远,现在美国又悍然不顾世界经济发展大潮流,再次动用关税措施向中国发难。

二、中国从中获得的启示

对此,笔者想说,第一,中美贸易战只会更加坚定中国实施产业政策的决心。美国对华发动贸易战表面上是贸易纠纷,实则剑指中国高端制造乃至发展模式。中国改革开放40多年,通过实施"技术换市场"策略以及有效模仿学习,不断增强并最终形成了相当的自主创新能力。但是在关键技术、核心技术上中国与美国依然有较大差距。因此,无论是从美国的发展经验还是目前中美贸易战局势来看,中国强化自身科技创新实力、实现核心技术自主可控的重要性越发凸显。只有真正提升中国自主科技实力特别是关键技术和核心技术的自主创新能力,才是对美国贸易制裁措施的最有力回应。

中国提出的改善中美贸易关系的方案,无法从根本上化解美国的真正忧虑,即如何更好保持美国产业的核心竞争力。因为要从根本上削减对华贸易逆差,美国放松高技术出口管制是最直接有效的办法。但长期以来,美国宁可保持几千亿美元的逆差,也决不放松对华高技术出口管制。因此,对美国来说,保持产业竞争优势是比实现中美贸易平衡更加重要的政策目标。现在,中国政府从国家战略层面规划了提升中国产业和科技竞争力的现实路径,并使产业竞争实力飞速进步,动摇了美国产业竞争优势。这才是美国发动贸易战的真正原因。

第二,市场经济没有产业政策,不是历史的真相。美国指责中国的社会主义市场经济不是真正市场经济,市场经济不应该有产业政策。但正如著名经济学家赖纳特所说,欧洲财富的扩张,整个世界的发展,是一系列市场竞争政策的有意识的结果:市场如风一样,是一种力,它被驯服以达到某个既定目标。你不必按照风或者市场偶尔吹起的方向运行。只有当你步入高水平发展层次时,累积性因素和路径依赖才会朝着正确前进方向吹。国家越穷,就越无力让风朝着正确的方向吹。

事实上,没有所谓的标准"市场经济"的定义。从语义上讲,社会主义市场经济不是市场经济,犯了逻辑学的错误,就好像白马非马论,是典型的强盗逻辑。市场经济不只有一种模式,正是社会主义市场经济体制让中国实现了蓬勃发展,这是中国不同于西方的体制优势。社会主义制度和市场经济的结合,是前无古人的伟大创新,许多问题还需探索,还需要不断深化改革。但是并非什么"社会主义市场经济不是市场经济",而是美国"不能容忍"中国的经济体制优势,因为社会主义市场经济体制优势让"美国优先"受到挑战。这才是问题的本来面目。

"市场经济没有产业政策"是谎言

近年来,中美贸易摩擦沸沸扬扬、不断升级,引起全世界关注,并成为当今全球化的最大公共事件。同时,美国不断指责中国的产业政策和贸易的种种不是,从政府的垄断低效率到贸易不公平。历史是最好的教科书。让我们看看发达国家是如何利用产业政策发展自己经济的。

一、英国是产业政策的发源地

率先在经济发展中使用产业政策的应该是英国。人类工业革命最先爆发于英国,但英国并不是在所谓完全市场经济条件下完成工业革命和技术进步的。其实,英国工业的崛起充分利用了产业政策。以英国工业革命的龙头——纺织业来说,当年英国的纺织业面临的竞争对手既有欧洲的荷兰、西班牙、法国;也有来自中国、伊朗和印度的竞争。更关键的是,英国的本土纺织品没有任何竞争力,谈不上任何的竞争优势。

但是英国并没有放弃发展纺织业,反而以政策和国家力量扶持本国纺织业的发展——先是在光荣革命后完全停止进口法国和荷兰的毛纺织品,并在1699年通过《羊毛法案》,保护本土纺织业。在1700年,英国议会又立法禁止从印度进口棉织品,而且法令严格到即便只有一根棉线也不能由印度制造。事实上,印度不但有着劳动力与原材料代价都低的有利条件,而且有着相传好几百年的实践经验与技术。这些制造品物美价廉,但是英国弃而不顾,宁可使用质量较差、代价较昂的本国产品。即便到1812年,英国还对从印度进口的花布征收高达71.7%的进口税。如果允许印度的棉、丝织品自由输入英国,那么英国的棉纺业和丝织业将会马上垮台。

不但如此,英国的精细呢绒、麻布、玻璃、纸张、帽子、绸缎、钟表等工业技术上的改进,以及一部分五金工业的建立,都是靠引进外来技术来实现的。同时,英国懂得怎样利用禁止输入与高额关税来促进这些工业的迅速发展。对此,李斯特不无讥讽地强调,每一个欧洲大陆国家都是这个岛国的老师,它的每一种工业技术都是向这些国家模仿得来的,它学会了以后就把这些工业建立在自己的国土上,然后在关税制度下加以保护,促使它们发展。

因此,英国工业革命的成就完全是在产业政策和贸易保护主义庇护下发展起来。正如无数英国经济史家指出的,都铎王朝时期的产业政策才是英国崛起的真正秘密。至于经济学鼻祖亚当·斯密鼓吹的比较优势理论,仅仅是英国取得工业领先地位之后，希望通过比较优势从后发工业国或农业国剪羊毛而已。

二、美国是产业政策的堡垒

回溯美国的产业发展史，我们发现，美国的产业政策有着深刻的历史根源，并且是确保其经济崛起和超越英国的利器。按照瑞士经济史学家保罗·贝洛赫的说法，美国是"现代贸易保护主义的发源地和堡垒"。

从历史上看，美国第一任财政部部长汉密尔顿就是早期的产业政策倡导者。美国首任财政部部长汉密尔顿于1791年向美国国会提交了涵盖钢铁、铜、煤、谷物、棉花、玻璃、火药、书籍等众多产业的制造业发展计划，从而开启了美国政府通过产业政策推动工业化的正式篇章。他驳斥了英国经济学家亚当·斯密的比较优势理论，认为如果美国遵从比较优势理论，美国基础薄弱的制造业必然会被冲击，而美国的产业只能被限制在农业范畴。因此，他认为政府可以通过征收高额进口关税，极端情况下可以禁止进口，来保护国内刚起步的制造业。

英国辉格党政治家、首相老威廉·皮特在1770年曾说过，在殖民地就是一只马蹄钉也不准制造。亚当·斯密和萨伊也曾断言，美国就应像波兰一样，注定是应当经营农业。情况既然这样,美国人民就生来被老天指定专门从事农业,美国人民就应当这样老老实实地服从造物主的安排。连美国也承认,我们曾依照现代理论家的劝告,从价格低廉的地方买进我们需要的东西,结果国外商品泛滥于我们的市场,我们的工业濒于毁灭。

正是在产业政策的扶持下,美国从一个典型的落后农业国家,一举成为世界第一工业国。至第一次世界大战前夕,美国的工业产量居世界首位,占全球工业总产量的32%,钢、煤、石油和粮食产量均居世界首位。虽然在当今学术界不少学者将市场原教旨主义奉为圭臬,但在19世纪,美国却没有执行这一套理论。正相反,美国在工业发展的过程中,产业政策发挥了重要作用。

现在,美国总想抹杀这一事实。难怪很多人说,美国最好的产业政策就是让全世界相信美国没有产业政策。尽管美国政府声称不喜欢产业政策,但是看看美国的发展历史,产业政策一直是伴随着美国200多年的经济发展史。

三、法国工业崛起离不开产业政策扶持

在产业政策上,紧随英国之后的是法国。法国能成功并非遵循自由市场经济。恰恰相反,自由市场经济还导致了法国经济的崩溃并诱发了法国大革命。

面对英国工业革命的竞争,因为迷信亚当·斯密的比较优势理论,法国工业已濒临破产,制造商也所获甚微。在拿破仑时代,法国执政者意识到完全的自由市场是愚蠢而荒谬的。拿破仑认为,在任何情况下,任何国家想采取完全市场经济,必将一败涂地。对于亚当·斯密的比较优势理论,拿破仑更是不以为然,并以刺刀为后盾,以枪炮开路,坚信硬实力才是开辟市场的武器,极力推行大陆封锁体系——宣布任何商品必须有原产地证明,确属非英国及其殖民地产品,方可进入大陆。

拿破仑说过,以前对于财产只有一种说法,就是土地的占有,现在兴起了一种新型的财产,这就是工业。为此,拿破仑将产业政策推向极致,通过颁布《拿破仑民法典》,用暴力解放封建庄园中的农奴,将封建生产关系全部砸碎,由资本主义生产关系取而代之,使相对落后的法国工业获得了廉价劳动力、庞大的消费品市场和丰富的原材料,加上拿破仑在历次战争中掠夺到的财富,由此使法国资本主义工业获得了发展的良机。正是拿破仑树立并促进了法国的产业政策,法国经济才获得长足发展。

四、德国工业革命是产业政策的直接结果

如果说法国经济的崛起离不开产业政策的保驾护航,德

国工业革命则更是产业政策的直接结果——德意志各邦政府充分发挥了产业政策的作用,大力推进德国工业革命。比如,建立起德意志关税同盟,实行高关税政策将英国和法国的工业品挡在国门之外,再比如以兴办国营企业、资助私营企业的方式帮扶产业发展。

在德国,首先采取产业政策的是奥地利和普鲁士。普鲁士之所以成为欧洲列强之一,主要不是由于它的煊赫战绩,而是由于在促进工农商业方面的贤明政策。俾斯麦作为德意志帝国首任宰相,人称"铁血宰相",被誉为"德国的建筑师"及"德国的领航员",更是进一步强化了德国的产业政策,由此推动德国经济腾飞,创造了德国工业的奇迹。在1830年,德意志的工业人口占比仅为不足3%,仍是一个典型农业国,至1870年,德国煤产量达3400万吨,生铁产量达139万吨,钢产量达17万吨,铁路线长度18876千米,德国工业一举超越法国,总产值占世界工业总产值的13.2%。

市场经济没有产业政策不是历史真相。正如赖特纳所说,欧洲财富的扩张,整个世界的发展,是一系列市场竞争政策的有意识的结果:市场如风一样,是一种力,它被驯服以达到某个既定目标。国家越穷,就越无力让风朝着正确的方向吹。

主要参考文献

一、经典文献

1.《马克思恩格斯全集》(第25、44卷),人民出版社,2001年,2009年。

2.《马克思恩格斯文集》(第二、五、九卷),人民出版社,2009年。

3.《马克思恩格斯选集》(第二、三卷),人民出版社,2012年。

4.马克思:《资本论》(第一卷),人民出版社,2004年。

5.马克思、恩格斯:《德意志意识形态(节选本)》,人民出版社,2003年。

6.《列宁全集》(第4卷),人民出版社,2013年。

7.《列宁选集》(第三卷),人民出版社,2012年。

8.《斯大林选集》(上),人民出版社,1979年。

9.《毛泽东选集》(第四卷),人民出版社,1991年。

10.《邓小平文选》(第三卷),人民出版社,1993年。

11.习近平:《决胜全面建成小康社会 夺取新时代中国特色社会主义伟大胜利——在中国共产党第十九次全国代表大

会上的报告》,人民出版社,2017年。

12.习近平:《高举中国特色社会主义伟大旗帜　为全面建设社会主义现代化国家而团结奋斗——在中国共产党第二十次全国代表大会上的报告》,人民出版社,2022年。

13.习近平:《习近平谈治国理政》(第一卷),外文出版社,2018年。

14.习近平:《论把握新发展阶段、贯彻新发展理念、构建新发展格局》,中央文献出版社,2021年。

15.习近平:《干在实处　走在前列——推进浙江新发展的思考与实践》,中共中央党校出版社,2006年。

16.习近平:《在庆祝全国人民代表大会成立60周年大会上的讲话》,人民出版社,2014年。

17.习近平:《在庆祝中国共产党成立95周年大会上的讲话》,人民出版社,2016年。

18.习近平:《携手建设更加美好的世界——在中国共产党与世界政党高层对话会上的主旨讲话》,人民出版社,2017年。

19.习近平:《在中国科学院第十九次院士大会、中国工程院第十四次院士大会上的讲话》,人民出版社,2018年。

20.习近平:《齐心开创共建"一带一路"美好未来:在第二届"一带一路"国际合作高峰论坛开幕式上的主旨演讲》,人民出版社,2019年。

21.习近平:《开放合作 命运与共——在第二届中国国际进口博览会开幕式上的主旨演讲》,人民出版社,2019年。

22.习近平:《携手抗疫 共克时艰——在二十国集团领导人特别峰会上的发言》,人民出版社,2020年。

23.习近平:《在中华人民共和国恢复联合国合法席位50周年纪念会议上的讲话》,人民出版社,2021年。

24.习近平:《让多边主义的火炬照亮人类前行之路——在世界经济论坛"达沃斯议程"对话会上的特别致辞》,人民出版社,2021年。

25.习近平:《加强政党合作 共谋人民幸福——在中国共产党与世界政党领导人峰会上的主旨讲话》,人民出版社,2021年。

26.习近平:《在全国脱贫攻坚总结表彰大会上的讲话》,人民出版社,2021年。

27.习近平:《在庆祝中国共产党成立100周年大会上的讲话》,人民出版社,2021年。

28.习近平:《携手迎接挑战,合作开创未来——在博鳌亚洲论坛2022年年会开幕式上的主旨演讲》,人民出版社,2022年。

29.《中共中央关于全面深化改革若干重大问题的决定》,人民出版社,2013年。

30.《中共中央关于坚持和完善中国特色社会主义制度 推进国家治理体系和治理能力现代化若干重大问题的决定》,人民出版社,2019年。

31.《中共中央关于制定国民经济和社会发展第十四个五年规划和二〇三五年远景目标的建议》,人民出版社,2020年。

32.《中共中央关于党的百年奋斗重大成就和历史经验的决议》,人民出版社,2021年。

33.《中共中央 国务院关于加快建设全国统一大市场的意见》,人民出版社,2022年。

34.中共中央文献研究室:《习近平关于全面深化改革论述摘编》,中央文献出版社,2014年。

35.中共中央文献研究室:《习近平关于全面从严治党论述摘编》,中央文献出版社,2016年。

36.中共中央文献研究室:《习近平关于科技创新论述摘编》,中央文献出版社,2016年。

37.中共中央文献研究室:《习近平关于全面建成小康社会论述摘编》,中央文献出版社,2016年。

38.中共中央文献研究室:《习近平关于社会主义政治建设论述摘编》,中央文献出版社,2017年。

39.中共中央文献研究室:《习近平关于社会主义生态文明建设论述摘编》,中央文献出版社,2017年。

40.中共中央党史和文献研究院:《习近平关于"三农"工作论述摘编》,中央文献出版社,2019年。

41.中共中央文献研究室:《习近平关于社会主义政治建设论述摘编》,中央文献出版社,2017年。

42.中共中央文献研究室:《十八大以来重要文献选编》(中),中央文献出版社,2016年。

43.中共中央党史和文献研究院:《十八大以来重要文献选编》(下),中央文献出版社,2018年。

44.中共中央党史和文献研究院:《习近平关于"不忘初心、牢记使命"论述摘编》,中央文献出版社,2019年。

45.中共中央党史和文献研究院:《十九大以来重要文献选编》(中),中央文献出版社,2021年。

46.中共中央宣传部:《习近平新时代中国特色社会主义思想学习问答》,学习出版社、人民出版社,2021年。

二、学术专著

1.[印度]阿比吉特·班纳吉、[法]埃斯特·迪弗洛:《贫穷的本质:我们为什么摆脱不了贫穷》,景芳译,中信出版集团,2018年。

2.[英]阿瑟·刘易斯:《经济增长理论》,周师铭等译,商务印书馆,1999年。

3.[挪威]埃克里·S.赖纳特:《富国为什么富,穷国为什么穷》,杨虎涛等译,中国人民大学出版社,2013年。

4.[法]埃里克·谢弗尔、[美]大卫·索维:《产品再造:数字时代的制造业转型与价值创造》,彭颖婕、李睿译,上海交通大学出版社,2019年。

5.[英]安东尼·吉登斯:《民族—国家暴力》,胡宗泽等译,生活·读书·新知三联书店,1998年。

6.[英]安德鲁·海伍德:《政治学》,张立鹏译,中国人民大学出版社,2006年。

7.[英]彼得·蒂尔、布莱克·马斯特斯:《从0到1:开启商业与未来的秘密》,高玉芳译,中信出版集团,2015年。

8.[美]查尔斯·沃尔夫:《市场或政府:权衡两种不完善的选择》,谢旭译,中国发展出版社,1999年。

9.陈学明等:《走向人类文明新形态》,天津人民出版社,2022年。

10.[美]戴维·霍夫曼:《寡头:新俄罗斯的财富与权力》,冯乃祥等译,上海译文出版社,2018年。

11.[美]戴维·瓦尔德纳:《国家建构与后发展》,刘娟凤等译,吉林出版集团,2011年。

12.[美]道格拉斯·诺斯、罗伯特·托马斯:《西方世界的兴起》,厉以平等译,华夏出版社,2009年。

13.[英]道格拉斯·欧文:《贸易的冲突:美国贸易政策200

年》,余江等译,中信出版集团,2019年。

14.邓正来:《国家与社会:中国市民社会研究》,北京大学出版社,2008年。

15.[美]印德尔米特·吉尔、霍米·卡拉斯:《东亚复兴:关于经济增长的观点》,黄志强译,中信出版集团,2008年。

16.樊纲:《双循环:构建"十四五"新发展格局》,中信出版集团,2021年。

17.冯宗宪:《国际贸易理论与政策》,西安交通大学出版社,2009年。

18.[法]弗朗索瓦·巴富瓦尔:《从"休克"到重建:东欧的社会转型与全球一体化—欧洲化》,陆象淦等译,社会科学文献出版社,2010年。

19.[美]弗朗西斯·福山:《国家构建:21世纪的国家治理与世界秩序》,郭华译,上海三联书店,2020年。

20.[美]弗朗西斯·福山:《历史的终结与最后的人》,陈高华译,广西师范大学出版社,2014年。

21.[美]弗朗西斯·福山:《信任:社会美德与创造经济繁荣》,郭华译,广西师范大学出版社,2016年。

22.[英]弗朗西斯·福山:《政治秩序的起源:从前人类时代到法国大革命》,郭大力等译,广西师范大学出版社,2014年。

23.[英]弗里德里希·奥古斯特·冯·哈耶克:《通往奴役之路》,

王明毅等译,中国社会科学出版社,2015年。

24.[德]弗里德里希·李斯特:《政治经济学的国民体系》,邱伟立译,华夏出版社,2013年。

25.付文军:《面向〈资本论〉:马克思政治经济学批判的逻辑线索释义》,人民出版社,2018年。

26.顾朝林:《中国城市地理》,商务印书馆,1999年。

27.胡键:《资本的全球治理:马克思恩格斯国际政治经济学思想研究》,上海人民出版社,2016年。

28.贾根良:《国内大循环:经济发展新战略与政策选择》,中国人民大学出版社,2020年。

29.金挥等:《苏联经济概论》,中国财政经济出版社,1985年。

30.[丹]考斯塔·艾斯平-安德森:《福利资本主义的三个世界》,郑秉文译,法律出版社,2003年。

31.[英]克里斯多夫·皮尔逊:《论现代国家》,刘国兵译,中国社会科学出版社,2017年。

32.[美]克里斯托夫·克拉格:《制度与经济发展:欠发达和后社会主义国家的增长与治理》,余劲松等译,法律出版社,2006年。

33.[英]孔飞力:《中国现代国家的起源》,陈兼等译,生活·读书·新知三联书店,2013年。

34.李新宽:《国家与市场:英国重商主义时代的历史解读》,

中央编译出版社,2013年。

35.[美]理查德·波斯纳:《资本主义的失败——〇八危机与经济萧条的降临》,沈明译,北京大学出版社,2009年。

36.厉以宁:《厉以宁讲欧洲经济史》,中国人民大学出版社,2016年。

37.林毅夫:《经济发展与转型》,北京大学出版社,2007年。

38.[美]W.W.罗斯托:《这一切是怎么开始的:现代经济的起源》,黄其详等译,商务印书馆,2014年。

39.[德]马克斯·韦伯:《新教伦理与资本主义精神》,阎克文译,上海人民出版社,2012年。

40.[美]迈克尔·赫德森:《国际贸易与金融经济学:国际经济中有关分化与趋同问题的理论史》,丁为民等译,中央编译出版社,2014年。

41.[美]曼库尔·奥尔森:《国家兴衰探源:经济增长、滞胀与社会僵化》,吕应中等译,商务印书馆,1993年。

42.[美]曼瑟·奥尔森:《国家的兴衰》,吴爱明等译,上海人民出版社,2018年。

43.[美]彭慕兰:《大分流:欧洲、中国及现代世界经济的发展》,史建云译,江苏人民出版社,2003年。

44.[日]青木昌彦、奥野正宽:《经济体制的比较制度分析》,魏加宁等译,中国发展出版社,2005年。

45.［法］热拉尔·迪梅尼尔、多米尼克·莱维:《大分化:正在走向终结的新自由主义》,陈杰译,商务印书馆,2015年。

46.［英］塞缪尔·P.亨廷顿:《变化社会中的政治秩序》,王冠华等译,上海人民出版社,2008年。

47.［美］托马斯·戴伊等:《民主的反讽》,林朝辉译,新华出版社,2016年。

48.［美］托马斯·弗里德曼:《世界是平的:21世纪简史》,湖南科学技术出版社,2008年。

49.［美］托马斯·K.麦克劳:《现代资本主义:三次工业革命中的成功者》,赵文书等译,江苏人民出版社,1999年。

50.［法］托马斯·皮凯蒂:《21世纪资本论》,巴曙松等译,中信出版集团,2014年。

51.［美］瓦克拉夫·斯米尔:《美国制造:国家繁荣为什么离不开制造业》,李凤梅等译,机械工业出版社,2014年。

52.王长江:《政党论》,人民出版社,2009年。

53.［澳］维斯、霍尔森:《国家与经济发展:一个比较及历史性的分析》,黄兆辉、廖志强译,吉林出版集团,2009年。

54.文一:《伟大的中国工业革命:"发展政治经济学"一般原理批判纲要》,清华大学出版社,2016年。

55.［德］乌尔里希·森德勒:《工业4.0:即将来袭的第四次工业革命》,邓敏等译,机械工业出版社,2015年。

56.吴玉岭:《扼制市场之恶:美国反垄断政策解读》,南京大学出版社,2007年。

57.邢予青:《中国出口之谜:解码"全球价值链"》,生活·读书·新知三联书店,2022年。

58.[美]雅各布·S.哈克、保罗·皮尔森:《赢者通吃的政治》,陈方仁译,格致出版社,2015年。

59.[英]亚当·斯密:《国民财富的性质和原因的研究》,郭大力等译,商务印书馆,2001年。

60.[英]约翰·梅纳德·凯恩斯:《就业、利息和货币通论》,陆梦龙译,中国社会科学出版社,2009年。

61.[美]约瑟夫·E.斯蒂格利茨:《美国真相:民众、政府和市场势力的失衡与再平衡》,刘斌夫等译,机械工业出版社,2020年。

62.[美]约瑟夫·E.斯蒂格利茨:《重构美国经济规则》,张昕海译,机械工业出版社,2017年。

63.[奥]约瑟夫·熊彼特:《经济发展理论》,何畏等译,商务印书馆,2020年。

64.翟东升:《货币、权力与人:全球货币与金融体系的民本主义政治经济学》,中国社会科学出版社,2019年。

65.[英]詹姆斯·R.汤森、布兰特利·沃马克:《中国政治》,顾速等译,江苏人民出版社,2003年。

66.张建新:《美国贸易政治》,上海人民出版社,2014年。

67.[英]张夏准:《富国的伪善:自由贸易的迷思与资本主义秘史》,严荣译,社会科学文献出版社,2009年。

68.[英]张夏准:《富国陷阱:发达国家为何踢开梯子》,蔡佳译,社会科学文献出版社,2020年。

69.甄占民等:《自我革命:跳出历史周期律的第二个答案》,人民出版社,2022年。

70.周文:《国家何以兴衰:历史与世界视野中的中国道路》,中国人民大学出版社,2021年。

71.周文:《中国道路:现代化与世界意义》,浙江大学出版社,2021年。

三、报刊文章

1.习近平:《牢记初心使命,推进自我革命》,《求是》,2019年第15期。

2.习近平:《坚持和完善中国特色社会主义制度推进国家治理体系和治理能力现代化》,《求是》,2020年第1期。

3.习近平:《中国共产党领导是中国特色社会主义最本质的特征》,《求是》,2020年第14期。

4.习近平:《深入实施新时代人才强国战略 加快建设世界

重要人才中心和创新高地》,《求是》,2021年第24期。

5.习近平:《共担时代责任 共促全球发展——在世界经济论坛2017年年会开幕式上的主旨演讲》,《人民日报》,2017年1月18日。

6.习近平:《共同构建人类命运共同体》,《人民日报》,2017年1月20日。

7.习近平:《构建新发展格局 实现互利共赢——在亚太经合组织工商领导人对话会上的主旨演讲》,《人民日报》,2020年11月20日。

8.习近平:《坚持运用辩证唯物主义世界观方法论 提高解决我国改革发展基本问题本领》,《人民日报》,2015年1月25日。

9.习近平:《团结合作战胜疫情 共同构建人类卫生健康共同体——在第73届世界卫生大会视频会议开幕式上的致辞》,《人民日报》,2020年5月19日。

10.习近平:《携手共建人类卫生健康共同体——在全球健康峰会上的讲话》,《人民日报》,2021年5月22日。

11.习近平:《在第七十五届联合国大会一般性辩论上的讲话》,《人民日报》,2020年10月28日。

12.习近平:《在十八届中央政治局第十五次集体学习时的讲话》,《人民日报》,2014年5月28日。

13.《全国抗击新冠肺炎疫情表彰大会在京隆重举行》,《人民日报》,2020 年 9 月 9 日。

14.《习近平给北京科技大学的老教授回信强调 发扬严谨治学甘为人梯精神 培养更多具有为国奉献钢筋铁骨的高素质人才》,《人民日报》,2022 年 4 月 23 日。

15.《习近平在北京市调研指导新型冠状病毒肺炎疫情防控工作时强调 以更坚定的信心更顽强的意志更果断的措施 坚决打赢疫情防控的人民战争总体战阻击战》,《人民日报》,2020 年 2 月 11 日。

16.《习近平在中共中央政治局第三十五次集体学习时强调 加强合作推动全球治理体系变革 共同促进人类和平与发展崇高事业》,《人民日报》,2016 年 9 月 29 日。

17.《习近平主持召开中央财经委员会第五次会议强调 推动形成优势互补高质量发展的区域经济布局 发挥优势提升产业基础能力和产业链水平》,《人民日报》,2019 年 8 月 27 日。

18.《中共十九届五中全会在京举行》,《人民日报》,2020 年 10 月 30 日。

19.《中共中央政治局常务委员会召开会议 中共中央总书记习近平主持会议 分析国内外新冠肺炎疫情防控形势 研究部署抓好常态化疫情防控措施落地见效 研究提升产业链供应链稳定性和竞争力》,《人民日报》,2020 年 5 月 15 日。

20.《中央经济工作会议在北京举行 习近平李克强作重要

讲话 栗战书汪洋王沪宁赵乐际韩正出席会议》,《人民日报》,2020年12月19日。

21.《中央经济工作会议在北京举行》,《人民日报》,2019年12月13日。

22.《中央农村工作会议在京召开》,《人民日报》,2021年12月27日。

23.蔡昉:《人口转变、人口红利与刘易斯转折点》,《经济研究》,2010年第4期。

24.蔡敏、李长胜:《美国重振制造业完全依靠自由市场吗?——论重振过程中的美国产业政策》,《政治经济学评论》,2020年第5期。

25.蔡跃洲:《中国共产党领导的科技创新治理及其数字化转型——数据驱动的新型举国体制构建完善视角》,《管理世界》,2021年第8期。

26.钞小静、任保平:《中国经济增长结构与经济增长质量的实证分析》,《当代经济科学》,2011年第6期。

27.陈进华:《治理体系现代化的国家逻辑》,《中国社会科学》,2019年第5期。

28.陈钊:《大国治理中的产业政策》,《学术月刊》,2022年第1期。

29.程国强、朱满德:《新冠肺炎疫情冲击粮食安全:趋势、影响与应对》,《中国农村经济》,2020年第5期。

30.笪凤媛、郑长德、涂裕春:《制度质量、资本积累与长期经济增长》,《经济经纬》,2014年第6期。

31.丁从明、马鹏飞、廖舒娅:《资源诅咒及其微观机理的计量检验——基于CFPS数据的证据》,《中国人口·资源与环境》,2018年第8期。

32.董利红、严太华、邹庆:《制度质量、技术创新的挤出效应与资源诅咒——基于我国省际面板数据的实证分析》,《科研管理》,2015年第2期。

33.董志勇、李成明:《"专精特新"中小企业高质量发展态势与路径选择》,《改革》,2021年第10期。

34.范丹、孙晓婷:《环境规制、绿色技术创新与绿色经济增长》,《中国人口·资源与环境》,2020年第6期。

35.方颖、赵扬:《寻找制度的工具变量:估计产权保护对中国经济增长的贡献》,《经济研究》,2011年第5期。

36.干春晖、郑若谷、余典范:《中国产业结构变迁对经济增长和波动的影响》,《经济研究》,2011年第5期。

37.郭杰、王宇澄、曾博涵:《国家产业政策、地方政府行为与实际税率——理论分析和经验证据》,《金融研究》,2019年第4期。

38.韩文龙、周文:《国家治理体系与治理能力现代化视角下构建公共卫生应急管理协同治理体系的思考》,《政治经济学评论》,2020年第6期。

39.韩文龙、周文:《马克思的贫困治理理论及其中国化的历程与基本经验》,《政治经济学评论》,2022年第1期。

40.韩鑫:《解码"小巨人"的成长秘诀》,《人民日报》,2021年1月29日。

41.韩永辉、黄亮雄、王贤彬:《产业政策推动地方产业结构升级了吗?——基于发展型地方政府的理论解释与实证检验》,《经济研究》,2017年第8期。

42.何凌霄、南永清、张忠根:《老龄化、健康支出与经济增长——基于中国省级面板数据的证据》,《人口研究》,2015年第4期。

43.胡必亮、张坤领:《"一带一路"倡议下的制度质量与中国对外直接投资关系》,《厦门大学学报》(哲学社会科学版),2021年第6期。

44.怀进鹏:《为加快建设世界重要人才中心和创新高地贡献力量》,《人民日报》,2022年1月26日。

45.黄宪、黄彤彤:《论中国的"金融超发展"》,《金融研究》,2017年第2期。

46.贾根良、楚珊珊:《制造业对创新的重要性:美国再工业化的新解读》,《江西社会科学》,2019年第6期。

47.贾俊生、伦晓波、林树:《金融发展、微观企业创新产出与经济增长——基于上市公司专利视角的实证分析》,《金融研究》,2017 年第 1 期。

48.贾俊雪、郭庆旺、宁静:《传统文化信念、社会保障与经济增长》,《世界经济》,2011 年第 8 期。

49.贾利军、陈恒烜:《资本品驱动制造业升级:自由贸易还是产业保护——新古典经济学与新李斯特主义经济学的比较分析》,《政治经济学评论》,2019 年第 2 期。

50.雷少华:《超越地缘政治——产业政策与大国竞争》,《世界经济与政治》,2019 年第 5 期。

51.黎文靖、彭远怀、谭有超:《知识产权司法保护与企业创新——兼论中国企业创新结构的变迁》,《经济研究》,2021 年第 5 期。

52.黎茵:《种业创新与国家粮食安全——我国种业资源优势及"卡脖子"技术攻关》,《北京交通大学学报》(社会科学版),2021 年第 3 期。

53.李江龙、徐斌:《"诅咒"还是"福音":资源丰裕程度如何影响中国绿色经济增长?》,《经济研究》,2018 年第 9 期。

54.李竞博、高瑷:《人口老龄化视角下的技术创新与经济高质量发展》,《人口研究》,2022 年第 2 期。

55.李静、楠玉:《人力资本错配下的决策:优先创新驱动还是优先产业升级?》,《经济研究》,2019年第8期。

56.李晓萍、张亿军、江飞涛:《绿色产业政策:理论演进与中国实践》,《财经研究》,2019年第8期。

57.李燕:《苏联解体不能归因于社会主义经济制度》,《历史评论》,2021年第6期。

58.李燕:《苏联社会主义经济制度选择与西方批判辨析——驳"社会主义不可行"论》,《马克思主义研究》,2019年第3期。

59.林珏、曹强:《也论银行、股票市场与经济增长——基于1992—2012年中国数据的实证分析》,《世界经济研究》,2014年第3期。

60.林丽鹂:《民营企业数量10年翻两番——从2012年1085.7万户增长到2021年4457.5万户》,《人民日报》,2022年3月23日。

61.林毅夫、巫和懋、邢亦青:《"潮涌现象"与产能过剩的形成机制》,《经济研究》,2010年第10期。

62.林毅夫、向为、余淼杰:《区域型产业政策与企业生产率》,《经济学》(季刊),2018年第2期。

63.林毅夫:《产业政策与我国经济的发展:新结构经济学的视角》,《复旦学报》(社会科学版),2017年第2期。

64.林毅夫:《潮涌现象与发展中国家宏观经济理论的重新构建》,《经济研究》,2007年第1期。

65.刘凤义:《论社会主义市场经济中政府和市场的关系》,《马克思主义研究》,2020年第2期。

66.刘梦岳:《治理如何"运动"起来?——多重逻辑视角下的运动式治理与地方政府行为》,《社会发展研究》,2019年第1期。

67.刘智勇等:《人力资本结构高级化与经济增长——兼论东中西部地区差距的形成和缩小》,《经济研究》,2018年第3期。

68.马宇、程道金:《"资源福音"还是"资源诅咒"——基于门槛面板模型的实证研究》,《财贸研究》,2017年第1期。

69.宁思雨等:《基于投入产出法的洪涝灾害间接经济损失评估——以湖北省为例》,《地理科学进展》,2020年第3期。

70.潘士远、朱丹丹、徐恺:《人才配置、科学研究与中国经济增长》,《经济学》(季刊),2021年第2期。

71.裴玲玲:《科技人才集聚与高技术产业发展的互动关系》,《科学学研究》,2018年第5期。

72.彭伟辉、宋光辉:《实施功能性产业政策还是选择性产业政策?——基于产业升级视角》,《经济体制改革》,2019年第5期。

73.綦好东、郭骏超、朱炜:《国有企业混合所有制改革:动力、阻力与实现路径》,《管理世界》,2017年第10期。

74.邵帅、杨莉莉:《自然资源丰裕、资源产业依赖与中国区域经济增长》,《管理世界》,2010年第9期。

75.史丹:《绿色发展与全球工业化的新阶段:中国的进展与比较》,《中国工业经济》,2018年第10期。

76.孙刚、孙红、朱凯:《高科技资质认定与上市企业创新治理》,《财经研究》,2016年第1期。

77.孙彦红:《探寻政府经济角色的新定位——试析国际金融危机爆发以来英国的产业战略》,《欧洲研究》,2019年第1期。

78.陶长琪、彭永樟:《从要素驱动到创新驱动:制度质量视角下的经济增长动力转换与路径选择》,《数量经济技术经济研究》,2018年第7期。

79.汪仕凯:《不平等的民主:20世纪70年代以来美国政治的演变》,《世界经济与政治》,2016年第5期。

80.汪伟、咸金坤:《人口老龄化、教育融资模式与中国经济增长》,《经济研究》,2020年第12期。

81.汪伟:《人口老龄化、生育政策调整与中国经济增长》,《经济学》(季刊),2017年第1期。

82.汪晓东等:《在高质量发展中促进共同富裕》,《人民日报》,2022年3月1日。

83.王桂军、张辉:《促进企业创新的产业政策选择:政策工具组合视角》,《经济学动态》,2020年第10期。

84. 王克敏、刘静、李晓溪:《产业政策、政府支持与公司投资效率研究》,《管理世界》,2017 年第 3 期。

85. 王浦劬、汤彬:《当代中国治理的党政结构与功能机制分析》,《中国社会科学》,2019 年第 9 期。

86. 王孝松、田思远:《制度质量、对外援助和受援国经济增长》,《世界经济研究》,2019 年第 12 期。

87. 韦森:《斯密动力与布罗代尔钟罩——研究西方世界近代兴起和晚清帝国相对停滞之历史原因的一个可能的新视角》,《社会科学战线》,2006 年第 1 期。

88. 夏勇、钟茂初:《经济发展与环境污染脱钩理论及 EKC 假说的关系——兼论中国地级城市的脱钩划分》,《中国人口·资源与环境》,2016 年第 10 期。

89. 谢岳:《中国贫困治理的政治逻辑——兼论对西方福利国家理论的超越》,《中国社会科学》,2020 年第 10 期。

90. 徐宏潇:《双重结构失衡困境与破解路径探索:供给侧结构性改革的政治经济学分析》,《经济问题探索》,2016 年第 6 期。

91. 徐徕:《金融结构与中国经济增长潜力的实证研究》,《中国经济问题》,2020 年第 1 期。

92. 闫磊:《伺服于丝绸之路经济带的西部:资源诅咒之惑与空间价值一解》,《兰州大学学报》(社会科学版),2017 年第 2 期。

93.杨国超等:《减税激励、研发操纵与研发绩效》,《经济研究》,2017年第8期。

94.杨其静、吴海军:《产能过剩、中央管制与地方政府反应》,《世界经济》,2016年第11期。

95.杨胜刚、阳旸:《资产短缺与实体经济发展——基于中国区域视角》,《中国社会科学》,2018年第7期。

96.杨思莹:《政府推动关键核心技术创新:理论基础与实践方案》,《经济学家》,2020年第9期。

97.杨燕江、黄小军:《中国国家治理的不平衡不充分困境及战略理路》,《学术探索》,2022年第3期。

98.杨友才、王希、陈耀文:《文化资本与创新影响经济增长的时空差异性研究》,《山东大学学报》(哲学社会科学版),2018年第6期。

99.余典范、王佳希:《政府补贴对不同生命周期企业创新的影响研究》,《财经研究》,2022年第1期。

100.余明桂、范蕊、钟慧洁:《中国产业政策与企业技术创新》,《中国工业经济》,2016年第12期。

101.余泳泽、孙鹏博、宣烨:《地方政府环境目标约束是否影响了产业转型升级?》,《经济研究》,2020年第8期。

102.岳华、张海军:《金融发展、资源诅咒与经济增长》,《华东师范大学学报》(哲学社会科学版),2019年第6期。

103.张成思、刘贯春:《中国实业部门投融资决策机制研究——基于经济政策不确定性和融资约束异质性视角》,《经济研究》,2018年第12期。

104.张维迎:《产业政策争论背后的经济学问题》,《学术界》,2017年第2期。

105.张勇:《人力资本贡献与中国经济增长的可持续性》,《世界经济》,2020年第4期。

106.郑士鹏:《国家治理现代化视阈下健全新型举国体制的根本动因与路径选择》,《云南社会科学》,2022年第4期。

107.周建军:《美国产业政策的政治经济学:从产业技术政策到产业组织政策》,《经济社会体制比较》,2017年第1期。

108.周黎安:《中国地方官员的晋升锦标赛模式研究》,《经济研究》,2007年第7期。

109.周茂等:《人力资本扩张与中国城市制造业出口升级:来自高校扩招的证据》,《管理世界》,2019年第5期。

110.周文、包炜杰:《经济全球化辨析与中国道路的世界意义》,《复旦学报》(社会科学版),2019年第3期。

111.周文、冯文韬:《经济全球化新趋势与传统国际贸易理论的局限性——基于比较优势到竞争优势的政治经济学分析》,《经济学动态》,2021年第4期。

112.周文、冯文韬:《中国奇迹与国家建构——中国改革开放40年经验总结》,《社会科学战线》,2018年第5期。

113.周文、何雨晴:《国家治理现代化的政治经济学逻辑》,《财经问题研究》,2020年第4期。

114.周文、李超:《中国共产党推进新型经济全球化的宏大视野、使命担当和核心理念》,《学术研究》,2022年第2期。

115.周文、李思思:《"中等收入陷阱"还是"新自由主义陷阱"?》,《理论月刊》,2021年第5期。

116.周文、刘少阳:《再论社会主义市场经济》,《社会科学战线》,2020年第9期。

117.周文、司婧雯:《共同富裕:市场经济的理论逻辑与现实路径》,《社会科学战线》,2022年第4期。

118.周文、司婧雯:《全面认识和正确理解社会主义市场经济》,《上海经济研究》,2022年第1期。

119.周文、司婧雯:《新时代中国国家治理现代化:内涵、特征与进路》,《新疆师范大学学报》(哲学社会科学版),2020年第4期。

120.周文、肖玉飞:《中等收入陷阱:命题真伪与问题实质》,《江汉论坛》,2022年第10期。

121.周文:《"市场经济没有产业政策"是谎言》,《北京日报》,2018年8月13日。

122.周文:《国穷国富的秘密在于国家治理能力》,《上海经济研究》,2021 年第 10 期。

123.周文:《没有哪一个国家在赶超时期不依靠产业政策实现崛起》,《解放日报》,2017 年 1 月 3 日。

124.周文:《人类命运共同体的政治经济学意蕴》,《马克思主义研究》,2021 年第 4 期。

125.周文:《中国道路与中国经济学——来自中国改革开放来自中国改革开放 40 年的经验与总结》,《经济学家》,2018 年第 7 期。

126.周亚虹等:《政府扶持与新型产业发展——以新能源为例》,《经济研究》,2015 年第 6 期。

127.朱东波、常卉颉:《产业空心化的马克思主义经济学研究》,《当代经济研究》,2020 年第 11 期。

128.朱富强:《如何制定市场开放的产业政策——对林毅夫追赶型产业政策的拓展》,《教学与研究》,2017 年第 3 期。

129.庄毓敏、储青青、马勇:《金融发展、企业创新与经济增长》,《金融研究》,2020 年第 4 期。

130.庄子银:《企业家精神、持续技术创新和长期经济增长的微观机制》,《世界经济》,2005 年第 12 期。

四、英文文献

1.Acemoglu,D.,et al.,"The Environment and Directed Technical Change",*American Economic Review*,102(1),2012.

2.Acemoglu,D.and V.Guerrieri,"Capital Deepening and Nonbalanced Economic Growth",*Journal of Political Economy*,116(3),2008.

3.Aghion,P.,et al.,"Industrial Policy and Competition",*American Economic Journal:Macroeconomics*,7(4),2015.

4.Aghion,P.and P.Howitt,"A Model of Growth through Creative Destruction",*Econometrica*,60(2),1992.

5.Aguiar De Medeiros,C.and N.Trebat,"Inequality and Income Distribution in Global Value Chains",*Journal of Economic Issues*,51(2),2017.

6.Anderlini,L.,et al.,"Legal Institutions,Innovation,and Growth",*International Economic Review*,54(3),2013.

7.Belyaeva,M.and R.Bokusheva,"Will Climate Change Benefit Or Hurt Russian Grain Production? A Statistical Evidence From a Panel Approach",*Climatic Change*,149(2),2018.

8.Ben Nasr,A.,R.Gupta and J.R.Sato,"Is there an Environmental Kuznets Curve for South Africa? A Co-Summability Approach Using a Century of Data", *Energy Economics*, 52, 2015.

9.Bloom, D.E., D.Canning and J.Sevilla, "Geography and Poverty Traps", *Journal of Economic Growth*, 8(4), 2003.

10.Cermakova, K., et al., "Do Institutions Influence Economic Growth?", *Prague Economic Papers*, 29(6), 2020.

11.Chen, S., X.Chen and J.Xu, "Impacts of Climate Change On Agriculture:Evidence From China", *Journal of Environmental Economics and Management*, 76, 2016.

12.Chen, S.and B.Gong, "Response and Adaptation of Agriculture to Climate Change:Evidence From China", *Journal of Development Economics*, 148, 2021.

13.Collier, P.and A.Hoeffler, "Resource Rents, Governance, and Conflict", *Journal of Conflict Resolution*, 49(4), 2005.

14.Dasgupta, S., et al., "Climate Change, Salinization and High-Yield Rice Production in Coastal Bangladesh", *Agricultural and Resource Economics Review*, 47, 2018.

15.Dellaposta, D., V.Nee and S.Opper, "Endogenous Dynamics of Institutional Change", *Rationality and Society*, 29(1), 2017.

16.Dogan, E.and B.Turkekul, "Co2 Emissions, Real Output, Energy Consumption, Trade, Urbanization and Financial Development:Testing the Ekc Hypothesis for the Usa", *Environmental Science and Pollution Research*, 23(2), 2016.

17.Drucker, P.F., "The Discipline of Innovation", *Harvard Business Review*, 76(6), 1998.

18.Edenhofer, O.and M.Kowarsch, "Cartography of Pathways: A New Model for Environmental Policy Assessments", *Environmental Science&Policy*, 51, 2015.

19.Feldman, M.P., J.Francis and J.Bercovitz, "Creating a Cluster while Building a Firm:Entrepreneurs and the Formation of Industrial Clusters", *Regional Studies*, 39(1), 2005.

20.Frame, D.J., et al., "Climate Change Attribution and the Economic Costs of Extreme Weather Events:A Study On Damages From Extreme Rainfall and Drought", *Climatic Change*, 162(2), 2020.

21.Fukuyama, F., "What is Governance?", *Governance-an International Journal of Policy Administration and Institutions*, 26(3), 2013.

22.Goh, S.K., R.Mcnown and K.N.Wong, "Macroeconomic Implications of Population Aging:Evidence From Japan", *Journal of Asian Economics*, 68, 2020.

23.Greif, A.and G.Tabellini, "The Clan and the Corporation:

Sustaining Cooperation in China and Europe", *Journal of Comparative Economics*, 45(1), 2017.

24.Grossman, G. M. and A. B. Krueger, "Environmental Impacts of a North American Free Trade Agreement", *Cepr Discussion Papers*, 8(2), 1992.

25.Guiso, L., P.Sapienza and L.Zingales, "Does Culture Affect Economic Outcomes?", *Journal of Economic Perspectives*, 20(2), 2006.

26.Jakob, M., et al., "Understanding Different Perspectives On Economic Growth and Climate Policy", *Wiley Interdisciplinary Reviews-Climate Change*, 11(6), 2020.

27.Jones, B.F.and B.A.Olken, "Climate Shocks and Exports", *American Economic Review*, 100(2), 2010.

28.Lee, H.H.and K.Shin, "Nonlinear Effects of Population Aging On Economic Growth", *Japan and the World Economy*, 51, 2019.

29.Levine, R., "Financial Development and Economic Growth: Views and Agenda", *Journal of Economic Literature*, 35(2), 1997.

30.Li, Z., Y.J.Chu and T.R.Gao, "Economic Growth with Endogenous Economic Institutions", *Macroeconomic Dynamics*, 24(4), 2020.

31.Lucas, R.E., "On the Mechanics of Economic-Development", *Journal of Monetary Economics*, 22(1), 1988.

32.Masoud, N.and G.Hardaker, "The Impact of Financial Development On Economic Growth: Empirical Analysis of Emerging Market Countries", *Studies in Economics and Finance*, 29(3), 2012.

33.Mehrara, M., "Reconsidering the Resource Curse in Oil-Exporting Countries", *Energy Policy*, 37(3), 2009.

34.Ning, L., W.Fa N and L.Jian, "Urban Innovation, Regional Externalities of Foreign Direct Investment and Industrial Agglomeration: Evidence From Chinese Cities", *Research Policy*, 45(4), 2016.

35.Pal, D.and S.K.Mitra, "The Environmental Kuznets Curve for Carbon Dioxide in India and China: Growth and Pollution at Crossroad", *Journal of Policy Modeling*, 39(2), 2017.

36.Papyrakis, E.and R.Gerlagh, "Resource Abundance and Economic Growth in the United States", *European Economic Review*, 51(4), 2007.

37.Prskawetz, A., T.Fent and R.Guest, "Workforce Aging and Labor Productivity: The Role of Supply and Demand for Labor in the G7 Countries", *Population and Development Review*, 34, 2008.

38.Rahman, A., M.A.Mojid and S.Banu, "Climate Change Impact Assessment On Three Major Crops in the North-Central Region of Bangladesh Using Dssat", *International Journal of Agricultural and Biological Engineering*, 11(4), 2018.

39.Rodrik, D., "Green Industrial Policy", *Oxford Review of Economic Policy*, 30(3), 2014.

40.Romer, P.M., "Increasing Returns and Long-Run Growth", *Journal of Political Economy*, 94(5), 1986.

41.Shahbaz, M., M.Bhattacharya and K.Ahmed, "CO_2 Emissions in Australia: Economic and Non-Economic Drivers in the Long-Run", *Applied Economics*, 49(13), 2017.

42.Solow, R.M., "A Contribution to the Theory of Economic-Growth", *Quarterly Journal of Economics*, 70(1), 1956.

43.Timmer, M.P.and G.J.D.Vries, "Structural Change and Growth Accelerations in Asia and Latin America: A New Sectoral Data Set", *Cliometrica*, 3(2), 2009.

44.Wirsich, A., et al., "Effects of University-Industry Collaboration On Technological Newness of Firms", *Journal of Product Innovation Management*, 33(6), 2016.

45.Wouters, O.J., et al., "Challenges in Ensuring Global Access to Covid-19 Vaccines: Production, Affordability, Allocation, and Deployment", *Lancet*, 397(10278), 2021.

46.Xiong,W.,et al., "Impacts of Observed Growing-Season Warming Trends Since 1980 On Crop Yields in China", *Regional Environmental Change*, 14(1), 2014.

47.Zhang,P.,et al., "Temperature Effects On Productivity and Factor Reallocation:Evidence From a Half Million Chinese Manufacturing Plants", *Journal of Environmental Economics and Management*, 88, 2018.

48.Zhu,X.,S.Asimakopoulos and J.Kim, "Financial Development and Innovation-Led Growth:Is Too Much Finance Better?", *Journal of International Money and Finance*, 100, 2020.